本书为教育部规划基金项目"冬学与建国前后农民价值观塑造的历史经验和现实意义"（项目编号15YJAZH018）的研究成果。

冬学与华北乡村社会重构

（1937—1956）

郭夏云　著

山西出版传媒集团

山西人民出版社

图书在版编目（ＣＩＰ）数据

冬学与华北乡村社会重构：1937—1956 / 郭夏云著. —
太原：山西人民出版社，2023.5
ISBN 978-7-203-12825-0

Ⅰ. ①冬… Ⅱ. ①郭… Ⅲ. ①革命根据地—乡村教育—
教育史—华北地区—1937-1956 ②解放区—乡村教育—教育
史—华北地区—1937-1956 Ⅳ. ① G725-092

中国国家版本馆 CIP 数据核字（2023）第 067279 号

冬学与华北乡村社会重构　　1937—1956

著　　者：	郭夏云	
责任编辑：	魏美荣	
复　　审：	傅晓红	
终　　审：	贺　权	
装帧设计：	孙健予	

出 版 者：山西出版传媒集团 ·山西人民出版社
地　　址：太原市建设南路21号
邮　　编：030012
发行营销：0351-4922220　4955996　4956039　4922127（传真）
天猫官网：https://sxrmcbs.tmall.com　电话：0351-4922159
E-mail：　sxskcb@163.com　发行部
　　　　　sxskcb@126.com　总编室
网　　址：www.SXSKCB.com

经 销 者：山西出版传媒集团·山西人民出版社
承 印 厂：晋中市美琳印务有限公司

开　　本：787mm×1092mm　1/16
印　　张：18
字　　数：220千字
版　　次：2023年5月　第1版
印　　次：2023年5月　第1次印刷
书　　号：ISBN 978-7-203-12825-0
定　　价：86.00元

如有印装质量问题请与本社联系调换

目 录

绪　论

作为一个农业大国，农民、农业、农村始终是中国社会面
对的基本问题。"三农"问题的核心问题是农民问题，而农民
问题的关键是教育。20世纪初，在内忧外患中，中国知识分
子为寻求中国问题的解决方案开始把眼光转向乡村，关注农民
教育。100年间，中国农民教育由乡村建设派主导的乡村教育
改良、中国共产党在根据地开展的农民教育到中华人民共和国
成立后农民业余教育的发展轨迹，凸显了农民教育在中国社会
发展中的延续性和重要性。在学术界，近些年来关于农民教育
尤其是中国共产党农民教育的研究方兴未艾，取得了令人瞩目
的成果。研究范式的转换、研究取向的多元、研究视角的多
样，都展现出农民教育研究可拓展的广阔空间。农民教育研究
的进一步深化和延伸，任重而道远。

一、20世纪以来中国农民教育发展的历史轨迹

20世纪以来，中国农民教育的发展大致经历了20—30年
代乡村建设派主导的农民教育改良，中国共产党在革命根据
地、解放区开展的农民教育以及中华人民共和国成立后开展的
全国性农民业余教育三个阶段。

（一）20世纪农民教育的开端：乡村建设派的教育改良

20世纪二三十年代，中国农村政治混乱、经济凋敝、农

民生活困苦、教育发展步履维艰，处于崩溃破产的边缘。作为一个农业社会，中国农业人口占全国总人口的80%以上，农业在国民生产总值中所占比例更是高达61%，农村手工业尚未计算在内。① 因此，"国民经济完全建筑在农村之上""农村破产即国家破产，农村复兴即民族复兴"。② 正是在为凋敝的农村寻求出路的背景下，1921年黄炎培在《教育与职业》第25期"农业教育专号"上发表文章呼吁社会重视农民教育，指出"今吾国之学校，十之八九其所施皆城市教育也。虽然，全国国民之生活，属于城市为多乎？抑属于乡村为多乎？吾敢断言十之八九属于乡村也……吾国方盛倡普及教育，苟诚欲普及也，学校十之八九当属于乡村；及其所设施十之八九，当为适于乡村生活之教育"。1926年，黄炎培及中华职业教育社在江苏徐公桥建立试验区开展乡村建设，乡村建设运动应运而生。1927年，陶行知创办南京晓庄试验区，晏阳初带领平民教育会在河北定县创建乡村平民教育试验区；1931年，梁漱溟在山东邹平创办乡村建设试验区。此外，1934年，山西农村教育改进社在阳曲县呼延村创办呼延农村教育实验学校，主张"在中国旧有伦理观念之下，造就具有科学知识、农人身手的农村建设指导人才"③。1936年，山西民众教育馆在以太原县晋祠镇为中心的17个村庄创设农村建设实验区。与此同时，卢作孚在四川北碚开展的乡村建设也如火如荼。乡村建设

---

① 巫宝三主编：《中国国民所得(1933年)》，北京：中华书局，1937年版，第12页。

② 李宗黄：《考察江宁邹平青岛定县纪实》，正中书局，1935年版。考察时间为1934年，"自序"第1页。

③ 王起予：《在呼延农村教育实验学校里——四月来生活的回忆》，《新农村》，1935年第22期。

运动流派众多，其出身、背景、渊源皆不相同，可谓"南北各地乡村运动者，各有各的来历，各有各的背景。有的是社会团体，有的是政府机关，有的是教育机关；其思想有的'左'倾，有的右倾，其主张有的如此，有的如彼"[①]。但是，有一点是相同的，即不管路径是文化复兴、平民教育还是经济建设等，教育都是重点内容。陈序经先生就曾将民国时期乡村建设的方式"分为四方面：一为教育，一为卫生，一为政治，一为农业"[②]。而根据其"个人的观察，今日所谓乡村建设工作还是注重在教育方面。教育固是建设一方面，也是建设的一种预备"[③]。

梁漱溟认为，乡村建设运动离不开教育，运动的本身就是一项教育工程。"所谓中国社会改造问题，自一面言之，其义实即如何企及现代文明之问题。"[④]事实上也是如此。"河北定县（以晏阳初为代表）、山东邹平（以梁漱溟为代表）、南京晓庄（以陶行知为代表）、江苏昆山徐公桥（以中华平民教育促进会为代表）、北平清河（以燕京大学为代表）等地"都是"以平民教育为中心的乡村建设运动实验区"[⑤]。我们前面提到的乡村运动"三杰"都是"教育救国论"的忠实实践者。梁漱溟就多次表达"很想用教育的力量提倡一种风气，从事实上去

[①]梁漱溟：《梁漱溟全集》第2卷，济南：山东人民出版社，2005年版，第582页。

[②]《陈序经文集》，广州：中山大学出版社，2004年版，第109页。

[③]《陈序经文集》，广州：中山大学出版社，2004年版，第110页。

[④]中国文化书院学术委员会：《梁漱溟全集》第5卷，济南：山东人民出版社，1989年版，第401页。

[⑤]罗荣渠：《从"西化"到现代化》，北京：北京大学出版社，1990年版，第25页。

组织乡村"①的观点。在乡村教育的实验中，包括了民众扫盲、卫生科学知识的传播、新的农作物品种和家禽、家畜良种的引进以及良好生活习惯的培养等，甚至在北碚还包括了城市规划、工业建设等内容，所有以上种种都对当地民众的生活、生产起到一些作用。北碚自然不必赘述，仅以定县为例："推广的优良麦种每亩平均要比原来的土种增产18%～20%，稻种增产18%以上，棉花增产56%，白菜增产25%，猪每头多产肉18.6%，鸡每只多产蛋60～190个。"②

但是，乡村建设派对教育的功能过于理想化，使教育超越了政治、制度之外，仅仅考虑了教育对象自身的状况而忽略了其外部的社会环境，因此根本无力扭转乡村衰败的趋势。仍以定县为例，"1931年农民借债户比1929年增加了78%，借债次数增加了117%，借债数额增加了133%，1934年借债户达到46000户，占全县总户数的67%"，在赤贫中，仅1934年前三个月就有超过15000人流离失所。③在旧有伦理制度下，乡村建设派对农民进行的文化扫盲和技能培训，实施有限的教育改良，既不可能达到复兴乡村的目的，也不可能内化为农民的自觉性。正如定县农民对梁漱溟所说："您老的好心肠，饱不了我的饿肚皮"④。梁漱溟后来总结道："本来最理想的乡村运动，是乡下人动，我们帮他呐喊。退一步说，也应当是他们想动，而我们领着他动。现在我们动，他们不动。他们不仅不动，甚至因为我们动，反来和我们闹得很不合适，几乎让我们

①梁漱溟：《乡村建设理论》，见《梁漱溟全集》第二卷，济南：山东人民出版社，2005年版，第393页。
②郑大华：《关于民国乡村建设运动的几个问题》，《史学月刊》，2006年第2期。
③郑大华：《关于民国乡村建设运动的几个问题》，《史学月刊》，2006年第2期。
④《晏阳初全集》第一卷，长沙：湖南教育出版社，1989年版，第246页。

做不下去。"[1] 全面抗战爆发后,迫于形势,多数的乡村实验陆续中止,旧中国农村的面貌依旧,乡村建设派以教育再造农村的运动失败了。

(二)革命根据地时期中国共产党农民教育的建构

马克思主义理论一直非常重视对农民的教育。马克思在《法德农民问题》《路易·波拿巴的雾月十八日》《不列颠在印度的统治》等著作中有大量关于改造小农意识的论述,强调无产阶级应重视吸收农村无产者和小农并通过无产阶级的世界观和阶级意识来改造小农意识从而形成稳定的工农联盟。作为无产阶级政党,中国共产党成立初期就非常重视农民教育,主张"运用平民教育做接近民众,宣传民众,组织民众,训练民众的工具……由教育入手引导他们走到经济斗争和地方政治斗争的路上去"[2]。有"农民运动大王"之称的澎湃"为更好地宣传革命道理,他到农民家中,到田地里,一边帮农民干活,一边向农民讲述其生活困苦的原因以及解脱农民痛苦的方法,号召农民团结起来,组织农会。他把革命道理用方言编成歌谣演唱,到农民赶集的地方讲演。为了吸引农民,他学会了玩魔术,借表演时向农民做生动的政治宣传"[3]。据1934年统计,仅中央苏区就有补习学校4562所,学员10.8万人;识字组2.3286万个,组员12万人;俱乐部1917个,成员9.3109万人。江西省兴国县永平乡1930年10月每村设夜校,1933年8

①中国文化书院学术委员会编:《梁漱溟全集》第二卷,济南:山东人民出版社,2005年版,第575页。
②高熙:《中国农民运动纪事(1921—1927)》,北京:求实出版社,1988年版,第76页。
③李德芳、杨素稳:《中国共产党农村思想政治教育史》,北京:中国社会科学出版社,2007年版,第18页。

月达到平均每乡15个，全县1900余个夜校。①

抗日战争全面爆发后，华北农村"从政治上说，这个地区过去在长期的历史发展过程中，由于旧的落后的势力与帝国主义的双重压迫，比其他地方特别显得落后。人民政治生活的落后，没有斗争经验，文化闭塞，造成了政治相当的守旧和落后。一般的民众，对于社会改革，表现隔膜与冷淡，富于农业社会所特有的保守观念"②。而华北乡村家族和村落的重叠，使得家族、传统习俗、人情观念等又进一步助长了这种倾向。费正清在20世纪40年代曾有类似的描述："从社会角度来看，村子里的中国人直到最近主要还是按家族制组织起来的，其次才组成同一地区的邻里社会。村子通常由一群家庭和家族单位（各个世系）组成，他们世代相传，永久居住在那里，靠耕种某些祖传土地为生。"③农民的地域观念、家族观念根深蒂固。作为主要以外力介入而建立起来的抗日根据地政权，初期不仅面临了根据地乡村社会伴随封闭、落后而来的旧有习惯力量的影响，而且遇到了家族社会、人情观念等的排斥。以减租减息为例，农民起初不愿减租的因素之一就是不好意思，认为大家都是乡亲，低头不见抬头见，磨不开情面。保德县韩家塔的佃户韩树犁等人认为"种人家的土地，人家收租是应该的，地主吃得好、穿得好，是天生的命好，减租不仅怕地主夺地，还不好意思"④。全然没有阶级、压迫、剥削等观念。因此，根据地政权要想坚持、发展，仅仅依靠帮助农民实现政治、经

①孙培青：《中国教育史（修订版）》，上海：华东师大出版社，2000年版，第489页。

②《聂荣臻军事文选》，北京：解放军出版社，1992年版，第97页。

③[美]费正清：《美国与中国》，北京：商务印书馆，1987年版，第20页。

④《保德县二区冬学工作总结》，档案号：A137-1-19-5，山西省档案馆藏。

济翻身是远远不够的，如果不去启蒙、教育、提高农民的政治觉悟，促进农民在思想文化上翻身、"换脑筋"，形成对中国共产党政治理想、信仰的认同，将直接关系到抗战前途和中国共产党的命运。

从思想上、文化上帮助村干部和群众，是一件艰苦的长期的工作。为此，中国共产党通过对冬书房的改造，在根据地大规模地开展以民众政治教育、文化教育为主要内容的冬学教育。冬学一词最早出自宋代陆游的《剑南诗稿·秋日郊居》，"儿童冬学闹比邻，据案愚儒却自珍"，其自注为"农家十月，乃遣子弟入学，谓之冬学"①。抗战之前，在华北农村中就有利用农闲时节办冬书房的习惯，"天寒地冻把书念，水暖花开务庄农"正是对这一传统的反映。但此时的冬学仅局限于农民利用农闲时节去识一些简单的字。全面抗战开始后，中国共产党为"给群众以抗战的民族解放的教育，在教育工作上来提高群众抗战的认识与热忱，以加强群众抗战的力量，争取抗战的胜利"②，在抗日根据地利用民众对冬书房的认同去改造传统冬书房，赋予了它新的内涵，形成了新冬学。

新冬学成为中国共产党根据地社会教育中"最大量、最经常、最有效果的一种组织形式"③。在新教育精神下，冬学教育不再单纯体现传统"冬书房""打锣上学，念书识字"这一最简单的功能，而是着重突出了教化的功能、实用的功能。据不完全统计，仅在1938年冬天，晋察冀就有20万人参加了冬

①张焕庭：《教育辞典》，南京：江苏教育出版社，1989年版，第195页。

②中央教育科学研究所：《老解放区教育资料》第2册（下），北京：教育科学出版社，1986年版，第2页。

③董纯才，张腾霄，皇甫束玉：《中国革命根据地教育史》第2册，北京：教育科学出版社，1991年版，第222页。

学学习。[1] 1939年底，晋察冀边区共有冬学5379处，入冬学人数达到39万余人。[2] 同年，晋冀豫区共办冬学1801处，冬学学生73824人。[3] 1941年，晋西北共设冬学3116处，冬学学员共178182人。[4] 当年"在晋察冀边区各地所有村庄，从七八岁的儿童到白发苍苍的老人都参加了'军民誓约运动'，甚至连五台跑泉厂、阜平下庄子等一些山沟沟里的妇女，都能把'军民誓约'背得滚瓜烂熟。"[5] 在太行区，根据1944年对36个县的统计：冬学总数为5790座，其中以林县、武乡最多，林县有424座，武乡有410座。所有各县中，左权冬学最普及，几乎达到一个村子一座冬学的水平。[6]

冬学教育形塑了民众的政治意识，也塑造了民众的精神风貌。冬学教育之后，民众积极发展生产、拥军，对参与根据地事物表现出前所未有的热情。中国共产党在根据地开展的农民教育，最终内化为落后乡村社会发展的巨大动力。冬学不仅改变了乡村社会的群体认同，实现了根据地乡村村落共同体由传统到现代的嬗递，而且把现代政治革命的浪潮成功引入了封闭的乡村社会，实现了民众思维方式、价值观以及社会心理归属

---

[1]《晋察冀边区1938年冬学运动总结》，《晋察冀边区教育资料选编》社会教育分册，石家庄：河北教育出版社，1990年版。

[2] 中国共产党晋察冀边区党委：《关于边区冬学运动总结》，《新中华报》1940年6月11日。

[3] 皇甫束玉，宋荐戈，龚守静：《中国革命根据地教育纪事》，北京：教育科学出版社，1989年版，第195页。

[4] 皇甫束玉，宋荐戈，龚守静：《中国革命根据地教育纪事》，北京：教育科学出版社，1989年版，第241页。

[5] 董纯才，张腾霄，皇甫束玉：《中国革命根据地教育史》第2册，北京：教育科学出版社，1991年版，第373页。

[6]《太行区教育概况》，档案号：G3-40，山西省档案馆藏。

的重塑，形成了根据地民众对中国共产党政治革命的认同。冬学教育的成效，表明抗日战争时期中国共产党已经完成了农民教育的革命建构，并对1949年后的中国社会产生了深刻影响。

（三）中华人民共和国成立初期的农民业余教育

中国革命胜利前夕，毛泽东强调"严重的问题是教育农民"，显示了新形势下农民教育的紧迫性和重要性。为此，1949年9月中国人民政治协商委员会通过的《共同纲领》第五章明确规定："中华人民共和国的文化教育是新民主主义的，即民族的、科学的、大众的文化教育。人民政府的文化教育工作，应以提高人民文化水平，培养国家建设人才，肃清封建的、买办的、法西斯主义的思想，发展为人民服务的思想为主要任务。"中华人民共和国的成立，为农民教育提供了全新的制度保证。

中华人民共和国成立初期，农民业余教育的主要形式是冬学。冬学教育呈现出新的特点。首先，冬学教育的覆盖范围由根据地、解放区逐步拓展到全国。1949年12月15日，教育部发出关于开展1949年冬学工作的指示，指出解放区"十余年来的经验证明，农村冬学运动是团结教育广大农民的有力武器之一。解放区的冬学不但进行了农村识字教育，而且与人民政府当时当地的具体工作相结合，曾经大大地帮助了提高群众的政治觉悟和文化水平""这种适应广大群众需要的与实际工作密切结合着的教育方式，今后应当在全国农村中普遍推行"。① 冬学教育被推广至全国农村。1950年9月20—29日，教育部与中华全国总工会共同召开第一次全国工农教育会议，旨在统

①中华人民共和国教育部工农教育司编:《工农教育文献汇编(农民教育)》,第1页。

一工农教育领导思想、明确教育方针、制定具体的实施办法，加强对各地工农教育的领导，解决工农教育的经费等问题。随后，教育部于1950年12月14日发布《关于开展农民业余教育的指示》，对农民教育的内容、形式、经费等做出了明确规定。《指示》强调农民业余教育应根据老区与新区的不同情况，侧重点适当进行调整。老区由于土地改革已经完成，人民生活有了很大改善，群众学习文化的要求较高，一般"应以识字学文化为主，配合时事、政策教育和生产、卫生教育"。新区则以政策和时事教育为主。在农民教育形式上，指出冬学依然是今后动员农民学习的主要形式，并对冬学的组织、领导和经费做出了规定。

其次，中华人民共和国成立初期，农民业余教育出现了长期化、经常化的发展趋势。中华人民共和国成立后，季节性、短期的业余教育已经难以满足群众的需求。1951年2月28日，教育部下发《关于冬学转为常年农民业余学校的指示》，要求各地在总结冬学经验的同时，应"着重冬学转民校的动员"，确定"冬学转民校的条件、具体要求、工作步骤与工作方法"。随着农业合作化的开展，长期性的民校、社办夜校逐步取代了冬学成为农民业余教育的主要形式。

再次，农民教育的组织主体逐渐转向农业社。以农业生产合作社为基础，生产组织和学习组织相结合，逐渐成为农民业余教育发展的基本方向。农业社不仅是农民组织、管理、生产的基本单位，更承担起教育农民学文化、学技术、接受社会主义思想的职能。1955年6月2日，国务院下发《关于加强农民业余文化教育的指示》。之后，冬学这一名词逐渐从国家层面的报道中消失，但一些省份例如山西省有关冬学开展的情况一直延续到20世纪60年代中期。

20世纪农民教育发展的历史轨迹，反映了近代中国不同的政治力量、阶层在解决国家出路问题上进行的艰难探索。不同于普通教育，改造小农意识、启蒙农民的现代政治意识是农民教育的基本属性。20世纪20—30年代，乡村建设派主张的乡村教育虽然包罗了文化扫盲、技能培训、卫生指导等多方面的内容，但依然囿于传统体制或伦理范围内，有限的教育改良不可能从根本上达到改变农民和农村面貌的目的。正因如此，乡村建设派主导的农民教育从其出现之时就饱受批评，争议不断。可以说，乡村建设派在农民教育方面的缺陷和不足，是导致其最终失败的重要原因。相比之下，中国共产党在根据地时期完全建构起来的农民教育模式，在改造农民、启蒙农民的革命意识，培养农民的现代政治素养方面取得了巨大的成功。

二、革命史范式下的农民教育研究及其特点

"范式"（Paradigm）概念源于托马斯·库恩的《科学革命的结构》一文，其理论语境原是针对自然科学而言，后被社会科学研究者广泛接纳。具体来讲，"范式是存在于某一科学论域内关于研究对象的基本意向。它可以用来界定什么应该被研究，什么问题应该被提出，如何对问题进行质疑，以及在解释我们获得的答案时该遵循什么样的规则。"[①] 即"学术共同体所共有的信念体系和方法论体系，它以范例形式规定了学术研究的方法和程序，成为学术研究赖以运作的理论基础和实践规范"。20世纪中期以来，革命史范式逐渐在农民教育的研究取

①周晓虹：《社会学理论的基本范式及整合的可能性》,《社会学研究》,
2002年第5期。

向上占据主导地位。在很长一段时间内，有学者认为，"革命史是中国近现代史研究的唯一'范式'，即唯一的解释模式。"① 与自然科学不同的是，人文社会科学研究"理论范式只有是否受欢迎的变化，很少被完全抛弃""范式本身并没有对错之分；作为观察的方式，它们只有用处多少的区别"。②

（一）革命史视角下农民教育研究概况

在革命史的研究范式下，史学研究者习惯于以"自上而下"的眼光，用宏大的叙事手法叙述历史，把研究重点过多地集中到政治、经济、军事方面，在"政策—效果"的模式下，广大民众只是波澜壮阔的政治史、经济史以及军事史视野下的配角而不是主角。因此，在总结中国共产党领导革命的成功经验方面，早期的研究多把此归结为中国共产党的土地政策、减租减息政策，抑或统一战线政策、民主政权建设等，对于农民教育及其在中国革命发展中所发挥的作用，很长一段时间内没有引起研究者的充分重视。有关于革命根据地农民教育的研究，以往国外学者鲜有涉足，大概只有英国林迈可的《中国共产党教育问题评论》、美国胡昌度的《共产主义统治下的中国教育》、日本浅井加叶子《当代中国扫盲考察》③ 等著作有论述。在国内，根据地时期的农民教育研究主要停留在中国共产党教育政策、根据地教育史料整理等层面。

1. 革命根据地的教育资料整理。中华人民共和国成立之前，有关根据地农民教育的发展情况主要包含在介绍根据地、

---

① 罗荣渠：《现代化新论续编》，北京：北京大学出版社，1997年版，第99页。

② [美]艾尔·巴比：《社会研究方法》（上），北京：华夏出版社，2000年版，第57页。

③ [日]浅井加叶子：《当代中国扫盲考察》，北京：当代中国出版社，1999年版。

解放区教育政策演变、教育发展以及教育开展状况的文献中。最具代表性的有《抗战时期边区教育建设》[1]、新教育学会编《解放区群众教育建设的道路》[2]。这些书籍以总结中国共产党领导的根据地、解放区的教育发展成就，向全国民众宣传、介绍中国共产党的教育政策、思想以及根据地、解放区开展教育建设以来民众面貌发生的巨大变化，带有很强的宣传性，也是我们研究根据地、解放区教育建设非常宝贵的第一手材料。

中华人民共和国成立之后，尤其是改革开放以来，国内从中央到地方掀起了研究革命根据地教育的热潮，出版教育资料1000多万字，著作数十种，发表论文上千篇。[3]其中专门论述农民教育的有1950年东北教育社编的《冬学工作》[4]、陕西师范大学教育研究所以社会教育的视角整理编辑的《陕甘宁边区社会教育资料·社会教育部分》[5]，这些都是较早对中国共产党的农民教育进行专门性研究的资料集刊。除此之外，农民教育的研究主要包括在根据地教育的整体研究中，《东北四年来教育文件汇编》[6]《论东北教育的改革》[7]《东北区的识字运动》[8]《抗日战争和解放战争时期陕甘宁边区的教育》[9]《晋察

---

①《抗战时期边区教育建设》，新华书店晋察冀分店，1946年。

②新教育学会编：《解放区群众教育建设的道路》，东北书店，1948年。

③宋荐戈：《董纯才：为我国教育改革与发展奋斗不息》，《中国教育报》，2011年7月1日。

④东北教育社编：《冬学工作》，东北新华书店，1950年。

⑤陕西师范大学教育研究所整理编辑：《陕甘宁边区社会教育资料·社会教育部分》，北京：教育科学出版社，1981年版。

⑥东北教育社：《东北四年来教育文件汇编》，东北新华书店，1949年。

⑦东北教育社：《论东北教育的改革》，东北新华书店，1950年。

⑧东北教育社编：《东北区的识字运动》，东北新华书店，1950年。

⑨教育科学研究所筹备处编：《抗日战争和解放战争时期陕甘宁边区的教育》，北京：人民教育出版社，1958年版。

冀边区教育资料汇编》①《陕甘宁抗日革命根据地史料选集》②
《老解放区教育资料》③等。这些资料汇编中影响力较大的有
1981年中央教育研究所编辑出版的《老解放区教育资料》。
《老解放区教育资料》全书共分4册，约160万字，汇集了中国
共产党在土地革命战争、抗日战争及解放战争时期所制定的教
育政策、方针以及教育开展的相关文献，内容涉及红军教育、
干部教育、专业教育、中小学教育、群众教育、共青团、少先
队工作以及老区教材教法资料。

2. 各革命根据地的教育史、教育纪事。这一时期，各个
根据地的教育史研究都或多或少地涉及农民教育。代表性的有
皇甫束玉、宋荐戈、龚守静编写的《中国革命根据地教育纪
事》④和董纯才主编的《中国革命根据地教育史》⑤。皇甫束
玉和董纯才有着相似的革命工作背景，都有长期从事教育工作
的经历。皇甫束玉1937年参加革命后，曾担任辽县《抗战
报》编辑、左权县抗日民主政府教育科科长等职，解放战争期
间先后担任晋冀鲁豫边区政府教育厅编审委员、华北人民政府
教育部社会教育处科长，编写华北民校识字课本，中华人民共
和国成立后，曾负责教育部社会教育工作。皇甫束玉、宋荐
戈、龚守静编写的《中国革命根据地教育纪事》采用编年体的

① 王谦：《晋察冀边区教育资料汇编》（共七册），石家庄：河北教育出版社，
1990年版。
② 《陕甘宁抗日革命根据地史料选集》，兰州：甘肃人民出版社，1983年版。
③ 中央教育研究所：《老解放区教育资料》，北京：教育科学出版社，1981
年版。
④ 皇甫束玉，宋荐戈，龚守静编：《中国革命根据地教育纪事》，北京：教育
科学出版社，1989年版。
⑤ 董纯才主编：《中国革命根据地教育史》，北京：教育科学出版社，1991
年版。

形式，对1927年8月至1949年9月间中国共产党领导的根据地教育做了全面介绍，是从宏观上了解中国革命根据地教育发展演变的不可多得的重要史料。董纯才曾在1953年出任教育部党组书记、常务副部长，国内出现的根据地教育史研究热潮和他的倡议、推动密不可分。董纯才主编的《中国革命根据地教育史》是我国第一部全面论述革命根据地教育的通史著作。全套书3卷本，在马列主义、毛泽东思想指导下，以"总结经验、教训，阐发规律，提供借鉴"为研究取向，对革命根据地时期特别是抗日战争期间的教育进行了探索性的研究，内容涉及教育方针政策、教育运行及管理的全过程，类别上包括了普通教育、农民教育、干部教育等多个方面。这些研究成果在全面展现中国共产党根据地教育开展历史图景的过程中，对农民教育的方针政策、内容、发展脉络进行了梳理。

3. 对农民教育内容、经验等的论述和研究。相较于根据地教育方针、政策及发展脉络的宏观性、整体性研究，一些学者把研究视角投向革命根据地农民教育的微观研究，关注农民教育的开展状况、特点、经验总结等内容，研究区域覆盖了晋西北、太行、陕甘宁、苏中、苏皖等根据地，研究时段上从土地革命战争时期一直延伸至解放战争时期。具有代表性的研究成果有刘松涛《华北抗日根据地农民教育工作的几点经验》，张正峄《苏中抗日根据地冬学回忆》[1]和谢济堂《闽西革命根据地的一所红色学校——新泉工农妇女夜校》，孙蔚民《苏皖二分区的冬学工作》[2]，庄光《1940年晋西北地区冬学概

①张正峄：《苏中抗日根据地冬学回忆》，《江苏教育》，1961年第6期。
②孙蔚民：《苏皖二分区的冬学工作》，《扬州师范学院学报》，1963年第18期。

况》①，张秦英、刘汉华《陕甘宁边区社会教育的特点》②，李建国《太行革命根据地的社会教育》③，宋荐戈《解放区开展农村教育的历史考察》④等。在上述文章中，刘松涛《华北抗日根据地农民教育工作的几点经验》立足于华北抗日根据地农民教育的三种形式——冬学运动、时事政治教育和乡村文艺运动，对不同形式农民教育的开展背景、参加人员、教材内容的选择、教育活动中采用的方式方法以及经验等进行了详细介绍，全面、翔实地展现了中国共产党在华北根据地开展农民教育的情况，对学界研究根据地农民教育提供了重要的借鉴和参考。张正屿《苏中抗日根据地冬学回忆》是较早介绍苏中抗日根据地冬学教育的文章。作者通过对苏中抗日根据地冬学教材《万事通》的语言风格、内容及其形式的深入剖析，展现了中国共产党是如何结合当地实际最有成效地宣传群众、教育群众和组织群众的。谢济堂《闽西革命根据地的一所红色学校——新泉工农妇女夜校》⑤选取了土地革命战争时期毛泽东号召创办的闽西工农妇女夜校为研究切入点，对妇女夜校的组织发动、教学形式、内容和作用进行了全过程探讨，为研究中国共产党早期农民教育思想、实践提供了参考。此外，谢世洋《毛

①庄光：《1940年晋西北地区冬学概况》，《山西教育史志资料》，1985年第2期。

②张秦英，刘汉华：《陕甘宁边区社会教育的特点》，《西北师大学报》（哲社版），1985年第3期。

③李建国：《太行革命根据地的社会教育》，《山西教育史志资料》，1987年第2期。

④宋荐戈：《解放区开展农村教育的历史考察》，《江西教育研究》，1990年第6期。

⑤谢济堂：《闽西革命根据地的一所红色学校——新泉工农妇女夜校》，《党史研究与教学》，1980年第6期。

泽东工农教育思想在中央苏区的伟大实践》①和彭文龙《谢觉哉同志谈边区农村国民教育》则以革命家的教育思想作为切入点，对根据地的农民教育实践进行了考察。

（二）革命史范式下农民教育研究的特点

在革命史研究范式之下，虽然出现了根据地教育研究的热潮，但由于受革命史研究范式的影响，农民教育研究体现出"自上而下"的研究视角、突出基础性研究和根据地教育主导地位的鲜明特点。

1. 突出资料的搜集和整理工作。中华人民共和国成立之后，随着新民主主义革命的胜利和社会主义建设的全面展开，对历史经验进行总结成为史学研究面临的现实要求。革命根据地教育作为中国共产党发动群众、教育群众的重要途径，成为革命史研究的重要组成部分。这一阶段，农民教育甚至整个根据地教育研究还处于起步阶段。因此，各科研单位、高等院校、教育局教研室、教科所、研究会等纷纷投入人力、物力展开了根据地教育资料搜集、整理的工作，出版了上千万字的研究资料。以教育科学研究所为例，自1956年成立以来，教育科学研究所主要致力于中国共产党领导下各革命时期教育资料的收集整理工作，先后整理出版了《抗日战争和解放战争时期陕甘宁边区的教育》《老解放区教育资料选编》《老解放区教育资料》等，为包括根据地农民教育在内的根据地教育研究梳理了脉络，提供了必要的史料支撑，成为之后农民教育以及根据地综合教育研究的重要基础。这一时期，在正式出版发行之外，内部发行成为资料整理出版的重要补充形式，如《工农教

①谢世洋：《毛泽东工农教育思想在中央苏区的伟大实践》，《赣南师范学院学报》，1986年第3期。

育文献汇编（农民教育）》①《陕甘宁边区教育革命资料选编》②《川陕革命根据地文化教育资料选编》③《中央苏区教育资料选编》《鄂豫边区抗日根据地历史资料第4辑（文化教育专辑）》《左右江革命根据地教育史》《山东老解放区教育资料汇编》《鄂豫皖苏区教育资料选编》《闽西苏区教育资料选编》《晋绥革命根据地教育史资料选编》等。内部发行作为这一时期资料选编和汇编发行较为普遍采用的方式，推动了教育研究资料的整理，为农民教育乃至教育史研究提供了重要史料依据。

2."自上而下"的研究视角。在革命史研究视角之下，农民教育研究以突出革命根据地教育的主导地位为主。研究者习惯于在宏大的、"自上而下"的叙事视角下，书写与国家层面相关的政策、路线、方针等内容。一方面，农民教育研究并没有走向研究的中心，这一时期教育研究更多关注的是根据地的综合性、整体性研究，以展现革命根据地教育特色为主，突出长时段的发展脉络研究，力求全景式、自上而下地展现根据地教育的宏观图景，从而"探索中国革命根据地教育的发展路径，寻求其轨迹，总结其经验，阐述其贡献，为当前中国特色社会主义教育的改革和发展提供参考和借鉴④"。作为根据地

①中华人民共和国教育部工农教育司编:《工农教育文献汇编(农民教育)》,1979年。

②延安地区教育局教研室编:《陕甘宁边区教育革命资料选编》,1978年内部印刷。

③戴续威编:《川陕革命根据地文化教育资料选编》,西南师院教育系教育史教研室1980年内部印刷。

④宋荐戈,张腾霄:《简明中国革命根据地教育史》,北京:中国文史出版社,2016年版,第1页。

教育研究的必要组成部分，农民教育研究或包含在根据地史研究中，或存在于根据地教育史中，专门性的研究著作凤毛麟角。另一方面，在农民教育的专题研究中，也侧重于中共教育政策、方针、教学过程、教学内容、教学效果等方面的研究，目的在于探索战争年代和农村环境中农民教育的发展路径，总结农民教育办学模式、经费、师资等方面的经验，为当今农村教育提供经验借鉴。相比之下，作为农民教育的主体，农民在教育中的主动性、能动性没有引起足够重视。对于革命人民成长的心路历程以及农民教育开展对乡村社会阶层流动、革命意识塑造、乡村风俗演变、妇女解放、乡村社会变迁等带来的影响，学界缺乏深入、细致的关注。随着农民教育研究的进一步深入，这些问题必然会进入研究者的视阈中，从而推动农民教育研究从边缘走向中心。

3. 对乡村建设派农民教育思想的反思。农民教育思想是农民教育实践开展的重要理论依据。开展农民教育思想的研究，对于探讨教育实践的理论基础和梳理农民教育的演变路径有重要意义。很长一段时间以来，由于乡村建设派主导的农民教育改良本身存在的缺陷以及受革命史范式的影响，农民教育研究以突出革命根据地教育的主导地位为主。有关于乡村建设派的农民教育思想、实践的研究，经历了一个发展的过程。20世纪50年代，对乡村建设派农民教育思想及其实践的研究和评价不可避免地受到国内政治环境的影响。这一时期，以《人民教育》为主阵地，对乡村建设派代表人物的教育思想和实践展开了激烈的讨论。仅以陶行知教育思想研究为例，从1951年《人民教育》出版的三卷六期开始，围绕着陶行知的教育思想短时间内先后发表了12篇讨论性的文章，对陶行知的生活教育、乡村教育、普及教育等内容的阶级性展开了对话和商榷。之后，对乡村建设派的农民教育研究逐步趋向沉寂。20世纪80年代之后，随着农村建设的发展，乡村建设派的农民教育思想和实践又重新进入学界的视野，陶行知、晏阳初、黄炎培甚至梁漱溟的教育思想和实践都引发了学界极大的兴趣。但与20世纪50年代有所不同的是，此次中国社会对乡村建设派的关注视角逐渐由农民教育向社会治理层面转换。对乡村建设派研究热点的转换，一方面是乡村建设派农民教育本身的局限性严重制约了研究的深入；另一方面，农村建设派进行乡村治理、乡村改造的思路契合了当时中国农村发展的现实需要。在乡村建设派农民教育理论先天不足和中国农村社会转型现实需求双重因素的共同推动下，学界对乡村建设派的研究重心日渐转向乡村文化振兴、乡村风俗嬗递、乡村治理层面。

三、社会—国家范式下农民教育研究的百花齐放

20世纪90年代后期，随着新史学研究的开展，传统史学研究遭遇了巨大挑战，被传统史学长期忽略的丰富多彩的社会生活和普通民众开始进入研究者的视野中，强调探视不同社会阶层以及近现代中国社会发展演变的"社会—国家"范式，成为史学研究的新取向。在新的史学研究范式下，历史研究的范围进一步被拓宽，历史研究的视角、方式、关注的热点发生了革命性的变化。"他们将重点放在下层群体，放在以前为人们所忽视但可以为历史学家提供信息的资料上。"[①]"在某种程度上，下层历史代表了一种抉择，因为它通过关注大众或人民的

---

① Lynn Hunt, ed., The New Cultural History, Berkley: University of California Press, 1989, p.6.

生活、活动和经历，把人们的注意力从精英或统治阶级身上吸引开来。""自下而上""以小见大"的新的历史研究和书写方式逐渐成为史学研究的主流。在新的研究范式下，中国共产党在革命根据地开展的农民教育尤其是抗日根据地开展的冬学，因其对乡村社会产生的深远影响而成为学界关注的热点。

（一）"自下而上"的研究视角与研究热点的多样化

这一时期，中国共产党在农村革命根据地开展的冬学教育成为农民教育研究的重点和热点。围绕着冬学教育，学界产生了丰硕的研究成果。郭夏云《教育的革命与革命的教育》[1]以冬学为视点，通过大量翔实的历史档案对冬学视野下山西各根据地乡村社会的变迁进行了详细考察，一定意义上弥补了抗战时期根据地农民教育与社会变迁研究方面的空白。本书在研究路径上，尝试以一种"自下而上"的眼光，通过展现冬学运动中根据地普通民众喜怒哀乐的心路历程，考察中国共产党教育革命和革命教育的相互关系以及对乡村社会的重构。山西作为中国共产党抗战时期建立的老根据地，冬学前后截然不同的面貌，充分验证了中国共产党冬学教育的绩效，具有很强的代表性和示范性。为了使研究更具有普遍性，在研究取向上，本书既关注了中国共产党冬学政策的整体连贯性，又注重了冬学教育开展过程中的区域差异。先进地区和落后地区的类比中，中国共产党政策执行的不同情况所形成的冬学发展的个体特性彰显无遗。选取案例的多样性既避免了线性发展的逻辑思维定式，又防止了简单化的倾向。另外，研究时段上的长区间，又保证了社会嬗变脉络的相对清晰。

---

[1]郭夏云：《教育的革命与革命的教育》，太原：山西人民出版社，2009年版。

此外，这一时期冬学教育的研究视角逐渐由教育辐射到社会、文化、民众动员、扫盲等不同领域，研究地域上更是覆盖了晋察冀、晋绥边区、太行根据地、陕甘边区等不同区域，范围非常广泛，农民教育研究呈现出百花齐放的繁荣景象。就研究视角而言，大体可以分为以下几种模式：

1. 综述性研究。综述性研究的代表成果有邓红《论晋察冀边区的社会教育》①，邓红、李金铮《中国成人教育史的重要一页——抗战时期晋察冀边区的冬学运动》②，方海兴《论建国初期的工农教育》③，胡现岭《抗战时期陕甘宁边区的冬学运动》④，方海兴《简评建国初期的农村冬学》⑤，李飞龙《20世纪50年代农民业余文化教育述论》⑥等文章。邓红《论晋察冀边区的社会教育》和邓红、李金铮《中国成人教育史的重要一页——抗战时期晋察冀边区的冬学运动》两篇文章均立足于晋察冀根据地，通过对根据地社会教育产生、发展的阶段和社会教育主要形式论述的基础上，强调了社会教育在提高广大民众的抗日觉悟，调动其抗日积极性，推动边区经济巩固和发展，移风易俗方面发挥的重要作用。方海兴《论建国初期的工农教育》通过冬学识字、政治教育的论述，阐释了中华人民共和国成立初期农民教育对农村扫盲，提高农民政治觉悟，推

①邓红：《论晋察冀边区的社会教育》，《抗日战争研究》，1999年第2期。

②邓红，李金铮：《中国成人教育史的重要一页——抗战时期晋察冀边区的冬学运动》，《河北大学成人教育学院学报》，2002年第1期。

③方海兴：《论建国初期的工农教育》，《党史研究与教学》，1998年第3期。

④胡现岭：《抗战时期陕甘宁边区的冬学运动》，《党史研究与教学》，2004年第5期。

⑤方海兴：《简评建国初期的农村冬学》，《天府新论》，2008年第5期。

⑥李飞龙：《20世纪50年代农民业余文化教育述论》，《当代中国史研究》，2009年第3期。

动互助合作运动发展的巨大作用。在《简评建国初期的农村冬学》这篇文章中，方海兴对冬学的组织、教育内容和社会成效进行了全面阐述。胡现岭《抗战时期陕甘宁边区的冬学运动》则以抗战时期陕甘边区为研究样本，侧重于对农村冬学的组织开展、实施情况、开展效果进行综合性的考察。李飞龙《20世纪50年代农民业余文化教育述论》通过对中华人民共和国成立初期农民业余教育的两次发展高潮、农民业余教育的主要形式以及农民业余教育发展过程中存在的问题进行了探讨，强调农民业余教育在当代农民经历的三次转变中发挥的重要作用。

2. 文化变迁与社会改造、社会变迁。代表性作品有黄正林《论抗战时期陕甘宁边区的社会变迁》[1]和《1937—1945年陕甘宁边区的乡村社会改造》[2]，苏泽龙、刘润民《抗战时期太行根据地的冬学运动》[3]，苏泽龙《1941—1949年的山西冬学与乡村社会——以文化变迁为视角的区域社会史研究》[4]和《毛泽东的文化实践思想与乡村社会改造》[5]等。黄正林从提高陕甘边区民众的民族意识、推动地方社会习俗的转变两个方面，阐释了社会教育开展之后边区民众社会意识的变迁。苏泽

①黄正林：《论抗战时期陕甘宁边区的社会变迁》，《抗日战争研究》，2001年第3期。

②黄正林：《1937—1945年陕甘宁边区的乡村社会改造》，《抗日战争研究》，2006年第2期。

③苏泽龙，刘润民：《抗战时期太行根据地的冬学运动》，《教育理论与实践》，2006年第2期。

④苏泽龙：《1941—1949年的山西冬学与乡村社会——以文化变迁为视角的区域社会史研究》，《社会科学战线》，2008年第2期。

⑤苏泽龙：《毛泽东的文化实践思想与乡村社会改造》，《毛泽东思想研究》，2008年第2期。

龙则从文化变迁的路径，考察冬学教育视阈下乡村社会的嬗递发展。文章通过解读20世纪40年代中国共产党在战争环境中对传统冬书房这一文化形式的重新构建，探讨了农民群众在接受新文化的同时，中国共产党怎样以"冬学"为媒介"将农民的文化普及工作与民众教育相结合，将农民的生产、生活与中共农村政策相结合"①，在实现根据地文化变迁的过程中实现了对根据地乡村社会的改造。

3. 农民教育与扫盲、新文字运动。日本学者浅井加叶子《1949—1966年中国成人扫盲教育的历史回顾》②利用大量数据、实例对中华人民共和国成立初期、"大跃进"时期和20世纪60年代扫盲教育调整进行分析的基础上，回顾了中华人民共和国成立17年间成人教育的扫盲过程。新文字即拉丁化新文字，中国共产党在20世纪40年代初在陕甘边区推动的新文字运动为解决农村扫盲困境所作之选择，更是带有文化重塑的意义。胡现岭和王建华两位学者都立足陕甘边区，对20世纪40年代初期的新文字运动进行了考察。胡现岭《抗战时期陕甘宁边区的新文字冬学》③通过对陕甘边区新文字运动开展缘由、过程的考察，在分析新文字运动失败原因的基础上，得出新文字冬学最大的成绩在于"对新中国成立后制定《汉语拼音方案》、研究文字改革工作提供了有益的经验"的观点。王建

---

① 苏泽龙：《1941—1949年的山西冬学与乡村社会——以文化变迁为视角的区域社会史研究》，《社会科学战线》，2008年第2期。

② [日]浅井加叶子著，王国勋、刘岳兵译：《1949—1966年中国成人扫盲教育的历史回顾》，《当代中国史研究》，1997年第2期。

③ 胡现岭：《抗战时期陕甘宁边区的新文字冬学》，《党史研究与教学》，2008年第3期。

华《陕甘宁边区的新文字运动——以延安县冬学为中心》[1]通过叙述陕甘边区自1941年开始的新文字运动从初步试验、全面推广到试点整改及至1943年全面停止的过程，侧重考察了新文字运动在推动边区扫盲成效的同时，所引发的"文化大众性与民族性"讨论。

4. 民众教育与政治动员、政治认同。有代表性的成果为黄正林《社会教育与抗日根据地的政治动员——以陕甘宁边区为中心》[2]和满永《文本中的"社会主义新人"塑造——1950年代乡村扫盲文献中的政治认同建构》[3]两篇文章。黄正林认为旧乡村权威的存在，土地革命时期培养起来的积极分子文化水平、政治素养等方面难以胜任新的工作以及农民对政治的冷淡，是中共在根据地开展社会教育的重要原因。社会教育在对民众进行文化启蒙、培养农民的国家意识和民族意识、激发农民的政治参与热情的过程中，实现了对乡村社会全方位的控制。满永则借助对20世纪50年代农村扫盲文献的细致梳理，解读了乡村扫盲运动兴起的政治诉求和扫盲教材呈现的政治认同构建、扫盲实践对现实需要的回应，"指出了乡村扫盲并非简单的文化教育，而是一次着力于社会主义政治认同建构，并由此将革命理念渗透进乡村日常生活的政治规训过程。"[4]

---

①王建华:《陕甘宁边区的新文字运动——以延安县冬学为中心》,《南京大学学报(哲学·人文科学·社会科学)》,2011年第3期。
②黄正林:《社会教育与抗日根据地的政治动员——以陕甘宁边区为中心》,《中共党史研究》,2006年第2期。
③满永:《文本中的"社会主义新人"塑造——1950年代乡村扫盲文献中的政治认同建构》,《安徽史学》,2013年第4期。
④满永:《文本中的"社会主义新人"塑造——1950年代乡村扫盲文献中的政治认同建构》,《安徽史学》,2013年第4期。

综上分析，这一时期学界对农民教育的研究主要体现出以下几个特点：第一，视角多样，涉及冬学兴起原因、开展过程、识字扫盲、政治认同建构、社会动员、妇女解放等方方面面。第二，覆盖区域范围广阔，几乎囊括了中国共产党领导的各个根据地，体现出研究的普遍性。第三，研究时段集中，主要聚焦于抗日战争时期，中华人民共和国成立初期的观照稍显不足。最后，研究多侧重于农民教育本身进行，研究的纵深化展现出巨大空间。

相比之下，关于乡村建设运动的研究在路径上由乡村教育转向乡村治理、乡村建设，问题意识与历史反思导向日渐明显，代表性成果有朱义禄《梁漱溟乡村建设思想述评》及《民国乡村建设运动》，李德芳《试论南京国民政府初期的村治派》和《民国乡村自治问题研究》，王先明、李伟中《20世纪30年代的县政建设运动与乡村社会变迁》，徐秀丽主编《中国农村治理的历史与现状：以定县、邹平和江宁为例》，虞和平《民国时期乡村建设运动的农村改造模式》，游海华《近百年来中国农村建设》等。其中，虞和平《民国时期乡村建设运动的农村改造模式》突破了以往关于乡村建设运动侧重于思想史、文化史和政治史的研究视角，通过对乡村政治的自治化和民主化追求、农村经济的企业化和市场化尝试、农民素质的知识化和文明化举措等三个方面的分析，主张从农村经济史和农村现代化史的角度重新审视20世纪30年代的乡村建设运动，从而为当今中国农村改造提供历史经验和借鉴。

（二）新研究范式下农民教育研究史料的拓展

这一时期，农民教育特别是革命根据地时期中国共产党的农民教育研究在史料研究范围上有了新突破，大量档案材料、老旧报纸等成为研究的重点。这些档案涉及根据地各级政府的指示、各地开展农民教育的调查和总结材料等，存量巨大，内容丰富。

1. 根据地各级政府的指示。中国共产党各专署、行署关于冬学运动开展的各种指示、通知，虽然官方色彩浓厚，但对把握中国共产党冬学教育开展的精神、政策的变化、冬学重点的转换有着重要的意义。因此，不同年代中国共产党各级政权组织发布的冬学文件，在研究中国共产党进行农民教育，把握其开展农民教育背景方面所起的作用不可忽视。我们以1944年和1945年冬学教育为例来讲，1944年的冬学重视文化教育，把满足群众的文化需求作为整个冬学的重点。但仅仅相隔一年，冬学的侧重点就发生了很大的变化。1945年，中国共产党强调把政治教育作为当年冬学的重要工作。在冬学侧重点转移背后，实际上体现着整个中国社会政治环境变迁的内容。1944年由于对敌斗争的胜利，根据地大生产运动的开展，民众已经逐步解决了经济上、生活上的困难，在抗战形势较为稳定的情况下，群众提高文化生活的要求是十分迫切的，正因如此，文化教育成为当年冬学运动的主流。然而到了1945年，经历了长期抗战后，中国人民的抗日战争终于取得胜利，但是日军并没有放下武器，国内内战阴云笼罩，如何争取民主，改善政治生活，这些问题尤其在新解放区是必须解决的。因此，1945年冬学提出了以政治为主、文化为辅的方针，政治教育再度成为冬学教育的主要内容。所以，在枯燥的指示、通知背后，实际蕴藏着丰富、复杂的历史背景和社会因素。同样，在义务教员的选拔标准上，也体现着不同时期中国共产党政策注意力的变化曲线。以解放战争时期为例，1946年在冬学教员的选拔上一度出现"贫雇路线"，过分强调阶级出身，严重忽视文化水平，结果导致当年冬学教育中"左"倾路线的盛行，打击了群众发家、生产、学习文化的热情，冲击了广大乡村中的中间力量。所以，1948年冬学教育中，各行署发布指示要求纠正上述错误倾向，强调了文化教育的重要性，鼓励和重申了中国共产党发展生产、团结中间阶层的立场。这一政策变化正是1947年前后中国共产党土地改革中出现的"左"与反"左"斗争在冬学教育中的反映。从这一意义上讲，农民教育可以说是根据地社会、政治变迁的一个晴雨表，既展现了中国共产党成长的轨迹，又记载了民众在政策变化时心路嬗变的历程。作为中国共产党与民众之间的一种张力，农民教育在双方的拉拉合合中，演绎着中国乡村社会由传统到现代的真实图景。

2. 各革命根据地或解放区村、镇冬学教育调查及工作总结。革命根据地档案使用频率最高的是抗日战争和解放战争时期。这些档案文献主要集中存放于华北各省档案馆，部分存放于各地的革命历史档案馆。这些卷宗详细记载了各根据地冬学教育发展的情况，义务教员的选拔和培训，群众动员的方式，教学的方法、成果以及冬学教育开展的经验、困难和教训，民众的不同心理状态等，在中国共产党农民教育研究上有重要价值。长期以来，其学术研究的价值没有得到应有的重视。在这批资料中，各地《冬学总结》以第一手的资料，客观记载了民众在冬学中的切身感受，比照了冬学前后群众政治觉悟、生产观念、道德文化传统等方面的变化，以第一人称表现了民众眼中的冬学教育，与其他资料相比其可信度更高，更具有说服力。当然，作为最原始的冬学研究资料，各地冬学总结由于是各基层组织完成的工作总结，其在以最原始的面貌还原各地冬学实际状况，采取"自下而上"的视角反映冬学教育的场景时，也不同程度地出现了表达不清、用词不当、用词不准，记录上的非条理性等问题，为资料的利用、整理带来很大的困难和不便。另外，中国共产党在领导冬学教育时，对义务教员讲授课程有一个重要的规定，即鼓励讲口语、方言，用老百姓所熟悉、喜闻乐见的语言，融入民众，与民众打成一片。这样既能拉近同老百姓的距离，又能保证老百姓听得明白、清楚，使冬学具有真实性、生动性和浓郁的生活气息。因此，各地冬学总结中方言、口语被大量使用，从而在整理这些档案材料时，增加了阅读、理解的难度。为此，我们必须充分考虑到各地方言表达的特点、说话的不同场景、说话人的身份等因素，才能较为准确地把握记录者的真实思想。

3. 革命根据地出版发行的报纸。为加强对民众的教育和政治动员，各根据地政府创办了多种报纸，使报纸的发行和销售量超过战前若干倍，并且深入乡村。以晋绥边区为例，边区发行量较大的报纸是《抗战日报》和《人民画报》。《抗战日报》作为中国共产党晋绥分局的机关报，创刊于1940年9月，1946年7月后更名为《晋绥日报》，由毛泽东亲笔题写报头。《抗战日报》初期为三日报，1942年元旦开始改为每两天出版一期，1944年后改成日报，发行量最高时达到1.5万份。《抗战日报》以"抗战到底，团结到底，建设晋西北"为宗旨，主张以最为直接的方式，服务于当时的战争需要。报纸内容取材广泛，题材既有与抗战相关的战争内容，范围包括了练兵、参军、战前总动员、攻城、支援前线等有关中国军民英勇抗敌的各种事件，也有与根据地建设有关的政治、经济、文化题材，内容从边区政府的各项方针政策到反映变革旧有生产关系、发展农业生产、各地冬学动态、改造二流子、表扬英雄模范、破除迷信、普及医疗卫生常识、宣扬妇女解放、建设新文明风尚等内容，作品多来源于根据地群众自己的生活。《人民画报》在创刊时间上要晚于《抗战日报》，但却后来居上，发行量不亚于《抗战日报》。《人民画报》创刊于1942年1月，半月刊，每月5日、20日出版，为四开单张石印两色套版和三色套版交替使用的彩色画报。因其以图代文，形象生动，所以迅速被不识字的农民群众所接受，成为许多村干部、小学教员向群众宣传新政权政策、法令和解释时事的重要工具。对于边区群众喜爱《人民画报》的原因，《晋绥日报》曾指出是因为该刊"内容适合群众需要，能配合时事，配合工作。如中国共产党七大宣言，解放区自卫反击战，蒋军反内战起义等，都在画上画出来，群众很感兴趣，并帮助认识了时事；关于边区的各种工作，如减租、冬学、春耕、种棉、除油汗、纺织、儿童、妇女、反迷信、讲卫生，除奸，等等，每期占据相当大的篇幅。群众不仅感觉到红火热闹，且有指导意义[1]"。群众对《画刊》的喜爱，是纯朴、热烈的。一次某作家"下乡到离石田家会，正遇上赶集，《人民画报》第十九期刚贴出街上，看的人便从四面八方涌来，看画的大部分为来赶集的农民、妇女，从他们见了画发问的情形看，大半都不识字，但他们特别喜爱看"[2]。这从一些学校选用《人民画报》为公民课的主要教材上也可看出。抗战时期，根据地发行的报纸除了《新华日报》

---

[1]《晋绥日报》，1946年9月14日。
[2]中国作协山西分会：《革命根据地文艺资料》，太原：北岳文艺出版社，1986年版，第238页。

（太岳版）、《新华日报》（太行版）、《抗战日报》《人民画报》《大众报》外，还有各地编印的有关生产、卫生、教育等内容的小报在小范围流行。这些民众自己创办的小报，更是由于承载了太多的家长里短、生产劳作等生活因子而受到民众的偏爱。可以说，不论是当时的官方报纸抑或地方小报都包含了两个方面的功能：一方面承载着官方政策法令的基本精神、主张，树立和宣扬着一定的价值取向和道德行为准则；另一方面体现了各地民众生产、生活以及受教育的具体场景。而作为中国共产党重要工作之一的冬学教育，毫无例外地是各个报纸的主要内容。因此，一定程度上报纸是体现当时社会面貌的一面镜子。

研究史料的拓展，为中国共产党农民教育的全面、深入研究提供了有力支撑，推动了研究视角的多样化，也为农民教育研究提供了新思路。

四、突破与展望：近年来农民教育研究分析

当前，有关于农民教育的研究一方面保留了之前革命根据地教育史宏大叙事的研究思路，同时又在力求超越对教育范畴的理解，探索对农民教育研究新的思考方式和书写方式。这一新的研究趋势表明新的理论观照，与学界前辈相比有本质的不同。我们尝试通过对这两种不同研究思路的梳理，对农民教育研究的发展与演变进行归纳和分析。

（一）宏大叙事与革命根据地教育的长时段、全景式研究

宏大叙事是传统农民教育研究的主要方式，研究关注的是教育的整体性而非局部性。阿兰·梅吉尔在《"宏大叙事"与

历史学学科》中指出："'宏大叙事'指的是对于作为整体的、独一的且融贯的历史的某种认识、解释、展现与诉说。"[1]长期以来，在宏大叙事的研究模式下，革命根据地教育研究形成了长时段、全景式即"大教育史"的研究传统和研究取向，希望通过在长时段的广阔视阈中，借助对历史文本的考察，全面展现中国共产党教育方针、政策和实践的连贯性、整体性，从而梳理中国共产党教育思想发展的脉络，总结教育工作的经验，为当下提供历史借鉴。在宏大的叙事背景下，农民教育研究普遍采取"自上而下"的视角、叙事的书写方式，按照事件发生的先后年代次序组织史料、描述历史。陈桂生编著的《中国革命根据地教育史》[2]和宋荐戈、张腾霄著的《简明中国革命根据地教育史》[3]在研究上具有典型代表性。二者均采用通史的研究方式，对1927年8月至1949年9月中国共产党开展的包括农民教育在内的革命根据地教育进行了宏观性考察。以《简明中国革命根据地教育史》为例，其对农民教育的研究跨越土地革命战争时期、抗日战争时期和解放战争时期三个阶段，范围上遍及各个根据地，通过对农民教育政策、教育任务、主要内容、管理模式和教育形式等的研究，梳理中国共产党农民教育的发展脉络，突出不同时代农民教育的特点，从而阐释中国共产党新民主主义教育思想的发展。

---

① 彭刚主编：《后现代史学理论读本》，北京：北京大学出版社，2016年版，第233页。

② 陈桂生编著：《中国革命根据地教育史》，上海：华东师范大学出版社，2015年版。

③ 宋荐戈，张腾霄著：《简明中国革命根据地教育史》，北京：中国文史出版社，2016年版。

在"大教育史"视野下，一方面农民教育的连续性和整体性体现较为鲜明。农民教育研究的长时段和全景式模式，为宏观上、整体上把握和研究中国共产党的农民教育提供了清晰的发展脉络、重要的政策依据和史料支撑。但是另一方面，在叙事式研究方式下，研究者侧重于描述而不是分析农民教育，难以构建起农民教育发展的多层次脉络。此外，研究角度的单一也是宏大叙事模式下农民教育研究难以突破的局限。不同的书写方式，体现出的是不一样的历史场景。依存于根据地教育整体性研究中的农民教育研究，更多注重的是教育本身的发展，包括教育思想、教育管理、教育实践等内容，而农民在教育前后心态、观念的嬗递，行为模式的转变，农民在革命教育中成长的动态过程及其与社会的互动则难以立体式展现出来。近年来，随着史学研究在研究视角、方法和书写方式等领域中出现的革命性变化，革新农民教育的研究范式，拓展农民教育研究的领域，借鉴政治经济学、社会学、哲学、心理学、伦理学等学科的理论与方法，丰富农民教育研究的视角，从而"发现"更为全面、多维的农民教育发展脉络，已经成为考察农民教育的必然趋势。

（二）"见微知著"与农民教育研究书写方式的多样化

与宏大叙事的叙述与书写方式不同，新史学研究范式下的农民教育研究的思考方式和书写方式呈现出多样化的特点，问题意识更为明显，研究视角的多元化趋势进一步强化。在"以小见大""自下而上"的研究路径下，农民教育的研究已经不仅仅停留在教育本身，而是开始更多地转向中国农村社会结构、国家意识构建、文化自觉等多角度的讨论，力图构建多维、立体的农民教育与乡村社会变迁图景。

在乡村社会发展背景之下，探讨农民教育与乡村社会阶层之间的关系，是农民教育研究深化的一个重要体现。郭夏云《冬学与山西根据地乡村新权力阶层的生成》①以乡村新权力阶层为视角，考察了冬学对根据地政治生态的重构以及中国共产党对乡村社会的有效控制。新权力阶层是抗战时期中共在根据地培养起来的一批乡村基层干部。他们在生成方式上不是依靠经济资源、社会名望等传统因素，而是借助冬学特有的政治资源和良好的政治出身。传统权力阶层的落沉与新权力阶层的上升，反映了政治革命背景下乡村社会权力的转移渠道。同样以乡村社会阶层为研究取向的还有王微的《传统、革命与性别视域下的妇女教育——以华北乡村（1937—1949）为中心的考察》②。作者运用新的研究范式和社会性别理论，在解析大量农民教育资料的基础上力争立体式展现1937—1949年革命和战争状态下华北农村妇女教育的丰富图景，在传统与革命、政策与现实之间的良性互动中，妇女教育凸显出对启蒙妇女思想，改变妇女命运，激发妇女参加抗战，培养妇女干部方面产生的积极影响。

政治意识形塑和国家认同构建是农民教育研究领域内考察政治意识形态建构的重要路径，对此，学界见仁见智，研究旨趣各异。郭夏云《冬学教育与根据地民众政治意识形塑（1937—1945）——以晋西北根据地为例》③一文围绕晋西北

---

①郭夏云：《冬学与山西根据地乡村新权力阶层的生成》，《华南农业大学学报(社会科学版)》，2016年第1期。

②王微：《传统、革命与性别视域下的妇女教育——以华北乡村(1937—1949)为中心的考察》，《中国井冈山干部学院学报》，2016年第5期。

③郭夏云：《冬学教育与根据地民众政治意识形塑(1937—1945)——以晋西北根据地为例》，《党史研究与教学》，2017年第4期。

根据地减租减息前后农民截然不同的态度，深度剖析了20世纪40年代初期中国共产党面对晋西北社会乡土人情关系的困扰开展政治意识形塑的路径，认为"根据地政治意识形塑不仅改变了乡村社会的群体认同，实现了根据地乡村村落共同体由传统到现代的嬗递，而且把现代政治革命的浪潮成功引入了封闭的乡村社会，实现了民众思维方式、价值观以及社会心理归属的重塑，形成了根据地民众对中共政治革命的认同"[1]。郭夏云《从〈人民日报〉看一九五〇年代初农民国家认同建构——以冬学为中心的研究》[2]是对《冬学教育与根据地民众政治意识形塑（1937—1945）——以晋西北根据地为例》这篇文章研究的延续。作者以中华人民共和国成立后农民群众的国家认同构建为研究对象，"以冬学政治教育为基础，借助于1949—1953年《人民日报》对国家冬学方针、政策以及冬学教育中涌现出的典型人物、事例的报道文本的解读，透视1950年代初国家与民众新型关系的塑造及农民国家认同的构建，探寻民众教育视阈下乡村社会的变迁轨迹"[3]。宋学勤、倪梦琪《新中国成立初期的社会教育论析（1949—1952）》[4]则重点观照农民教育赋予农民的文化"翻身"象征，通过对中华人民共和国成立初期工农教育开展的历史背景、识字教育被

绪论

①郭夏云：《冬学教育与根据地民众政治意识形塑（1937—1945）——以晋西北根据地为例》，《党史研究与教学》，2017年第4期。
②郭夏云：《从〈人民日报〉看一九五〇年代初农民国家认同建构——以冬学为中心的研究》，《党史研究与教学》，2019年第5期。
③郭夏云：《从〈人民日报〉看一九五〇年代初农民国家认同建构——以冬学为中心的研究》，《党史研究与教学》，2019年第5期。
④宋学勤，倪梦琪：《新中国成立初期的社会教育论析（1949—1952）》，《党史研究与教学》，2019年第2期。

赋予的"翻身"象征、"以民教民"实现的民众的主动参与进行的细致分析，提出中华人民共和国成立初期的工农教育不仅仅是一次文化普及，其在实现工农群众文化"翻身"的同时，构建起集体的观念和认同，确立起身份归属感，为之后的农业互助合作提供了思想准备。

中国共产党的农民教育实践与马克思主义大众化进程之间的互动关系，也是学界引人关注的问题之一。中国共产党的农民教育实践既是马克思主义理论在中国革命中的运用，也是考察马克思主义大众化的重要载体。秦燕的《延安时期马克思主义大众化实践研究——以根据地农民教育为中心》[1]一书以延安时期根据地的农民教育作为研究载体和实践路径，在分析大量马克思主义经典作家著作、党的文件及文献档案等一手资料的基础上，从民族意识教育、阶级斗争教育、意识教育三个视角，详细梳理分析了马克思主义大众化的主要内容和构建过程，对马克思主义大众化的特征、经验和历史启示作了理论概括。樊荣《新型国家建构背景下马克思主义大众化的实践形态——以1949—1966年农民教育为中心考察》[2]采用了相似的研究旨趣，文章分别从新型国家构建的理论必然与思想基础两个方面论述了马克思主义大众化在新型国家构建过程中的必然性，指出1949—1966年的农民教育作为马克思主义大众化的客观需要，在实践中通过把"马克思主义大众化内容与中国农民传统思想相契合""马克思主义大众化形式与农民日常生活

---

①秦燕：《延安时期马克思主义大众化实践研究——以根据地农民教育为中心》，北京：中国社会科学出版社，2018年版。
②樊荣：《新型国家建构背景下马克思主义大众化的实践形态——以1949—1966年农民教育为中心考察》，《青海社会科学》，2020年第1期。

相结合""马克思主义大众化载体与农民参与的政治运动相融合",在实现马克思主义大众化的过程中,实现对社会主义新型国家的国家认同。

此外,在政治意识、国家认同和社会阶层之外,有学者将农民教育研究的关注点向文化角度转移,[①]通过对抗日根据地冬学运动的研究,考察中国共产党乡村政治、文化建设的路径。

综上所述,在开放的研究视野下,农民教育研究已经远远超越了教育过程本身,多元的研究视角和多样的研究路径不仅带来了农民教育研究的繁荣局面,构建起立体、丰满的乡村社会发展图景,也为今后的农民教育研究指明了方向。

---

①这方面代表性的文章有岳谦厚、乔傲龙《全面抗战时期晋绥边区的冬学运动与群众办报实践》,《党的文献》,2019年第1期。

第一章　中华人民共和国成立初期 冬学开展的历史和现实动因

新民主主义革命的胜利，开启了中国社会发展的新阶段。然而，中华人民共和国成立初期，中国共产党不得不面对农村严峻的现实。一方面，革命的胜利极大地调动起民众建设新中国的热情和积极性。但是另一方面，新形势下部分民众对社会发展前景的迷茫、社会文化与农业技术发展落后的基本国情、农村劳动力的短缺等现实因素又严重制约着革命成功后农村社会的发展。在此现实背景下，中国共产党在革命战争年代开展的冬学，凭借其对根据地乡村社会成功改造的历史经验，顺理成章地成为中华人民共和国成立初期中国共产党改造民众的必然选择。

一、根据地时期的冬学教育与乡村社会重构

（一）近代以来的华北乡村社会

近代以来，随着西学东渐和新学的兴起，以儒学为主要内容的传统教育日渐衰微。1905年，清政府废科举、兴学堂，正式宣告了科举制度的终结。对广大内地农村而言，科举制度的废除，是乡村社会发展中的一个转折点。对此，钱穆先生曾有精辟分析，认为"任何一制度，决不会绝对有利而无弊，也不会绝对有弊而无利。所谓得失，即根据其实际利弊而判

定。而所谓利弊，则指其在当时所发生的实际影响而觉出。因此要讲某一代的制度得失，必须知道在此制度实施时期之有关各方意见之反映。这些意见，才是评判该项制度之利弊得失的真凭据与真意见。此种意见，我将称之曰历史意见。待时代隔得久了，该项制度早已消失不存在，而后代人单凭后代人自己所处的环境和需要来批评历史上已往的各项制度，那只能说是一种时代意见。时代意见并非全不合真理，但我们不该单凭时代意见来抹杀已往的历史意见。这两者间，该有精义相通，并不即是一种矛盾与冲突。"[1] 科举制的被废除即是如此。一方面，科举制虽然在清季已弊端凸显，但在农村文化启蒙中长期承载着扫盲、文化启蒙的功能。另一方面，新式学堂建立后，由于与传统伦理道统的格格不入，使西学在传统根基深厚的乡村遇到了前所未有的冷遇。因"凡学堂肄业者，动辄言平等自由，父子之亲，师长之尊，均置不问。为父兄者知其悖谬，不愿子弟入学堂，遂使子弟学商贾，读书人士日减一日也"[2]。抗战期间，中国共产党对太行区第四专区黎城、壶关、平顺等县在乡知识分子成分进行过调查，数据显示，地主出身者占到14%，富农29%，中农54%，贫农3%，雇农不详。[3] 农村文盲比例甚至高达90%左右。据太行区9个地区的调查，1939年前文盲占总人口的95%～98%。[4] 在晋冀鲁豫边区，抗战前文盲人数占到95%～97%，太南区文盲人数估计32 661人，晋中

①钱穆:《中国历代政治得失》,北京:三联书店,2001年版,第5—7页。

②刘大鹏遗著,乔志强标注:《刘大鹏日记》,光绪三十三年(1907年)9月13日,太原:山西人民出版社。

③《太行四专各县对教育工作领导的概况》,档案号:A68-3-1-21,山西省档案馆藏。

④《太行区教育概况》,档案号:G3-40,山西省档案馆藏。

45 557人，太岳111 805人。① 文化教育载体的缺位，使农村不可避免地陷入了衰退的困境。斯诺夫人海伦·斯诺在考察后曾写道："文明只是深深地潜藏在古代的窑洞里，躲藏在泥巴筑成的围墙后面，幸存在人们的心里，其一贫如洗，落后愚昧的惨状可见一斑。"

在晋西北，抗战之前乡村社会发展滞缓、闭塞，是典型的宗族社会，鸦片战争之后，近百年中国近代化潮流并没有使其裹挟其中。及至民国初年，整个社会"仍保持其一向的自给自足的封建形态，居民与外界往来甚少"②，广大民众除了向政府"交粮、纳税和应差"外，几乎不与外界发生联系③。浓厚的封建经济原貌造就了民众的闭塞和保守。作为农民生产、生活的主要空间，乡村依然保持着聚族而居的特点，"村子通常由一群家庭和家族单位（各个世系）组成，他们世代相传，永久居住在那里，靠耕种某些祖传土地为生"④。晋绥边区保德榆树里村，全村200 余户人家都是高姓一族。⑤ 对传统乡村出现的宗族社会，王沪宁认为"社会资源总量不高意味着社会不能从宏观上为其成员提供必要的生存资源和发展资源，甚至不能为其绝大部分成员提供必要的生存资源和发展资源，而要社

①《新华日报》（华北版），1941 年3 月2 日。

②冯和法：《中国农村经济资料》，黎明书局，1933 年版，第884 页；李向前：《抗日战争与中国西北农村社会的变动——兼谈张闻天的"新式资本主义"观点》；冯崇义，古德曼：《华北抗日根据地与社会生态》，北京：当代中国出版社，1998 年版，第42 页。

③中国共产党晋西北党委：《各阶级政治动向》，《统一战线政策材料汇集》，档案号：A22-04-00005，山西省档案馆藏。

④［美］费正清：《美国与中国》，北京：商务印书馆，1987 年版，第20 页。

⑤刘欣：《晋绥边区财政经济史资料选编（农业编）》，太原：山西人民出版社，1986 年版，第59 页。

会成员依靠自己的群体来获得必要的资源。在这种态势下，村落家族共同体便成为成员不从社会获取资源的替代手段。资源总量匮乏使人们不能不依靠村落家族共同体来获得生存资源，离开了村落家族共同体，人们便难以生存，至少在相当多的地方是如此"[1]。

因此，村落的社会关系是有别于城镇的。"乡土社会的生活是富于地方性的。地方性是指他们活动范围有地域上的限制，在区域间接触少，生活隔离，各自保持着孤立的社会圈子……这是一个'熟悉'的社会，没有陌生人的社会。"[2]关于这个问题，费孝通先生曾用"熟人社会"概括了传统乡土社会的基本特性[3]，并指出在这种社会当中，人与人之间形成并维持社会结合的原则是"差序"，即"从自己推出去的和自己发生社会关系的那一群人里所发生的一轮轮波纹的差序""好像把一块石头丢在水面上所发生的一圈圈推出去的波纹。每个人都是他社会影响所推出去的圈子的中心"[4]。费先生强调，"在差序格局中，社会关系是逐渐从一个一个人推出去的，是私人联系的增加，社会范围是一根根私人联系所构成的网络"[5]，

①王沪宁:《当代中国村落家族文化》,上海:上海人民出版社,1991年版,第32—33页。
②费孝通:《乡土中国 生育制度》,北京:北京大学出版社,1998年版,第9页。
③费孝通:《乡土中国 生育制度》,北京:北京大学出版社,1998年版,第319页。
④费孝通:《乡土中国 生育制度》,北京:北京大学出版社,1998年版,第334页。
⑤费孝通:《乡土中国 生育制度》,北京:北京大学出版社,1998年版,第339页。

这使得"社会秩序成为一种礼治秩序"①。在这个"低头不见，抬头见"的生活环境中，情面根植于人们的生活中，是被乡土社会普遍接受的核心观念。

但是，揭开乡土社会温情脉脉的面纱，是事实上经济剥削的客观存在。以农村经济最深层的基础——土地的占有情况来看，晋西北各阶层土地占有在20世纪40年代之初严重不均衡。这种不均衡不仅表现在占有土地的数量方面，还体现在占有土地的质量上。在兴县蔡家崖，"27.7%的地主、富农占有94%的水地和78.1%的平地，70%以上的中农和贫农只占有6%的水地和21.95%的平地"②。而在整个晋西北，根据1941年晋西北行署对兴县、临县、忻县、交城、方山等11县近百个行政村的调查和统计，"7.6%的地主、富农占有56.6%的水地，41.2%的贫农只占有16.8%的水地"③。

考察20世纪40年代之前的晋西北，租佃关系较为普遍。临县武家沟行政村，在1940年之前，"全村52户中，有大地主10户，无富农，中农6户，贫农36户。42户中农和贫农中有40户给地主揽工或租种地主的土地"④，占到中农、贫农户数的95%以上。临县二区的化林村，村中80%以上都租种地主的

———————————

① 费孝通：《乡土中国 生育制度》，北京：北京大学出版社，1998年版，第355页。

② 刘欣：《晋绥边区财政经济史资料选编（农业编）》，太原：山西人民出版社，1986年版，第63—64页。

③ 刘欣：《晋绥边区财政经济史资料选编（农业编）》，太原：山西人民出版社，1986年版，第63页。

④《武家沟行政村大柏岭村工作报告》，档案号62-1-54，山西省临县档案馆藏。

土地。①晋西北租佃关系发达的背后，是超经济的地租剥削。在临县，后刘家庄、后山峪2个行政村，由于土地质量较好，因此地租率也是全县最高的。如"后刘家庄一些土地的最高租率达到50％"，普遍的是"40％"，而在土地质量较差、全县土地租率最低的村子如汉高山、刘家沟、石窑等，普遍地租率也达到了25％。②

然而，"无论地租多么沉重，高利贷的后果是多么惹人注目，它们却很少激起激情的反抗和骚动"③。"农民不仅没有革命者眼中的被剥削意识，相反视地主富农为衣食父母，交租还债为天经地义，甚至心存感激之情。""除了灾年，正常情况下农民很少会起来要求减租，提出减租要求则有违传统伦理"④。对农民而言，"地主老财"既是出租土地的人，也是乡邻，甚至是"自己人"，全然没有阶级、压迫、剥削等观念。

全面抗战爆发后，晋西北成为中国共产党领导下的抗日根据地。传统乡村社会人情关系对政治革命的阻力日益显现。其中，减租减息政策因涉及农民与地主双方利益，从而成为集中体现。1937年8月，中国共产党在洛川会议上通过《抗日救国十大纲领》，明确提出把"减租减息"作为党在抗日战争时期解决农民土地问题的基本政策。在晋西北，由于激烈的军事斗

①《临县二区化林村互助变工材料》，档案号62-1-54，山西省临县档案馆。
②《临南县县政府减租总结（1943年）》，档案号62-2-15，山西省临县档案馆藏。
③［美］费正清，费维恺：《剑桥中华民国史（1912—1949年）》（下卷），北京：中国社会科学出版社，1994年版，第290页。
④李金铮：《土地改革中的农民心态：以1937—1949的华北乡村为中心》，《近代史研究》，2006年第4期，第76—94页。

争，中共晋西北行署直至1940年4月才公布了《山西省第二游击区减租减息单行条例》，明确规定地主减租减息、农民交租交息的土地政策。在晋绥边区第二分区的保德、河西、岢岚、五寨、神池5个县，根据统计，共领导群众减了92次租，解决土地问题114件，增加工资的170件，河曲五花城，保德袁家里、桥头，岢岚梁家回，神池利民寨、烈堡、杨房村，五寨五王城经过减租、赎地、反贪污后，就清算出粮食237石8斗，土地604垧，钱两4900元，牛6头，驴3头，树100棵，院子2所，场1块，还有不少的零碎东西。[1]在左权县上庄村，经过减租减息，解决租佃问题86件，债务问题84件，按全村123户512口人来计算，得到利益的群众占到3/4。每户群众增加土地6.4亩，得到粮食2.8石，群众的生活得到基本改善。[2]但是，在1943年之前，农民的反应使减租减息政策遭遇了难以推行的尴尬境况，成了政策制定者和执行者一厢情愿的事情。

晋绥边区临县一区的安业是一个距离县城15里的大村子，1940年全村共有160户人家，村中的土地占有异常不平衡。约占全村人口1/5的22户地主和14户富农，占有全村水地的90%以上，在全村700多亩水地中，仅5户地主就拥有470多亩，而36户中农及16户贫农却没有多少土地，72户租地户和揽工户更是没有一亩土地。村中的封建剥削十分严重，地主夺地现象普遍。1941年，专署县区联合组织工作团进驻安业，进行减租。但佃户怕夺地，不敢减。当时群众编了一首

①《晋绥边区第二分区一九四四年冬学工作总结材料》，档案号：A27-1-5-4，山西省档案馆藏。
②《太行行署指示——从左权上庄冬学发展报告中看出的几个问题》，档案号：A52-4-39-2，山西省档案馆藏。

歌：“民国三十新时年，上边派下来工作员，二五减租到四六分，给咱面眉气（便宜的意思）也不敢寻。”[1]1942年工作组又来进行减租时，工作员干脆领着佃户到地主家里装租子，强行减租。可当工作人员走之后，佃户又把减了的租子退回给地主，有的甚至还给地主说“陪情话”[2]。减租减息中，一些贫农自愿为地主转移粮食和财产，甚至许多地区出现了贫雇农和富农、地主的联盟。小井沟的张老顺受到地主拉拢利诱，“还替人家打掩护，本来没减还对干部说减了”[3]。就临县全县来讲，1940—1941年“减租实际上只是一个宣传口号，实际减租者户数很少；1942年的减租工作仍没有发动群众自己去执行”[4]。1943年10月1日，临县县委根据中央及行署文件精神，检查减租减息政策贯彻执行情况，结果发现农村减租工作中“明减暗不减”的情况普遍存在[5]。

农民不愿减租除了担心地主夺地之外，最主要的原因就是“不好意思”。保德韩家塔的佃户韩树犁的观点代表了很多人的看法：“向地主减租，不好意思，种人家的土地，人家收租是应该的……减租怕地主夺地，还不好意思。”[6]对于传统社会关系中的面子观念，就其内在本质而言是一个“要求优先权和

①《临县安业基本情况》，档案号62-2-116，山西省临县档案馆藏。

②《临县安业基本情况》，档案号62-2-116，山西省临县档案馆藏。

③《晋绥边区第二分区一九四四年冬学工作总结材料》，档案号A27-1-5-4，山西省档案馆藏。

④刘欣：《晋绥边区财政经济史资料选编（农业编）》，太原：山西人民出版社，1986年版，第97页。

⑤临县县志编撰委员会办公室：《临县史志资料（大事记·人物志）》，内部发行，1989年，第17页。

⑥《保德县二区冬学工作总结》，档案号A137-1-19-5，山西省档案馆藏。

与众不同的问题"①。在传统生产方式下，因资源占有和分配中家族互助关系的存在，族亲不可避免地在村落利益关系中处于优先考虑的对象，而情面观念也正是这种原始伦理情感的反映。"亲密的血缘关系限制着若干社会活动，最主要的是冲突和竞争；亲属是自己人，从一个根本上长出来的枝条，原则上是应当痛痒相关，有无相通的。而且亲密的共同生活中各人互相依赖的地方是多方面和长期的，因此在授受之间无法一笔一笔地清算往回。"②作为传统乡土社会的普遍原则，情面观念深刻影响和制约着村民的日常交往行为。

在交城县，群众把减租认为是"政府、农会固住（强迫）减租"③，甚至有的群众认为"减租是打倒有钱人"④。在已经进行了减租减息的地区，农民的政治意识、觉悟程度也没有明显提高。在榆社县的鱼头村，全面抗战前124户农户中就有80余户是依靠租佃地生活，全村每年向地主、富农交租600石，利息3 000余元，农民生活十分困难。实行减租减息后，农民在经济上翻了身，还了债，减了租，买了土地，全村有75户农户的经济地位上升，生活明显改善了，但全村阶级觉悟低，政治认识模糊。⑤类似的问题同样出现在民主政权选举、根据地建设等方面。在临县，由于部分群众对村选的不了解，把当

---

① 张文喜：《马克思的自我认同观与现时代》，《浙江社会科学》，2000年第9期，第96—100页。

② 费孝通：《乡土中国 生育制度》，北京：北京大学出版社，1998年版，第72页。

③《阳曲与交城县府冬学教员训练班总结报告》，档案号：A103-1-10-2，山西省档案馆藏。

④《阳曲与交城县府冬学教员训练班总结报告》，档案号：A103-1-10-2，山西省档案馆藏。

⑤《榆社县鱼头村冬学总结》，档案号：A165-1-59-7，山西省档案馆藏。

选错误地认为是"栽害"（临县方言，即栽赃陷害之意），以至于李家条、前甘泉代表数次辞职，甚至在李家坡底出现了代表逃跑的情况。[①]

聂荣臻在给毛泽东的一份军事报告中就讲到了乡村民众的这种状况："从政治上说，这个地区过去在长期的历史发展过程中，由于旧的落后的势力与帝国主义的双重压迫，比其他地方特别显得落后。人民政治生活的落后，没有斗争经验，文化闭塞，造成了政治相当的守旧和落后。一般的民众，对于社会改革，表现隔膜与冷淡，富于农业社会所特有的保守观念"。[②] 而华北乡村家族和村落的重叠，使得家族、传统习俗、人情观念等又进一步助长了这种倾向。农民的地域观念、家族观念根深蒂固。作为主要以外力介入而建立起来的抗日根据地政权，初期不仅面临了根据地乡村社会伴随封闭、落后而来的旧有习惯力量的影响，而且遇到了家族社会、人情观念等的排斥。因此，根据地政权要想坚持、发展，仅仅依靠帮助农民实现政治、经济翻身是远远不够的，如果不启蒙、教育、提高农民的政治觉悟，促进农民在思想文化上翻身、"换脑筋"，形成对中国共产党政治理想、信仰的认同，将直接关系到抗战前途和中国革命的命运。

（二）革命、教育和民众动员

为了改变农村根据地的落后状况，中国共产党在开展军事抗战的同时，加强了根据地的教育建设。毛泽东多次强调，"伟大的抗战必须有伟大的抗战教育运动与之相配合"。对中国

①《1941年临县县政府关于村选工作的指示、会议记录、总结》，档案号：62-2-2，山西省临县档案馆藏。
②《聂荣臻军事文选》，北京：解放军出版社，1992年版，第97页。

共产党在抗日战争时期的教育政策，《抗日救国十大纲领》明确规定："改革教育的旧制度、旧课程，实行以抗日救国为目标的新制度、新课程。"①根据这一精神，抗战时期教育工作的任务是遵循新民主主义的教育方针，从抗日战争的实际情况出发，改革旧教育，摸索对根据地民众进行教育的新途径。在教育内容上，以"两个服务"为中心，即实行抗战教育，使教育为抗战服务；实行教育与生产劳动结合，为生产服务。

随着抗战的进行，中国共产党愈来愈意识到成人教育的重要性。一方面，"农村中的成人，是紧张的战争与生产任务的首要担负者，他们的教育虽不免有种种困难，但他们提高一步，战争与生产即可提高一步，正如立竿见影，不像儿童受了教育，其应用尚有若干限制"②。另一方面，根据地政治、经济等各方面的建设，也对成人教育提出了迫切要求。中国共产党在政治上尤其在经济上领导农民翻身之后，如何行之有效地对农民进行深入而广泛的政治文化教育，彻底改造旧文化、旧思想，成为中国共产党需要面对的又一个重要问题。在这一背景下，乡村中普遍存在的冬书房逐步走进了中国共产党根据地建设的视野。中国共产党通过对冬书房的改造后，赋予了它新的内涵，形成了新冬学。以民众政治教育、文化教育为主要内容的冬学运动大规模地开展起来。

冬学开展初期，各类干部是其主要教育对象。如晋绥边区在冬学指示信中就指明："冬学主要对象是劳动英雄、生产队长、变工组长、纺织组长、合作社积极分子、民兵及村干部

---

①《毛泽东选集》第2卷，北京：人民出版社，1991年版，第356页。

②教育阵地社编：《根据地普通教育的改革问题》，新华书店晋察冀分店印行，G3-120，山西省档案馆藏。

等。"①晋冀鲁豫的太岳区也同样指示，教育对象主要以村干部（村阁邻长、民众团体委员、小组长、民兵队长、自卫队长、指导员、合作社主任等）、劳动英雄、战斗英雄及有组织的（工、农、青、妇、合作社）群众为主。②但是随着运动的深入，冬学除了进行成年人的教学外，还进行青少年的学习教育；甚至在一些较为偏僻的乡村，学校教育和冬学是交叉进行的。新冬学成为中国共产党根据地社会教育中"最大量、最经常、最有效果的一种组织形式"③。

政治课为主、文化课为辅是冬学的基本原则，即"明理第一，识字第二"。《晋察冀边委会制发本年度冬学教育实施大纲》明确规定："各种课程的百分比，政治课占百分之三十，识字课占百分之十四，常识课占百分之十五，组织课占百分之十五，唱歌不占正课时间。特别地区只上政治课……识字在政治课中附带进行。""不在民校规定年龄的群众，一律进行政治教育（残疾有病，或有特殊情形者除外）。在冬学上政治课时，不入学的男女，都应到校听政治课。"④为此，晋绥边区行署每年免费向各冬学发放 10 本政治课教材，以保证政治课的正常进行。"为此责成必须县区各系统干部亲自动手，担任冬学义务的政治教员，使时事教育真正贯彻到广大群众中去。"⑤

①中央教育科学研究所：《老解放区教育资料》第 2 册（下），北京：教育科学出版社，1986 年版，第 162 页。

②中央教育科学研究所：《老解放区教育资料》第 2 册（下），北京：教育科学出版社，1986 年版，第 206 页。

③董纯才，张腾霄，皇甫束玉：《中国革命根据地教育史》第 2 册，北京：教育科学出版社，1991 年版，第 222 页。

④《太行区教育概况》，档案号：G3-40，山西省档案馆藏。

⑤《太岳一、二专区各县冬学概况表》，档案号：71-4-31-10，山西省档案馆藏。

动员方式上，冬学坚持群众自愿的原则，反对采取强制处罚的办法。沙沟冬学初办时，群众不感兴趣，即使教员挨家挨户地动员，也没什么成效。调查中，教员发现群众感兴趣的事情是减租减息、反贪污，关心减租减息从哪一年减、减多少以及怎样减，因此，教员暂时不再强调冬学这个名字，而是去动员群众来听减租法令，每天晚上研究的都是大家感兴趣的减租、土地、公粮等问题。由于看到冬学里讨论的问题都是和自己利益有关的，慢慢地，经常来冬学听课的人数由五六十人增加到九十多人，并且一到上课的时间，群众不等教员去叫就早早地来上冬学。群众说："上冬学能知道政策法令，这样的冬学愿意上。"甚至有的老婆婆说："冬学里讲公粮哩！不是识字，去听听吧。"①

在教学形式上，冬学强调与群众的经验、习惯相结合。秧歌是山西民众喜爱的一种娱乐活动，为此，各地冬学在开展群众教育的过程中，充分利用了这种传统形式，寓教于乐，收到了很好的效果。保德县全县32个行政村，1941年在冬学中共办起了33个秧歌队（其中有联合秧歌队，一队包括几个村），参加的人数有1 149人，其中男子878人，妇女271人。在晋西北，由二中学生组织的176座冬学办起了107个秧歌队，参加的人有2 684人②。太行区一、二、三、六专区15个县1944年共有农村剧团607个，秧歌队700个。③ 秧歌、道情、高桥、

---

① 晋绥边区行政公署民教处：《一九四四年冬学运动总结》，档案号：A90-3-27-2，山西省档案馆藏。

② ［美］费正清：《剑桥中华民国史（第二部）》，上海：上海人民出版社，1992年版，第335—336页。

③ 《关于一九四五年冬学工作的指示》，档案号：A162-2-59-3，山西省档案馆藏。

旱船等娱乐形式，都装进了新的内容，在群众教育中起了很大作用。

冬学教学内容以帮助群众解决切身问题为主，解决的问题涉及婚姻、家庭、反盗窃、租佃纠纷、减租等民众日常生活、生产的各个方面。仅1944年保德89座冬学就解决问题1087件[①]。

据不完全统计，仅在1938年冬天，晋察冀就有20万人参加了冬学学习。[②] 1939年底，晋察冀边区共有冬学5 379处，入冬学人数达到39万余人。[③] 同年，晋冀豫区共办冬学1 801处，冬学学生73 824人。[④] 1941年，晋西北共设冬学3 116处，冬学学员共178 182人。[⑤] 当年"在晋察冀边区各地所有村庄，从七八岁的儿童到白发苍苍的老人都参加了'军民誓约运动'，甚至连五台跑泉厂、阜平下庄子等一些山沟沟里的妇女，都能把'军民誓约'背得滚瓜烂熟"[⑥]。在太行区，根据1944年对36个县的统计：冬学总数为5 790座，其中以林县、武乡最多，林县有424座，武乡有410座。所有各县中，左权

①《晋绥边区第二分区一九四四年冬学工作总结材料》，档案号：A27-1-5-4，山西省档案馆藏。

②《晋察冀边区1938年冬学运动总结》，《晋察冀边区教育资料选编》，社会教育分册，石家庄：河北教育出版社，1990年版。

③中国共产党晋察冀边区党委：《关于边区冬学运动总结》，《新中华报》，1940年6月11日。

④皇甫束玉，宋荐戈，龚守静：《中国革命根据地教育纪事》，北京：教育科学出版社，1989年版，第195页。

⑤皇甫束玉，宋荐戈，龚守静：《中国革命根据地教育纪事》，北京：教育科学出版社，1989年版，第241页。

⑥董纯才，张腾霄，皇甫束玉：《中国革命根据地教育史》第2册，北京：教育科学出版社，1991年版，第373页。

冬学最普及，几乎达到一个村子一座冬学的水平。[①]左权县上武村，冬学学习情绪非常高，每次上课"人到得很多，义务教员有时无立足之地。区上辅导人去参加，有时钻在教桌底下听课"。甚至"五六十岁的老翁也自动参加冬学"。在榆社县，出现了50岁的老婆婆天天要求上冬学的情景。在冀晋行署的丁家庄，冬学前，本村15到50岁的男性村民80人中识50字以上的有23人，识500字以上的有1人，识50字以下和不识字的有56人；15到45岁的妇女83人中识50字以上的6人，100字以上的有2人，不识字和识50字以下的有75人。冬学开展后，男子识50字以上的达到57人，识500到1000字的为11人，识50字以下的只剩12人，比冬学之前减少了44人；妇女识150字以上的上升为37人，500到1000字的有5人，识50个字以下和不识字的有41人，比冬学之前减少了34人。冬学开展以后，全村只有18个老人没有参加学习。[②]在平东县的洪水村，共有青壮年老年192人，经常上冬学的就有180人，50岁以上的老年人有62人，经常上学的有56人。据武乡、涉县、临城、黎城、林县、左权等25个县市的5 313个行政村、9 027个自然村（不含和顺县）的不完全统计，冬学开展之后"共建立4 427个青补班，780个文化学习小组，总计5 207个学习单位，平均每个行政村有1个文化学习组织"。参加人数分别为："青补班有55 910人（男28 830人，女27 080人），文化学习小组有18 188人（男9 222人，女8 966人），两项共计74 098人（男38 052，女36 046人）"[③]。

---

① 《太行区教育概况》，档案号：G3-40，山西省档案馆藏。
② 《教育通讯》，1945年第1期。
③ 《太行区一九四八年冬学总结》，档案号：A52-4-41，山西省档案馆藏。

通过冬学的开展，中国共产党完成了对民众的思想、政治教育。冬学不再是单纯的"打锣上学，念书识字"，冬学构建起的崭新的革命教育体制，在实现乡村社会动员的同时，成为根据地乡村社会变迁的重要途径。

（三）冬学与乡村社会重构

1. 冬学与民众政治意识形塑

冬学教育之后，血缘作为区分不同群体界限的功能日益淡化，取而代之的是政治意识的异同。农民这个中国社会中"通常是最为消极，最无精致目标，最少组织性的阶层"①，开始纷纷参加农会、青救会、妇救会等组织。早在根据地建立之时，中共的农村工作便迅速开展起来，作为各项工作开展载体的群众组织如农会、青救会、妇救会被广泛组建。但在初期，这些组织多流于形式。例如在根据地普遍存在的农会，会员中既有政治觉悟高工作积极的贫雇农，同时也不乏政治上的投机分子。冬学开展后，随着根据地民众政治意识的提高，民众开始自觉地参加，并从根本上改组了农会。在浑源七区华村，改组后的新农会人员621人，占全村人口的60%，其中中农439人（包括下中农），占会员总数的70%，贫农占会员总数的30%。② 以政治认同为基础建立起来的群众组织，一方面"可以使人们从人数上产生一种安全感"③。另一方面使民众突破了血缘关系为纽带的家族的狭窄范围，扩大了心理认同空间。

①［美］艾森斯塔得著，阎步克译：《帝国的政治体系》，贵阳：贵州人民出版社，1992年版，第211页。
②《浑源七区华村调查总结》，档案号A134-1-49-4，山西省档案馆藏。
③［加］柯鲁克著，安强等译：《十里店——中国一个村庄的群众运动》，北京：北京出版社，1982年版，第33页。

在静乐县，"群众感觉到人少力量小，应当扩大自己的组织，一点也不能含糊，在群众斗争中，发现了积极分子，忠实的农民吸收到农会里，共新发展了24个农会会员，13个妇救会员，后来又改选出了自己的爱戴的领袖"[1]。在五寨县，根据对白草坡、秦家庄、魏家窑等5个村（共有人口1 086人）统计，共有农会会员165人，妇救会145人，自卫队151人，民兵43人，变工队265人，合作社163人。[2] 以下是1944年临南5个区的群众团体情况。

1944年临南5个区群众团体组织统计表

群众团体	数量\项目	一区	二区	三区	四区	五区	合计
农会	行政村	9	11	11	11	4	46
	自然村	52	87	86	96	21	342
	共有小组	155	186	251	274	52	918
工会	工业工会	/	/	/	/	/	/
	雇工工会	/	4	/	5	/	9
	雇工小组	/	72	/	32	/	104
青救会	行政村	6	11	11	10	4	42
	自然村	30	45	52	57	22	263
	共有小组	37	73	65	74	45	294
妇救会	行政村	4	11	11	11	2	39
	自然村	24	78	82	93	10	287
	共有小组	97	238	175	285	31	826

资料来源：《临南贸易局和村级干部登记表、全县基本情况调查材料表》，档案号62-2-27，山西省临县档案馆藏。

---

[1]《静乐县四五年冬学工作总结》，档案号140-1-6-6，山西省档案馆藏。
[2]《五寨县冬学总结报告》，档案号A138-1-32-5，山西省档案馆藏。

从以上资料我们可以看出，冬学教育之后的根据地乡村，政治认同成为民众处理日常生产、生活的基本准则，是根据地民众区别敌我，确定自我社会归属的重要依据。民众积极参加农会、青救会等组织，打破了传统乡村"鸡犬相闻，老死不相往来"的封闭状态，也进一步强化了民众的群体认同，形成了事实上的认同变迁，推动了根据地社会群体的重构。

　　2. 冬学与乡村生产互助

　　根据地政治意识形塑及其推动的民众认同变迁，打破了传统农业生产方式带来的壁垒，为更广泛意义上的生产合作提供了可能。传统小农经济条件下，家庭是农业生产的基本单位。为弥补劳动力不足，乡村中素有变工互助的传统。王铭铭的研究指出，汉人乡村社会的人们在日常生活中经常发生社会互助，而这种互助的圈子又以亲情为纽带。"互助的圈子有三种：（1）堂/族亲圈子；（2）姻亲圈子或通婚地域；（3）朋友圈子。"而"堂亲是四五代之内同祖公的族/家亲。族亲是四五代以上的同祖先的家族成员。"[1]由于"传统的劳动协作是靠亲戚朋友关系来维持的，外来者（党的干部）很难置身其间"且"以血缘为纽带的劳动协作具有极大的排他性"[2]。冬学教育之后，建立在政治认同基础上的劳动互助则打破了这一传统。

　　临南的马家岭自然村，以前主要是以户为单位进行生产，农忙时期土地耕种不过来是经常性的现象。冬学教育后，"不

---

①王铭铭：《村家族——社区史、仪式与地方政治》，贵阳：贵州人民出版社，2004年版，第134页。

②［美］舒尔曼：《共产主义中国的组织与意识形态》，第423页，转引自［美］马克·赛尔登著，魏晓明、冯崇义译：《革命中的中国：延安道路》，北京：社会科学文献出版社，2002年版，第235页。

仅男女劳动力都参加了变工，甚至连老人和孩子也加入了。由于实行了全村变工互助，在1944年春耕中节省男劳力1 100多个"，改变了以往农民以户为单位生产而导致土地耕种不足的情况，"全村谷地都翻了两犁，庄稼比1943年都早种了半个月""所有土地都做了精耕细作，增加细粮种植，仅棉花一项就比上年增加151亩"。[①] 根据不完全统计，1944年临南县春耕时，"一区37个自然村有118个变工组，参加人数841人；二区29个自然村661人组成127个变工组；三区50个自然村456个变工组，参加人数1659人；四区193个变工组，参加人数1082人；五区14个自然村59个变工组，参加人数452人；共计953个变工组，参加人数4 695人"[②]。在临北县一区，当年"自愿组织起来的人数有30 257人，其中劳动力8 245人，占全部劳动力的39.32%强。当年变工组开荒580亩，占整个开荒面积的62%以上，变工开荒增产粮食1 023.18%"。"第二区有30 273人参加变工，劳动力占到全部劳动力的44.23%。"[③] 兴县"全县768个自然村变工的村387个，占全县村庄的50%。全县劳动力24 430（半劳动力以两个顶一个统计在内），参加变工5 898，占全劳动力的24.1%。共组织变工组1 055个，变工较好者为二区，组织起来的劳动力占41%。"[④]

①《临南各区关于减租减息、变工互助、妇女、纺织、标准布及反特工作的报告、总结和材料》，档案号62-2-28，山西省临县档案馆藏。
②《临南贸易局和村级干部登记表、全县基本情况调查材料表》，档案号62-2-27，山西省临县档案馆藏。
③《临北县地图及有关生产组织工作的布置、总结》，档案号62-2-22，山西省档案馆藏。
④刘欣：《晋绥边区财政经济史资料选编（农业编）》，太原：山西人民出版社，1986年版，第266页。

在晋绥边区，"1944年边区发展小型合作社777个"，参加互助合作的劳力达37%[1]。合作变工使一家一户的生产方式和传统被改变。"一人一锄头，十人十锄头。集体互相帮助，就能多开荒，多做活"[2]成为民众最朴素的认识。

劳动互助推动了边区经济的可持续发展。1944年，边区"开荒75万亩，与1943年相比，粮食增产11万石（每石300斤），工业生产值增长43%，军工生产增长65%，制药生产增长150%。全年产棉13万斤，土布年产量达到60万匹"[3]。更为重要的是，变工互助"不仅对农村的经济模式带来了基本的变化，为持续的经济增长创造了可能，而且使那些与世隔绝的乡村感受到了社会政治变革的浪潮"[4]。

3. 乡村新权力阶层的生成

全面抗战以前，地主富农掌握着乡村政权，担任要职的多是"士绅或有钱有势的人"[5]，许多地主恶霸更是长期担任村长、副村长[6]，一些地区的"地主恶霸与隐藏的特务分子利用哥老会，一贯以统治地位恫吓群众，为敌办事，并利用其经济上的优势，无情地剥削群众"[7]。在晋城天水岭村，全面抗战

---

①温抗战，梁金保：《晋绥根据地大事记》，内部发行，1984年，第10页。

②《岚县南关解放以来的发展概况和冬学总结》，档案号A139-1-23-1，山西省档案馆藏。

③温抗战，梁金保：《晋绥根据地大事记》，内部发行，中共吕梁地委党史资料征集办公室，1984年，第10页。

④[美]马克·赛尔登著，魏晓明、冯崇义译：《革命中的中国：延安道路》，北京：社会科学文献出版社，2002年版，第235页。

⑤《晋西北党委政权建设材料汇集》，档案号：A22-1-4-1，山西省档案馆藏。

⑥《岚县年关娱乐活动、冬学转变、分配土地、整理农会总结材料》，档案号：139-1-23-1，山西省档案馆藏。

⑦《宁武县冬学训练班工作总结》，档案号：A138-1-25-1，山西省档案馆藏。

前由7户当权的恶霸地主组成一个高利贷组织"同太会"。村民小根借用同太会三斗豆子，因干粮食延误了交粮期限，被同太会强行夺取了他家赖以生活的四亩好地。[①] 太行区桥上村、王家庄等村全面抗战前基层政权调查显示，村长、副村长等职务长期被恶霸地主掌握。

全面抗战前桥上村、王家庄等村基层政权调查表

村别	姓名	年龄	性别	家庭状况			长工	土地	房子	牲畜	羊	成分	个人简历
				男	女	总和							
桥上	秦万宝	45	男	4	5	9	2	35	37	3		地主恶霸	当村长
坝立	董群科	46	男	4	4	8	2	26	25	3	百余	地主恶霸	当村长数十年
桥上	李福劳	40	男	4	7	11	2	33	24	4	十余	富农恶霸	做了三十余年买卖又当村长
王家庄	姚福祥	24	男	3	1	4	1.5	20	27	1	百余	富农恶霸	当过主任村长
玉皇庙	董赵保	50	男	4	5	9	6	百余亩	70	10		地主恶霸	当过村长
玉皇庙	白凤林	46	男	4	2	6	2	50	20	3	二百余	富农恶霸	当过村长

资料来源：《桥上村历年来社教工作总结》，档案号：A218-1-23，山西省档案馆藏。

地主政治上的强势地位依赖于经济优势和文化垄断。"静乐县有一个穷人，一个富人，发生纠纷，原本是穷人有理，但是在打官司的时候，富人花钱和官员打通关系，结果审判的结果却是穷人败诉。"地主雄厚的经济基础，便利了对权力的控制。同时贫雇农文化上的缺失，使"迷信成为地主维持统治的

[①] 朱襄，林韦：《"揭皮"——晋城天水岭群众翻身记》，《人民日报》，1946年6月20日。

一种工具。如在宁武县，有一个地主，放出的债有些收不回来，最后，地主就想了一个办法，当时正好家中有一匹马刚下了小马驹，地主就向老百姓宣传说他做了一个梦，梦见他的马是过去一个欠他账的人变的，就因为没有还钱，结果转世变成了马来还债。并且说，那些欠他债的人如果不还债，来世一定变成什么来还债。结果，那些欠债的人就都想办法还了债。"[1]根据太行区统计，1939年太行区的9个区文盲为95%~98%[2]，在晋绥边区的静宁县（成立于1940年，1946年撤销。编者注），文盲占全县总人口的90%以上。[3]贫雇农文化、经济上的劣势，导致了乡村话语权的丧失。

冬学之后，根据地政治构成发生了前所未有的震动。长久以来传统乡村社会中延续、发展的道统和社会秩序轰然崩溃，地主权威被打倒，地主与贫雇农地位发生位移，乡土草根精英迅速崛起。1941年晋绥边区11个县55个行政村的村选代表中有44%是中农，38%是贫农、雇农和农村工人，16%是地主富农；村长中32%是中农，53%是贫农，14%是地主富农[4]。在临县四区后甘泉行政村的各类组织中，中农占到了21.9%，贫农为32.4%，佃农为16.8%，三者共计占到71.1%[5]。在当年晋绥边区的选举中，出身于中农、贫农、佃农的候选人，也占到

①《宁武县冬学训练班工作总结》，档案号：A138-1-25-1，山西省档案馆藏。
②根据《晋西北政权发展史》，《晋绥边区财政经济史资料选编·总论》数字统计，太原：山西人民出版社，1986年版。
③《一九四一年静宁县教育工作总结》，档案号：A140-1-26-1，山西省档案馆藏。
④《临县县政府关于村选工作的指示、会议记录、总结》，档案号：62-2-2，临县档案馆藏。
⑤《晋绥边区财政经济史资料选编：总论》，太原：山西人民出版社，1986年版，第322页。

了候选人的绝对多数。根据地社会新兴的权力阶层，成为乡村基层政权的主要构成，从而形成了新的话语体系和话语权威。在新兴社会精英中，值得注意的是妇女的崛起。1940年后，妇女参政已经是边区社会习以为常的现象。1941年前，由晋西北各地进入政府工作的妇女干部多达180多人①，女村长、女民兵队长等在根据地更为普遍。

1941年后甘泉行政村各组织成分调查表

	地	富	中	贫	佃	雇	工	商	其他	合计
农会	1	10	33	74	42	8				
工会	2	8	3	10		4	7		1	
青救会	6	12	48	51	30	2	12	11		
妇救会	6	21	49	67	26	6	11	23	7	
自卫队	6	26	53	70	45	9	15	28	2	
总计	21	77	186	272	143	29	45	62	10	845人

资料来源：《临县县政府关于村选工作的指示、会议记录、总结》，档案号：62-2-2，山西省档案馆藏。

革命、社会改造是20世纪中国社会发展的两大主题。抗日战争时期，冬学作为中国共产党民众教育的主要形式，不仅改变了乡村社会的群体认同，实现了根据地乡村村落共同体由传统到现代的嬗递，而且把现代政治革命的浪潮成功引入封闭的乡村社会，实现了民众思维方式、价值观以及社会心理归属性的重塑，形成了根据地民众对中国共产党政治革命的认同。此外，中国共产党的民众教育还完成了农村基层政权的本土化，从而实现了对乡村社会的有效控制。艾思奇曾经指出，共

①《晋绥边区财政经济史资料选编（总论）》，太原：山西人民出版社，1986年版，第322页。

产党有两种政治任务，"一种是宣传和教育任务，另一种是组织任务"[1]。从这一视角看，冬学无疑是中国共产党政治革命成功的最有效路径之一。冬学教育的成效，表明中国共产党已经逐渐摸索出一条行之有效的民众教育路径，这对1949年后的中国社会产生了深刻影响。

二、中华人民共和国成立初期冬学开展的现实动因

（一）新形势与新问题

中华人民共和国成立后，"人民解放战争已经基本上胜利，但尚未结束，经济建设亟待开展，但困难还很大"[2]，国内政治形势发生了根本转变，中国进入全面恢复和发展的阶段。作为一个农业国，农业经济的全面恢复不仅关系到国家经济和社会的稳定，而且是推进国家工业化建设的前提和基础。

华北农村大部分地区属于老解放区，土地改革开展较早。土地改革从根本上废除了封建的地主土地所有制，实行农民土地所有制，解放了农村生产力，推动了农业生产的恢复和发展。广大贫雇农在土地改革中分得了土地，实现了"耕者有其田"。在土改中，"获得经济利益的农民占农业人口的60%~70%"[3]。在山西，1949年太原解放前"全省已有1.1万多个行政村、870万农业人口的地区实行了土地改革。据不完全统计，冀晋一专区、冀晋二专区所属繁峙、广灵、浑源、大同、

---

①亨廷顿，王冠华等译：《变化社会中的政治秩序》，北京：三联书店，1989年版，第311页。

②马叙伦：《提高农民群众政治觉悟文化水平　中央人民政府教育部指示开展今年冬学工作　解释共同纲领树立国民新道德》，《人民日报》，1949年12月7日。

③《当代中国的乡村建设》，北京：中国社会科学出版社，1987年版，第60页。

阳高、灵邱（1980年第一次全国地名普查后统一为灵丘。编者注）、五台、盂县、平定（北）、定襄、阳曲、寿阳、榆次，太行区的壶关、和顺、潞城、襄垣、长治、陵川、太谷，太岳区的高平、阳城、晋城等23个县的广大农民获得了165.72万亩土地。其中1 436个村的13.14万户农户分到土地改革的胜利果实，占农户总数的76.82%。"① 1949年底，根据山西省对黎城、潞城、平顺等县5个村964户的调查显示，土地改革以前（1939年）中农在全体户数中占32.3%，贫农为42.4%，雇农为5.4%。1949年中农占比已上升到84%。② 之后，根据山西省委对武乡6个典型村的调查，中农户数已占总户数的86%，人口占总人口的88.7%，土地占土地总量的88.7%，牲畜占84.6%，羊群占82.5%，粮食产量占到总产量的86%。③

在河北省，河北省委1949年底对平山、阜平、定县、河间、遵化、威县等县所属的10个村共1 517户进行了调查。土地改革后，1 517户农户（土地改革前中农592户，贫农553户）中有14户中农上升为富裕中农，在553户贫农中，已有27户上升为富裕中农，388户上升为中农。与此同时，调查组对察哈尔省的浑源、山阴、张北、怀来、龙关、延庆等县13个村子1 571户的调查，也反映了同样的趋势。土地改革后，原有的767户贫农中有593户升为中农，4户升为富裕中农；原有的570户中农中有5户上升为富裕中农，1户上升为富

---

①《当代中国的山西》（上），北京：中国社会科学出版社，1991年版，第49页。
②《经过土地改革的华北老区农村绝大部分农民摆脱贫困 各地注意宣传了奖励生产政策 大力组织了合作互助》，《人民日报》，1950年7月9日。
③《山西武乡农村考察报告（中共山西省委八月二十五日向中共中央华北局的报告）》，《人民日报》，1950年10月9日。

农。[1]河北、察哈尔两省23个村子的调查材料显示，农村各阶层在土地改革完成的时候，原来占总户数51%的贫雇农已经减少到15%（包括地主、富农下降的在内）；原来占总户数37.6%的中农则增加到77%；原来占总户数3.3%的地主（共100户）中，有40户的土地和其他生产资料下降到中农程度，还有31户下降到贫农程度；原来占总户数4%的富农（共121户），有87户下降到中农或富裕中农程度，35户下降到贫农程度（因分家增加1户）；原来占总户数3.2%的富裕中农（共94户），有48户下降为一般中农，9户下降为贫农（都因被错斗受侵犯），其余仍保持富裕中农的生活水平。[2]

此外，根据1950年1月察哈尔省委对阳高50个村子（其中6个村子为老解放区和半老区，其余为新区）做的调查显示，这些村庄"除牲畜、羊群和车辆还不能恢复到战前水平外，其他如农具、肥料、播种面积、劳动力、产量等都可赶上战前水平。"[3]中共中央华北局1950年6月的调查也显示，老区农业生产水平已经达到战前生产水平的83%，有部分地区已恢复到战前水平，有少数县已超过战前水平。解放战争中解放的新区，生产水平也恢复到战前水平的60%~70%。[4]以粮食

①《经过土地改革的华北老区农村绝大部分农民摆脱贫困 各地注意宣传了奖励生产政策 大力组织了合作互助》，《人民日报》，1950年7月9日。
②史敬棠等编：《中国农业合作化运动史料》下册，北京：生活·读书·新知三联书店，1959年版，第251—252页。
③《察省阳高五十个村材料证明 今年农业生产可达战前水平》，《人民日报》，1950年1月14日。
④见1952年7月27日《华北局关于农村生产情况与劳动互助问题向毛主席的报告》，转引自《当代中国的农业合作制》，北京：当代中国出版社，2002年版，第80页。

和棉花为例，1950年华北各省粮食产量比1949年增产41亿斤，达到抗战前水平的91%；皮棉增产160多万担，比原计划增加10万担，已接近抗战前的棉花生产水平①。

土地改革后，农民高涨的生产热情是华北农业生产快速恢复和发展的原因之一。②1949年冬，山西省晋城、高平、长治、平顺、武乡、榆次、左权、安泽等26个县为保证1950年春耕的进行，花费一个半月的时间积肥9 540余万担，其中壶关县亩均上肥70担，左权则每亩增肥9担。此外，各地还积极修置农具，增购牲畜，包括兴县在内的25个县在12月上旬就购买耕畜3 000多头，修置农具5万多件。在阳曲、晋源、太谷等新区，群众也纷纷购买牲畜准备生产，仅徐沟在一个骡马大会上成交的牲畜就超过1948年骡马大会成交量的一倍。③

但是另一方面，"群众中还存在一些消极因素"，成为"恢复与发展生产的障碍"。由于"对于革命胜利以后国家发展的前途了解不够，对于新民主主义建设的任务了解不够"，部分群众中滋生出享乐、观望思想。山西黎城县农民申海利的想法极具代表性，他认为："我过去是地没有一亩，房没有一间，只有一个光棍汉在社会上没有地位，受地主的压迫，现在我有了地十二亩，有了院子，有了老婆孩子，不受压迫的目的达到

---

①《华北超额完成今年增产计划 粮食较去年增产四十一亿斤 棉花增产一百六十万担 老区一般恢复战前水平 部分地区超过新区接近战前水平》，《人民日报》，1950年12月6日。

②《华北超额完成今年增产计划 粮食较去年增产四十一亿斤 棉花增产一百六十万担 老区一般恢复战前水平 部分地区超过新区接近战前水平》，《人民日报》，1950年12月6日。

③《结合冬季生产及早下手 山西农村准备春耕 晋城等县积肥九千万担 群众买牲口修农具生产情绪高涨》，《人民日报》，1950年1月15日。

了"。[①]在生产上是"发家不致富，生产不节约""吃了喝了是赚头，不吃不喝是顶头"[②]，怕共产，怕吃大锅饭，有冬闲思想。因为怕"二次土改"，许多农户不愿积肥、修地、买农具。在平原省清丰七区243个农村党员干部中，只有75人积极生产。[③]在山西的革命老区，部分农民不愿意对生产进行更多的投资，"对于农业敢不敢再发展，如何发展的问题，农民的回答是'一碗水'，即维持现状"[④]。

（二）落后的文化水平对农业新技术推广的制约

中华人民共和国成立时，全国总人口5.5亿，其中80%以上为文盲，农村文盲率达到95%以上。[⑤]农民文化水平低下，已经成为新中国建设的严重障碍。山西榆次六堡村党支部书记李铁锁由于不识字，"到区开会，人家是凭字记"，而他只能"凭心里记""区里来个通知，填个表，开个收条都得要到处找人弄；还怕别人弄错了，自己负责。"青年团支部书记李二娃因不识字，在年关排剧演出时，看到别人学得快而自己总记不住台词时，是既担心又发愁，每当"提起不识字就想哭！"[⑥]

①《黎城县两个月来冬学情况及问题》，档案号：A189-1-73-5，山西档案馆藏。
②《山西省人民政府教育厅工农教育处——省教育厅一九四九年冬学工作总结经验、订购课本、开展文娱活动、恢复和建立太原市工人区学校的通知、办法》，档案号：C61-5-2，山西省档案馆藏。
③《华北进行农业生产政策教育 农民生产顾虑开始消除 积极组织互助发展副业改进农作技术》，《人民日报》，1950年7月10日。
④山西省农业合作化史编委办公室：《山西省农业合作化史综述卷》，北京：中央文献出版社，2002年版，第60页。
⑤[日]浅井加叶子：《当代中国扫盲考察》，北京：当代中国出版社，1999年版，第4页。
⑥《山西榆次六堡村四百农民开始常年文化学习 经过文盲诉苦和学习经验介绍全村青壮年十分之九参加民校》，《人民日报》，1950年3月24日。

中华人民共和国成立初期，农业生产的发展面临很多困难。其中，水旱灾害及病虫害等依然是农业减产的主要原因。因各种灾害影响，1949年华北地区原粮减产约50亿斤，1950年小麦减产9亿多斤。[①]"生产政策对了，治不了虫也是枉然"，[②]反映了土地改革后，落后的农业技术已经严重制约着农业生产发展的客观实际。由于缺乏必要的农业技术支持，部分分到土地的农民因自然灾害及经营不善等出现了经济状况下降的情况。前述河北省平山等县的10个村子有7.25%的富裕中农下降为中农，2.4%的中农下降为贫农。察哈尔省浑源等6县13村中的570户中农有17户下降为贫农。山西省黎城等3县5村则有3.55%的中农下降为贫农，贫农返贫的占到原贫农数的3.55%。[③]为此，中央人民政府农业部部长李书城要求"把技术改进推广到农民中去。一切农村工作者必须把领导农民提高技术当成自己的经常的重要任务；一切农业技术机构与农业科学工作者均应根据农民生产的需要与本身条件进行试验研究，并和各地行政领导机关配合起来，深入群众把现有的生产办法与经验提高一步，广泛地运用新技术"[④]。但是，中华人民共和国成立初期农民整体文化水平的偏低，严重阻碍了农业新技术的普及和推广。

---

①《华北农业生产渐近战前水平 农民要求改进技术解决供销问题进一步发展生产》，《人民日报》，1950年9月22日。

②《华北农业生产渐近战前水平 农民要求改进技术解决供销问题进一步发展生产》，《人民日报》，1950年9月22日。

③《经过土地改革的华北老区农村绝大部分农民摆脱贫困 各地注意宣传了奖励生产政策 大力组织了合作互助》，《人民日报》，1950年7月9日。

④《全国农业生产会议闭幕 制定明年增产计划 增产粮食百亿斤 植棉五千万亩 产皮棉十三亿斤》，《人民日报》，1949年12月26日。

在山西昔阳县大瓦邱村，群众因担心烫死种子而反对温汤浸种[1]，昔阳县三区黄岩村的群众认为杀虫剂杀虫"不顶事"，拒绝购买红矾杀虫。在洪洞县二区南尹壁村，互助组有几亩棉苗生了蚜虫，由于部分农民固守"下雨灭棉蚜"的经验，甚至认为棉花长不成了可以改荏，结果导致60多亩棉苗都生了蚜虫。[2]在学习文化和开展生产的关系上，很大一部分农民的态度是"每天跟土圪垯打交道，要文化干什么？"[3]昔阳县思乐乡的农民认为："不搞生产不行，不学习文化没关系"[4]。

开展农民识字运动，培养农民的读写能力，帮助提高农民的思想认识，是农业技术改良面临的首要任务。

（三）劳动力不足与劳动观念滞后

由于长期战争的影响，中华人民共和国成立初期农村劳动力普遍不足。山西省榆社县浊漳河畔大寨村，1949年男劳动力比抗战前减少28%。[5]根据山西省对黎城、潞城、平顺等县进行的调查，因缺乏劳动力导致经济地位下降的农户有8户，

①郝晋瑞：《山西昔阳县许多民校结合文化学习进行生产教育》，《人民日报》，1950年7月12日。
②《互助组用喷雾器消灭了蚜虫》，《山西农民》，1950年4月25日。
③山西省人民政府教育厅工农教育处：《省教育厅一九四九年冬学工作总结、经验、订购课本、开展文娱活动、恢复和建立太原市工人区学校的通知、办法》，档案号：C61-5-2，山西省档案馆藏。
④山西省人民政府教育厅工农教育处：《省教育厅一九四九年冬学工作总结、经验、订购课本、开展文娱活动、恢复和建立太原市工人区学校的通知、办法》，档案号：C61-5-2，山西省档案馆藏。
⑤《张志全领导大寨村由穷变富 去年在男劳动力比抗战前减少百分之二十八的情况下 每亩土地平均产量超过抗战前百分之十》，《人民日报》，1950年9月23日。

占到下降总户数（39户）的20.5%。^①此外，农业新技术的推广、农业的精耕细作对劳动力提出了更高的要求。动员妇女参加农业生产，成为中华人民共和国成立初期缓解劳动力短缺的重要举措。根据察哈尔省对阳高50个村的调查显示，抗战前劳动力共计13 219个，每村平均264.38个，1949年劳动力总数为14 660个，每村平均293.2个，1950年劳动力增至15 846个，每村平均316.92个，1950年比1949年共增加劳动力1 186个，每村平均增加23.72个，比抗战前增加了2 627个，每村平均增加52.54个。劳动力增加的主要原因是"妇女大量参加劳动"^②。有些老解放区，参加农业生产的妇女已占妇女劳动力的50%以上，在个别地方最高达80%左右，较差的也在20%~40%。这些妇女中绝大部分能参加锄地、收割、打场等劳动，还有少数掌握了浸种、选种、耕耧等劳动技术。^③妇女参加农业生产，不仅可以有效解决劳动力缺乏的问题，而且在开垦荒地增加农田面积、提高耕作技术和增加家庭收入方面能发挥重要作用。

但是，长期以来，受封建迷信习俗的束缚，妇女在许多地区不被允许参加农业生产劳动，认为会"破了风水"，^④甚至有些地方有所谓的"妇女插秧苗不长，妇女耕地地无粮"^⑤的

①《经过土地改革的华北老区农村绝大部分农民摆脱贫困 各地注意宣传了奖励生产政策 大力组织了合作互助》，《人民日报》，1950年7月9日。

②《察省阳高五十个村材料证明 今年农业生产可达战前水平》，《人民日报》，1950年1月14日。

③《全国妇联发布指示 组织妇女参加春耕》，《人民日报》，1950年4月6日。

④中共中央华东局农村工作委员会农业互助研究组：《华东农业生产劳动中劳动互助的情况》，《新华月报》，1952年4月号。

⑤柳勉之：《新中国的妇女在前进》，北京：生活·读书·新知三联书店，1953年版，第18页。

说法，山东莱阳崖后村多数男社员、组员说妇女是"干活慢、质量低，不是闪腰，就是岔气"。连村支部副书记也认为："咱男人干一个早上，够妇女忙一天的。妇女推磨、轧碾、做饭是内行，干山上的营生可不行。"[1] 因此，妇女的劳动范围被限制在了"锅台、炕台和碾台""她们的劳动是不被计算，也无法计算的，因而她们在生产中的作用就被人忽视了"。[2] 至于掌握一定农业生产技术的妇女就更是凤毛麟角，如攸县十区能够犁田的妇女仅有36人。[3]

中华人民共和国成立初期，农业生产的恢复和发展一方面承受着劳动力短缺的巨大压力，另一方面又存在着大量妇女劳动力闲置的现状，矛盾解决的根本途径在于发动妇女劳动力普遍参加农业生产。为此，开展妇女劳动教育，彻底消除反对妇女参加生产的落后观念，启发妇女的思想觉悟，推动妇女普遍参加农业劳动，是农业恢复和发展亟须解决的问题。

（四）农业生产技术的落后现实

由于受到封建土地所有制的束缚和长期战争的影响，中华人民共和国成立初期，农业生产依然停留在传统徒手劳动水平，生产技术发展滞后，生产工具以传统小农具为主且拥有量严重不足。在山西省五寨县东秀庄，全村徒手劳动与使用小农

---

①山东省莱阳专区民主妇女联合会：《要完成增产计划就必须发动妇女参加生产——莱阳山前店乡发动妇女参加农业生产的经验》，《人民日报》，1954年7月31日。

②柳勉之：《新中国的妇女在前进》，北京：生活·读书·新知三联书店，1953年版，第16页。

③柳勉之：《新中国的妇女在前进》，北京：生活·读书·新知三联书店，1953年版，第18页。

具劳动在总劳动日中占到70%以上。^①据山东省16个县49个典型村的调查统计，农民缺犁的占14%，缺耙的占20%，缺耧的占10%，河南省全省共有旧犁2 025 606件，农户总数为6 879 939户，平均每户有犁0.29件。^②1950年，华北大部分老区平均每户拥有的大牲畜连半头都不到。当年山西省对5个典型村的抽查显示，"平均每户富裕中农有两头大牲口，中农平均不到一头，贫农平均三户才有一头。太行山区许多村子，平均三四户才有一头"^③。在各个老解放区，"犁、耧、耙齐全的农户只占少数，水井、水车、大车、小车都不够最低的需要"。^④土地改革后，农民虽然分到了土地，但是由于缺乏生产工具，生产技术落后，部分农户出现了出卖土地的情况。

1950年7月，山西省组织考察组对武乡县的窑上沟、监漳（窑上沟、监漳属于先进村）、韩壁（一般村）、东沟（落后村）和坡底、东村（坡底、东村为抗战胜利后解放的村子）等7个村子进行典型调查。在土地改革之后的两年时间中，7个村子共有139户农户出卖土地，占到总户数的11.8%。在出卖土地的农户中有50户（占总户数的43.2%）是因生产生活困难迫不得已而卖地（他们卖出的土地占全部卖出土地的

①中共山西省委调查研究室编:《山西农村经济调查(第一辑)》,太原:山西人民出版社,1958年版,第24页。

②中国社会科学院,中央档案馆编:《1949—1952中华人民共和国经济档案资料选编》农业卷,北京:社会科学文献出版社,1991年版,第407页。

③以上数字都是中共中央东北局、华北局、山东分局有关部门当时的调查统计。转引自《当代中国的农业合作制》,北京:当代中国出版社,2002年版,第80页。

④《当代中国》编委会:《当代中国的农业合作制》(上),北京:当代中国出版社,2002年版,第94—95页。

37.1%）[①]。1952年，山西忻县地委对49个村子调查发现，农民出卖土地的情况有逐年增长的趋势。在农民出卖的10 784亩土地中，1949年出卖的土地为3.95%，1950年出卖的土地升为30.99%，1951年出卖的土地则占到51.15%。在静乐县五区（老区），调查的19个村子5 758户农户中有880户卖房地，其中有6%～10%的农户变成了赤贫户[②]。农民由于生产和生活困难而出卖土地的情况，反映出土地改革后虽然农民分得了土地，但在生产工具缺乏、技术落后的条件下，个体农户维持生产面临着很大困难。

综上，中华人民共和国成立初期，部分民众对社会发展前途的迷茫、落后观念对劳动力供给的制约、群众文化及生产技术的落后，严重影响着农业生产的恢复和发展，促使农民教育作为"当前文化建设的重大任务"[③]，被提到政府的议事日程上来。此外，农业合作化的开展，中国向社会主义的迈进，也对农民教育问题提出了客观要求。列宁在谈及对社会主义的认识时曾明确指出："我们不得不承认我们对社会主义的整个看法根本改变了。这种根本的改变表现在：从前我们是把重心放在……政治斗争……方面，而现在重心改变了，转到和平的'文化'组织工作上去了"。"没有一场文化革命，要完全合作化是不可能的"。[④] 对此，周恩来在政务院第156次政务会议的

①《山西日报》，1950年10月12日。
②史敬棠等编：《中国农业合作化运动史料》下册，北京：生活·读书·新知三联书店，1959年版，第251—252页。
③《当代中国教育》，北京：当代中国出版社，1984年版，第43页。
④《论合作社》，《列宁选集》第4卷，北京：人民出版社，1995年版，第772—773页。

讲话中形象地概括为："经济建设和文化建设，好像一个车子的两个轮子，相辅而行。"[1] 因此，开展农民教育，在农民教育中贯彻"教育与生产劳动相结合的方针"，从农村的实际需求出发，对农民进行时事、政治、生产和科学卫生教育，培育农民的政治、国家认同，普及、提高生产技术，扫除文盲成为国家解决现实问题的必然途径。在此历史背景之下，中国共产党在革命战争时期开展的冬学教育，成为国家进行农民教育的主要形式。

---

[1]《周恩来教育文选》，北京：教育科学出版社，1984年版，第71页。

第二章　中华人民共和国成立初期
冬学教育的开展

　　历经抗日战争和解放战争，中国共产党在开展冬学教育方面已经形成一套非常成熟的做法。中华人民共和国成立初期，冬学的组织、动员、经费的来源和教学的组织形式等方面，均继承和延续了革命战争年代的成功经验，坚持依靠群众力量办学。教学内容根据农业生产发展和开展农业互助合作的需要，提高了文化学习和生产技术教育的比重。作为保证和巩固教育实效的重要手段，各级政府在教员培训方面进行了积极探索，并形成一些行之有效的方法和制度，其中山西省政府设立"传授站"和督导巡查的制度具有典型意义。与根据地时期不同的是，中华人民共和国成立初期的冬学出现了长期化、经常化的发展趋势。随着农业合作化的开展，民校、社办夜校逐步取代冬学成为农民业余教育的主要场所，而冬季农田水利建设的开展、农民农闲时间的减少，最终使冬学退出了农民教育的大舞台。

一、中华人民共和国成立初期冬学教育的方针与发展

　　（一）中华人民共和国成立初期冬学教育指导方针的提出及其转变

　　中华人民共和国的成立，为农民教育提供了全新的制度保

证。新民主主义革命胜利前夕，毛泽东强调："随着经济建设的高潮的到来，不可避免地将要出现一个文化建设的高潮。中国人被人认为不文明的时代已经过去了，我们将以一个具有高度文化的民族出现于世界。"① 为此，1949年9月中国人民政治协商委员会通过的《共同纲领》第五章明确规定："中华人民共和国的文化教育是新民主主义的，即民族的、科学的、大众的文化教育。人民政府的文化教育工作，应以提高人民文化水平，培养国家建设人才，肃清封建的、买办的、法西斯主义的思想，发展为人民服务的思想为主要任务。"并且指出："要加强劳动者的业余教育和在职干部教育。"劳动者的业余教育主要包括工农业余教育，其中又以农民业余教育为重要内容。

农民业余教育的主要形式是冬学。1949年12月15日，教育部发出《关于开展一九四九年冬学工作的指示》，指出解放区"十余年来的经验证明，农村冬学运动是团结教育广大农民的有力武器之一。解放区的冬学不但进行了农村识字教育，而且与人民政府当时当地的具体工作相结合，曾经大大地帮助了提高群众的政治觉悟和文化水平""这种适应广大群众需要的与实际工作密切结合着的教育方式，今后应当在全国农村中普遍推行"。② 中华人民共和国成立初期，国家实行"向工农开门"办学的方针。1950年9月20—29日，为统一工农教育领导思想，明确教育方针，制定具体的实施办法，加强对各地工农教育的领导，解决工农教育的经费等问题，教育部与中华全

---

① 中共中央文献研究室编：《毛泽东文集》（第5卷），北京：人民出版社，1996年版，第345页。

② 中华人民共和国教育部工农教育司编：《工农教育文献汇编（农民教育）》，第1页。

国总工会共同召开第一次全国工农教育会议，中央，各大行政区，各省、市人民政府教育部门，青年团中央，全国妇联等的负责人及工农业余学校的模范教师和学习模范等345人参加了会议。中央人民政府主席毛泽东和副主席朱德、李济深以及政务院副总理董必武、郭沫若、黄炎培等出席会议。教育部长马叙伦在开幕词中指出，新民主主义革命的胜利，使广大工人、农民取得了受教育的权利，发展工农教育成为中央人民政府的重要任务，也是教育工作者的一个重大的政治任务。"识字教育是工农教育的起点，要培养工人农民读写算的能力，才能进一步提高他们的文化""才能彻底翻身，并提高自己的社会性与组织性，更有效地从事生产建设，参加政治生活，管理国家事业""是提高政治觉悟、生产技术的先决条件"。会议强调工农教育"应以识字为主，同时结合政治时事和生产技术的学习""通过识字和文化学习启发群众的积极性"。[①] 1950年11月10日，中央人民政府政务院第58次会议批准了《关于第一次全国工农教育会议的报告》，指出："工农教育是巩固与发展人民民主专政、建立强大的国防和强大的经济力量的必要条件；没有工农文化教育的普及和提高，也没有文化建设的高潮。"

1950年12月14日，为有计划地开展农民业余教育，提高农民的文化水平，教育部发布《关于开展农民业余教育的指示》。指示对农民教育的内容、形式、经费等做出了明确规定。强调农民业余教育应根据老区与新区的不同情况，侧重点适当进行调整。老区由于土地改革已经完成，人民生活有了很大改善，群众学习文化的要求较高，一般"应以识字学文化为

---

① 中华人民共和国教育部工农教育司编：《工农教育文献汇编（农民教育）》，第5—7页。

主，配合时事、政策教育和生产、卫生教育"。新区则以政策和时事教育为主。在农民教育形式上，指示充分肯定了冬学的历史作用，指出冬学依然是今后动员农民学习的主要形式，并对冬学的组织、领导和经费做出了规定。随着抗美援朝战争的进行，教育部于1950年12月15日发布《关于加强农民业余教育中抗美援朝时事教育的指示》，要求各地农民业余教育应配合抗美援朝的形势与任务，加强爱国主义教育，在教学内容上适当增加时事教育的比重，反对单纯文化学习的观点，教育对象不局限于参加业余教育的农民，扩大为农村中一切人民。

为了实现农民业余教育的常态化、长期化，1951年2月28日，教育部下发《关于冬学转为常年农民业余学校的指示》，要求各地在总结冬学经验的同时，应"着重冬学转民校的动员"，确定"冬学转民校的条件、具体要求、工作步骤与工作方法"，既要反对放任自流的倾向，也要反对思想上保守消极的态度。1951年11月11日，教育部发出《关于加强今年冬学政治时事教育的指示》，明确1951年冬学应以"进行抗美援朝爱国主义教育、推进增产节约和爱国公约运动"，并结合各地实际情况，进行土地改革、民主改革、生产互助以及《婚姻法》宣传等为主要内容，结合政治教育进行文化教育。1952年，祁建华"速成识字法"的推广对各地扫盲产生显著效果，引发社会学习速成识字法的热潮。为避免扫盲学习模糊冬学方针，教育部在1952年11月21日特别发出冬学运动的指示，要求各地仍应开展冬学运动，各地仍应按照以往经验对农民进行识字、时事政策和思想教育，反对在冬学中过度强调识字教育而弱化思想政治教育的做法。

1953年，国家制定过渡时期总路线，向农民宣传过渡时期总路线，动员农民发展生产多卖余粮以及继续发展互助合作，改进农业生产技术、普选、《婚姻法》宣传等成为冬学的重要内容。1954年，为了适应农业社会主义改造的要求，在农村进一步推动互助合作运动的发展，继续提高农民的社会主义觉悟，教育部、扫除文盲工作委员会于3月22日发布《关于一九五四年组织农民常年学习的通知》。通知号召各地在冬学结束、春耕之后要在总结冬学经验的基础上，积极推动和开展农民的常年教育。农民常年业余学习既要兼顾文化学习的巩固、提高，培养农民基本的读写能力，也要借鉴冬学经验围绕过渡时期总路线、互助合作、新技术推广等内容对农民进行经常性的政治教育。同年8月，教育部和扫除文盲工作委员会召开了第一次全国农民业余文化教育会议。习仲勋在会议上作重要指示。会议总结了中华人民共和国成立5年来农民业余教育取得的成果。5年间，数以万计的农民通过参加冬学和常年民校的学习，摆脱了文盲状态。仅1953年就有308万农民脱盲。"农民识了字，能读书看报，能写能算，对提高经营管理能力、改良农业生产技术、提高政策思想水平"[1]发挥了重要作用，一些学会了读写和算账的农民成为合作社的骨干。会议号召要适应农业互助合作之后农民对文化的迫切要求，推动农民尤其是农村干部、积极分子和青壮年文化学习，以适应农村互助合作的需要。在互助合作发展的影响下，学文化不再是"脱离农业生产"、进工厂和"找对象"的工具和跳板，而是提高农业生产技术、加强农业合作社管理的客观要求。

①《教育部党组关于第一次全国农民业余文化教育会议的报告》，中华人民共和国教育部工农教育司编：《工农教育文献汇编（农民教育）》，第47页。

1954年9月20日，第一届全国人民代表大会第一次会议上通过《中华人民共和国宪法》。向广大农民进行新《宪法》的宣传教育，继续推动农业互助，提高农业生产技术发展实现农业增产增收等成为国家工作的重要内容。为此，1954年10月16日，教育部联合青年团中央联合发布《关于一九五四年冬学工作的指示》。指示一方面强调对农民开展以《宪法》宣传、农业合作政策以及爱国主义的政治教育，保障国家过渡时期总路线的贯彻；另一方面又要根据经济建设的需要，进一步提高农民的文化水平，加快农村扫盲的进度，满足发展生产对文化的需求。1955年夏，农业互助合作速度加快，农民落后的文化状况已经愈来愈难以满足农业互助合作的需要。为进一步推动农民业余教育发展，1955年6月2日，国务院下发《关于加强农民业余文化教育的指示》。会议直面农村文化的落后事实，强调文盲问题如不解决，必将成为互助合作、农业发展的"一个重要障碍"。要求"积极地有计划地扫除农村中的文盲，并逐步提高农民的文化水平，有效地为农业的社会主义改造和发展农业生产服务"。会议把扫除文盲作为未来农民业余教育的重要内容，肯定了一些地区结合生产组织尤其是以合作社为基础，围绕农业生产、结合政治教育，因地制宜地开展农民业余文化教育的做法。会后，以农业生产合作社为基础，生产组织和学习组织相结合，成为农民业余教育发展的基本方向。1955年10月24日，教育部发布《关于一九五五年冬到一九五六年春组织农民参加学习的通知》。1956年底，随着农业合作化为主要内容的农业社会主义改造完成，以往冬学的教育功能更多地向农业社转移，农业社不仅是农民组织、管理、生产的基本单位，更承担起教育农民的职能。

（二）中华人民共和国成立初期冬学教育发展概况

华北人民政府发出冬学运动指示和《一九四九年冬学运动实施纲要》之后，各地都在群众中进行了广泛的宣传动员工作，强调从群众的需要和自愿出发，从政治上动员群众上冬学，通过解决群众需要来吸引群众、启发群众，消除群众"怕上冬学耽误生产"[①]的思想顾虑，实现民众的主动参与。在各级政府的积极推动下，1949年冬各地冬学陆续开展起来。由于动员充分，山西省当年一些基础较好的地区，开办冬学的数量已经超过预订计划。其中，兴县专区原计划开办冬学609座，实际开办1051座；长治、汾阳、翼城三个专区所属的17个县2 240个行政村，共计开办冬学4 558座，平均每一行政村有冬学2座多，亦超过了原订全省平均每一行政村有冬学1.5座的计划。群众冬学报名踊跃，仅汾阳专区7个县就有84 197人参加学习。[②]为了推进冬学的发展，山西省人民政府进一步发出"识字教育应着重在十四岁至二十五岁的青年男女和村干部，以逐步消灭文盲为目的"[③]的冬学补充指示。当年太谷县冬学开展极其普遍，全县356个自然村中除了99个30户以下的小自然村没有开设冬学外，共计成立冬学257座，超过原计划（开办冬学220座）的16.7%；全县经常参加冬学学习的学员共计24 486名，占到全部应入学青壮年的2/3，约占全县总

---

①《东北华北等地冬学行将结束 六百万农民参加学习 部分冬学转常年民校》，《人民日报》，1950年3月20日。

②《山西检查冬学工作 廿县超过预定计划 有些县作得不好 教育厅正注意纠正》，《人民日报》，1950年1月9日。

③《山西省府发出冬学补充指示 试行重点扫除文盲 并规定各科教学方法 识字教育的主要对象是青年男女和村干部 各专署组织辅导组加强实验区视导检查》，《人民日报》，1949年12月31日。

人口的20%（全县总人口112 426人，青壮年37 101人）①。山西左权县416个自然村，1949年共开办冬学368座，比1948年增加100多座，每村接近一座冬学，冬学学员以青壮年为主，要求"全县二十六岁至四十五岁的壮年男女以上政治课（包括生产、政治等教材）和卫生课为主；十六岁至二十五岁的青年男女以文化学习为主，入青年补习班，政治、卫生课也全部参加。据里长、桐滩等十五个村统计，入学之壮年人数占应入学人数百分之九十四，青年人数占应入学人数百分之九十八"②。据统计，1949年冬山西省在44个县5 246个行政村共建立冬学10 071座，平均每个行政村1.9座，超过原计划1.5处的27%。③1950年春，山西省开办的冬学进一步发展到17 000余座，入学农民达到120余万人。④

河北省人民政府于10月22日向各县发出指示，要求除部分灾情较为严重的地区外，全省每一行政村都要开办冬学，争取实现60%左右青壮年入学的目标。⑤指示发出后，石家庄市郊区赵陵村两天时间内就有782人报名入学（男351人，女431人）；七区振头村的青年夜校开学后，学员们"宁可不穿新棉衣也要买书""自动选出班长、组长，订立公约，购买课本"，该校初级班的64名学员中有58人买了书。在将近1个月

---

①李杉，力发，光轩，永太，进业：《太谷冬学发展迅速 进入巩固提高阶段》，《人民日报》，1950年1月12日。

②《区村干部深入领导 教员困难适当解决 左权冬学运动规模超过往年》，《人民日报》，1950年1月24日。

③《东北华北等地冬学行将结束 六百万农民参加学习 部分冬学转常年民校》，《人民日报》，1950年3月20日。

④阚射军：《华北区冬学开始阶段概况》，《人民日报》，1950年1月28日。

⑤《训练教员总结去冬教学经验 华北各省积极筹办冬学 河北计划争取百分之六十青壮年入学》，《人民日报》，1949年11月9日。

的时间中，从前连自己姓名都不认识的人，都学会了五六十个字和十进位的加减法。[1] 根据1949年冬的不完全统计，沧县专区肃宁、建国、河间、交河、任邱、青县、泊镇等6个县的231个村建立冬学，共12 520人参加学习；[2] 行唐等14个县3 469个行政村中冬学正常开学的有2 512个村子，占到总村庄的72%，参加学习的村民有152 463人，其中妇女54 812人。在调查的14个县中，行唐县如期开学的村庄达到94%，而深泽县最少为43%。1949年和1948年的情况〔1948年冀中赵县等13县（市）开办冬学最多的博野县，占全县村数的80%，而最少的文新县只占全县村数的11%〕相比，冬学数量有了显著增加。另据蠡县等8个县统计，青年入学的有67 736人；[3] 定县专区的新乐等62个县镇共有11 816个村成立了冬学，占行政村总数的66%，从入学人数上看，定县等86个县镇已入学的青壮年学员达到990 860人。[4] 平原省各县的冬学一般都在11月初开始上课，滑县、武陟、阳谷等县的部分村庄提早已经开始上课。[5] 北京市在召开由郊区文教科长、郊区工作委员会及中共市委宣传部代表参加的郊区文教科长联席会议[6]的

①《石家庄郊区等地冬学开课》，《人民日报》，1949年11月28日。
②《定县专区建立各种民校 两万农民开始学习 冬学规模超过以往任何一年 河北定县专区冬学运动已经初步展开》，《人民日报》，1949年12月21日。
③阚射军：《华北区冬学开始阶段概况》，《人民日报》，1950年1月28日。
④《河北教育厅发出指示 开展常年识字教育 百万冬学学员春节后继续学习有条件地把冬学转为常年民校》，《人民日报》，1950年2月22日。
⑤《训练教员总结去冬教学经验 华北各省积极筹办冬学 河北计划争取百分之六十青壮年入学》，《人民日报》，1949年11月9日。
⑥《结合土地改革工作 京郊开展冬学 市教局召开郊区文教科长会议》，《人民日报》，1949年11月12日。

基础上，积极推动郊区冬学的开展。据不完全统计，当年郊区所辖街、镇、行政村等286个行政单位中，共计开办冬学351座，参加学习的学员达到13 551人，连一向没有机会学习的妇女也纷纷入学，仅十九区参加学习的妇女就有1 366人，占全区学员的48.5%。① 根据有关部门对河北省100个县镇、平原全省和北京市郊区的调查统计，三地1949年冬季参加冬学学习的群众共计2 064 975人。②

在察哈尔省，中共察哈尔省委向全省各支部和全体党员发出开展冬学运动的号召，为实现察哈尔全省"三年左右消灭青年文盲，提高广大群众的文化水平和科学知识，以便更好地进行生产和新中国一切建设"，要求全体党员必须深刻认识冬学"在于提高群众觉悟程度和文化生活，以保证冬季各项工作任务的胜利完成，并给开展明年大生产运动打下稳固的思想基础"的重要意义，强调要把冬学当作冬季工作的"一项重要任务之一来完成"。③ 为此，察哈尔省人民政府特别制定《开展冬学运动办法》，规定每年从农历十月一日（至迟为十月十五日）开展为期三个半月至四个月的冬学教育，"达到提高群众政治觉悟，启发群众生产情绪的目的"。④ 根据雁北、察南两个专区的统计数据显示，两地1949年冬共计开办冬学1 651

①阚射军：《华北区冬学开始阶段概况》，《人民日报》，1950年1月28日。

②《东北华北等地冬学行将结束 六百万农民参加学习 部分冬学转常年民校》，《人民日报》，1950年3月20日。

③《中共察哈尔省委号召全体党员结合冬季生产办好冬学》，《人民日报》，1949年11月24日。

④《察省人民政府制定办法 开展冬学运动》，《人民日报》，1949年11月24日。

座，参加学习的男女学员为65 474人，[1] 其中张家口市和大同市还建立常年民校65个，入学群众3 360人。当年，察哈尔全省共建立冬学7 199座10 832个班，入学农民达252 300名，"一般冬学学员均学了一百个字以上，最好的学了五六百字；同时进行了政治学习"。[2] 绥远省因为解放较晚，当年只有绥东10个县开设冬学，[3] 其中丰镇、集宁、武东、陶林、兴和5个县开办冬学116座，入学群众达3 000余名。[4] 各县普遍通过冬学来配合新区减租减息、清剿土匪、农业负担等政策的宣传和时事教育。就整体而言，1949年冬季全国有1200余万农民参加冬学学习。[5]

1950年，随着土地改革的全面展开和生产的全面恢复，农民学习的热情进一步高涨。山西全省大部分冬学于11月15日先后开学，根据对老区兴县专区（兴县、临县、离石、五寨、岢岚、河曲、保德、偏关、方山）的不完全统计，9个县实际建立冬学2 396座，为原计划2 642座的90.6%，其中兴县达到100%，冬学基础最差的临汾、运城两专区，也超过了原计划的一半以上，达到了65%（洪洞、赵城等5县超过原计划的19%）。在入学人数方面，根据对兴县专区的临县枣窊、河曲县河会村、离石县铨则村、五寨县南洼村与河湾村5个典型

①阚射军：《华北区冬学开始阶段概况》，《人民日报》，1950年1月28日。

②《察哈尔小学教育发展 入学儿童增加一倍半 二十五万农民参加冬学学习》，《人民日报》，1950年4月9日。

③《察哈尔小学教育发展 入学儿童增加一倍半 二十五万农民参加冬学学习》，《人民日报》，1950年4月9日。

④《东北华北冬学开课 山西百廿万农民入学 今年冬学新作法 少地区采取巡回教学或以生产行业分组学习》，《人民日报》，1949年12月25日。

⑤中华人民共和国教育部工农教育司编：《工农教育文献汇编（农民教育）》，第11页。

村的调查，应入学青年403人，实际入学346人；壮年参加识字学习的203人，占壮年应入学总数的80.5%强。[1]在河南省宝丰县，据不完全的统计，全县已开办冬学45处，参加学习的青年男女约有5 000人。郏县在32个乡创设了妇女识字班。[2]在北京，截至同年11月底，全郊区共计开办冬学277座、591个班，有17 926名农民上了学，超过1949年的一倍，达到"每个行政村有一处冬学"[3]的规模。其中十五区由于领导重视，很快办起38处冬学51个班，有1 864名学员，不少自然村都有2个冬学班；十区模范村大黄庄，由于干部带头上冬学，动员深入，在分散的自然村办了3处冬学，有82人参加学习。[4]1950年冬，根据华北五省的不完全统计，河北省保定、邯郸等35个县有3 900余个村开办冬学，平原省安阳、湖西等4个专区及菏泽城关区开办了8000余座冬学，有18万余人参加学习。此外，在一些冬学转为常年民校的老解放区村庄，则由常年民校吸收更多的群众参加冬季学习。[5]当年"全国冬学入学农民已达2 500万人"[6]。

抗美援朝开始后，冬学更成为组织和教育农民、深入农村爱国主义教育的一项重要工作。1951年11月，中央人民政府教育部发布关于加强冬学政治时事教育的指示之后，围绕着抗

---

①常江河：《山西冬学一月》，《人民日报》，1951年1月4日。

②《河南许昌专区七个县土地改革工作基本完成 广大农民热烈投入大生产运动》，《人民日报》，1950年4月2日。

③土光：《京郊办冬学初步经验》，《人民日报》，1951年1月4日。

④土光：《京郊办冬学初步经验》，《人民日报》，1951年1月4日。

⑤《华北农村冬学运动普遍展开》，1951年1月11日。

⑥马叙伦：《中央人民政府教育部关于加强今年冬学政治时事教育的指示》，《人民日报》，1951年11月13日。

美援朝、增产节约和爱国公约运动，以及土地改革、民主改革、生产互助以及《婚姻法》等中心工作，冬学迅速开展起来。河南省各县、区都举办了冬学教员短期训练班，并配合中心工作编印冬学教材，推动各地冬学在12月上旬先后开学，参加冬学学习的农民有300多万人。[①] 山西省平顺县西沟村是个有"53户人家、237口人"的老解放区，以前群众是"糠菜半年粮"，全村只有3个人上过小学，1942年村里开始办冬学，1951年村里建起农林畜牧生产合作社后，开始由农业社办冬学，由于解决了生产、记工与学习的冲突，冬学效果显著，1952年转为了常年民校。[②] 根据国家统计局公布的数字，1951至1952年度的冬学入学农民达4 800余万人，是1950至1951年度冬学入学人数的220%，是1949至1950年度冬学人数的376%。[③]

1952年，祁建华"速成识字法"开始推广。由于速成识字法效果显著，部分干部群众产生了热衷扫盲"等待速成"、忽视冬学的思想，山西省闻喜县有的群众说："两天速成学三百字，两年冬学也不过认三百字，不开速成班，冬学我也不上。"寿阳县刘家庄群众说："速成识字是火车，冬学是牛车，有了火车谁还坐牛车。"[④] 山东省淄博专区截至当年11月份，617个乡开办了969个速成识字班，其中章邱、章历两县几乎

①《文化零讯》，《人民日报》，1951年12月16日。
②山西省人民政府扫除文盲委员会：《西沟村农林畜牧生产合作社办的民校》，《人民日报》，1954年8月24日。
③《中央人民政府国家统计局关于一九五二年国民经济和文化教育恢复与发展情况的公报》，《人民日报》，1953年9月30日。
④《华北华东积极开展冬学运动 干部忽视冬学、群众等待速成的现象应即纠正》，《人民日报》，1953年2月1日。

每个乡都办有速成识字班。由于识字班准备不充分，造成了冬学、识字班发展顾此失彼，严重地影响了冬学的开展。但是即便如此，1952年全国农民参加冬学学习的约有4 200万人，[①]仅河北、山西、绥远和北京三省一市，根据国家统计数字显示，1952年冬学入学人数已达600万人。以河北沧县专区为例，各县在11月下旬对13 530名文化教师和政治教师进行了集中训练，并召开区、村干部会议，由干部、党员、团员带动群众参加冬学学习，解决了冬学教室和桌凳、油灯等问题，使12个县镇的大部分村庄、28万农民参加了冬季学习运动。[②]此外，拥有437个村庄、31万余人的河北省魏县当年有2万余人上了冬学。[③]

1953年，农业合作化运动的进行进一步推动了冬学的发展。为保证冬学的如期开学，山西忻县专区、雁北专区、太原市和绥远省的部分地区在11月先后开始着手训练冬学教员。[④]山西平顺县西沟村在之前几年冬学学习的基础上，截至1953年底，全村已基本上扫除了青年中的文盲，壮年中的非文盲也提高到23%。"全社七个主要干部（社长、副社长、股长）有六个由文盲变成了非文盲。全村有三十来个人能阅读《华北人

①《中央人民政府委员会举行第二十七次、第二十八次会议 通过关于政法、文教两个工作报告 并通过关于推迟召开全国及地方各级人民代表大会的决议》，《人民日报》，1953年9月19日。

②《华北华东积极开展冬学运动 干部忽视冬学、群众等待速成的现象应即纠正》，《人民日报》，1953年2月1日。

③《向祖国最可爱的人——志愿军祝贺新年》，《人民日报》，1953年1月1日。

④《河北、山西、陕西、浙江等省 布置通过冬学对农民进行总路线的宣传 四川省文教宣传部门大力宣传国家过渡时期总路线》，《人民日报》，1953年11月29日。

民》和《山西农民》报，能写条据，能记工账"①。据资料显示，全国当年参加常年业余学习的农民有1230多万，参加冬学学习的有1939万人。②

1954年9月1日，全国农民业余文化教育会议闭幕。会议强调"农民业余文化学习组织，应当逐步和农业生产互助合作组织结合和统一起来，特别要在农业生产合作社和互助组的基础上建立学习组织，以便由合作社和互助组统一计划、管理生产和学习，统一安排生产、工作和学习的时间，解决学习和生产的矛盾"③。同年10月20日，教育部和青年团中央进一步发出《关于一九五四年冬学工作的指示》。根据中央有关农民业余教育的精神，河北各地结合农业互助合作组织，发挥党团员和乡村干部及农业生产合作社社员和互助组组员的带头作用，积极动员群众上冬学。邯郸专区武安、永年等县的363个农业生产合作社和张家口专区商都县的45个农业生产合作社在11月初已经办起冬学，全省预计"至少将有一百六十万农民"、近50%的农业生产合作社社员参加冬学学习。④在山西省永济县，县里先后召开了七个大会宣传、贯彻冬学方针，并把冬学列为县政府委员会议的主要议题之一。由于县领导的重视，全县绝大部分乡、村都健全了乡文委，并组织了冬学校部。从

①山西省人民政府扫除文盲委员会：《西沟村农林畜牧生产合作社办的民校》，《人民日报》，1954年8月24日。

②皇甫瑾：《学习文化，提高生产——五年来的工农业余文化教育》，《人民日报》，1954年9月23日。

③《农民业余文化教育会议闭幕 确定业余教育的方针：结合互助合作运动，在生产发展基础上提高农民政治文化水平》，《人民日报》，1954年9月1日。

④《河北省冬学工作即将展开》，《人民日报》，1954年11月11日。

10月23日文教主任、义务教师训练会议结束后，全县367个村、412座冬学先后开学，超过原计划村数的3.9%，冬学座数的3.3%，其中全县共办"553个政治班，入学农民达到30 883人（女学员14 622人），超过原计划（33 500人）的27%"；乡村干部、积极分子等10 425人（其中乡村干部1 959人，党员554人，团员926人，社员5 253人，青年民兵4 923人）。积极参加识字扫盲学习，举办"99个识字组、237个通常识字班，288个单元识字班，共计14 409人（其中女学员7 451人），超过原计划7 800人的85%"，超过当年计划（组织7 800人参加识字教育）的"33.6%"。张营社长王英顺说："肚子里没东西（指文化）缺少办法，照这样学真解决问题"，有效扭转了以往"女多于男""干部只报名不上学"的现象。① 在河南省，由于农业社统一协调了生产和学习时间，因此全省2 411个农业生产合作社中就有665个农业社开办了冬学，② 入学社员达2 600多人。相比于其他冬学，农业社开办的冬学不仅开学早而且办得好，极大地方便了农民学习。到1955年，河南省约有250万农民参加冬学学习，超过1953年冬学入学总人数将近一倍。内蒙古自治区冬学入学人数也比1953年增加了近50%。③ 1956年，全国农村参加冬学学习的人数有6 200多万人，超过1955年冬季入学人数的2倍。④

①《永济县一九五四年农民业余文化教育工作总结报告》，《山西省人民政府教育厅工农教育处关于各县报送一九五四年农民业余教育工作总结卷》，档案号：C61-5-181，山西省档案馆藏。

②《各地冬学入学人数普遍增加》，《人民日报》，1955年1月30日。

③《各地冬学入学人数普遍增加》，《人民日报》，1955年1月30日。

④教育部副部长全国扫除文盲协会秘书长林汉达：《冬季农民文化学习的几个问题》，《人民日报》，1956年11月4日。

二、中华人民共和国成立初期冬学教育的组织与实施

1949年10月15日，华北人民政府[①]发布《广泛开展冬学运动的指示》及《一九四九年冬学运动实施纲要》，指出随着战争的结束和建设时期的到来，华北客观上具备了开展群众教育的条件。在土改完成后的老区，群众的生产情绪很高，有学习文化的迫切要求；在获得解放的新区，群众"要求学习土改政策，以便正确执行土地改革，为生产建设创造条件"。此外，"群众中还存在一些消极因素，对于革命胜利以后国家发展的前途了解不够，对于新民主主义建设的任务了解不够"，以及"国民党反动派派遣匪特利用迷信会门及流氓等进行破坏，成为群众恢复与发展生产的障碍"。这些问题均需"从教育着手，提高群众觉悟，从思想上政治上予以根本解决，以便能更充分地提高生产热情，进行生产"[②]。因此，华北农村（不论老区新区）广泛地开展冬学教育，成为"进一步提高群众的政治觉悟，启发群众的积极性，保证冬季工作完成，并引导群众积极地去进行生产建设，巩固华北，为明年的大生产运动准备基础"的必要措施。

---

①华北人民政府成立于1948年9月26日。是日，晋察冀边区行政委员会和晋冀鲁豫边区人民政府撤销。中央人民政府成立后，经政务院会议呈请、中央人民政府主席毛泽东颁布命令，华北人民政府于1949年10月31日正式宣告结束。河北、山西、平原、绥远和察哈尔五省及京津两市人民政府改归中央人民政府直属。

②《一九四九年冬学运动实施纲要》，《人民日报》，1949年10月19日。

同年12月7日，中央人民政府教育部①颁布关于开展冬学工作的指示，明确指出冬学是今后农村普遍开展群众教育的形式，并对冬学的领导、内容、形式、师资等问题作了说明。

（一）冬学的领导及经费

冬学的直接领导机构是各级冬学委员会。根据中央人民政府教育部的指示精神，各级冬学委员会由各级政府直接领导，并有专人负责，同时积极吸收青年团、妇联、农会及教育界的负责人参加。

1949年冬学指示发出后，山东省各级政府先后成立冬学委员会，研究、制订各专区冬学教育计划并向各县下达开展冬学的指示。河北省沧南地区由中共地委、专署召开各县宣传部长、教育科长联席会议，统一研究冬学开展的相关事宜，制订当年冬学发展计划。②山西省各县党代表会议普遍进行冬学的计划、动员与布置，绛县、兴县、翼城专署以及左权、交城等地很快开始选拔、训练冬学教员，拟就、制订冬学工作计划和具体的教学课程、进度。黎城等县通过建立党代会、区干部联席会，动员各村干部及党员团员积极带头参加，推动冬学发展。交城九区大营村农会主任梁德昌、妇女委员周三亲等首先自己入冬学，并挨门逐户说服群众，数日内推动全村百余人上冬学；七区李家社等村小学教师热心教冬学，并在不妨碍学校

---

①1949年10月1日，中央人民政府教育部是根据《中华人民共和国中央人民政府组织法》第十八条的规定，于1949年10月1日设置的一个隶属于中央人民政府政务院的部门。1954年9月，中央人民政府教育部改为中华人民共和国教育部，成为国务院的一个组成部门。

②《渤海准备大规模开办冬学 集训万名冬学教员 辽东决组训全省师范学生 派赴各县搞冬学重点工作》，《人民日报》，1949年11月30日。

工作的情形下到群众中去动员青壮年上冬学。[1] 左权县不仅由区干部担任所驻村的政治教员，而且村干部积极带头入学，"龙则、十里店、垴子沟等村全体村干部都到冬学学习，推动了广大群众入学。桐滩、十里店等村的冬学，在村宣联会的领导下，有定期的检查和布置工作制度，十天开会一次，总结检查前十天的教学，结合村中工作布置，计划下十天的教学内容"[2]。永济县把冬学工作列为县政府委员会议上七项主要工作之一。在县委的部署下，全县绝大部分乡、村都召开了会议，健全了乡文委，并组织了冬学校部。赵伊乡长冯宗祥在乡的主要干部会议上部署了冬学工作，文教主任王雨亭及时督促检查，保证了全乡11座冬学全部按时开学。新盛乡团支部组织动员73个团员全部上了冬学，秦村民兵中队长动员了40个青年民兵入学，王子乡妇联主任秦香芝三次督促义教上课，她自己动员了31个青年妇女上冬学。[3] 在冬学的组织领导过程中，各地都充分发挥了积极分子的作用。山西太谷县庞村村长张玉和妇联主席赵庭梅在村干部会议上打通干部思想，使大家认识到"只有搞好冬学才能搞好工作"，从而推动12个干部和70名群众报名入学；贾家堡妇联主席霍莲，以兼任村纺织组师父的身份去影响、带动30名学习纺织的妇女全部入学。这些积极分子对新区冬学运动的发展起了很大作用，极大地提高了学员学习的积极性，在"辛村、程家庄等地，有的学员下了

①《交城县派出视导组检查推动各村冬学》,《人民日报》,1949年12月31日。

②《区村干部深入领导　教员困难适当解决　左权冬学运动规模超过往年》,《人民日报》,1950年1月24日。

③山西省人民政府教育厅工农教育处:《关于各县报送一九五四年农民业余教育工作总结卷》,档案号:C61-5-181,山西省档案馆藏。

课还继续学习；有的学员感到隔天学习一次时间太少，要求改为每日学习"。义务教员张逢祺受训回村以后，首先让自己的媳妇、姐妹上冬学，通过挨门挨户进行动员，推动全村妇女顺利入学。①河北定县二十里堡干部及党团员带头上冬学，其中36个干部、82名青年团员中，有33名干部、63名团员参加冬学学习。妇代会干部刘春冉保证每天先到校，带动妇女参加，推动了冬学的开展。②

　　为保证冬学的开展，各级政府还抽调相当数量的干部对实验县或重点区进行辅导。山西省建立视导检查制度，由教育厅和各专、县派出冬学视导检查组，解决基层冬学教学中的困难，纠正偏向，交流经验。③当年，交城、长子、晋城、左权等县都抽出有关干部加强了冬学的组织检查与视导工作。④1949年11月16日交城县政府发出冬学指示后，18日由政府各部门抽调的18名干部组成5个视导组深入各区检查和指导。在七区古交镇，视导组不仅指导教员如何选择教材，而且亲自代课，为教员作示范教学，帮助解决教学上的困难。⑤同时在一些较小的自然村，视导组帮助建立冬学学习小组。在检查过程中，对发现的模范冬学进行宣传表扬，提高教员的积极性。在视导组下乡的推动下，交城县1949年建立了160处冬学，入学

①李杉，力发，光轩，永太，进业：《太谷冬学发展迅速　进入巩固提高阶段》，《人民日报》，1950年1月12日。

②阚射军：《华北区冬学开始阶段概况》，《人民日报》，1950年1月28日。

③《东北华北等地冬学行将结束　六百万农民参加学习　部分冬学转常年民校》，《人民日报》，1950年3月20日。

④《山西检查冬学工作　廿县超过预定计划　有些县作得不好　教育厅正注意纠正》，《人民日报》，1950年1月9日。

⑤《交城县派出视导组检查推动各村冬学》，《人民日报》，1949年12月31日。

青壮年学员达8 700余人。[①] 1950年冬学开展期间，为了加强对冬学工作的领导，山西省临汾、兴县等专区均组织了视导组，山西省文教厅分别对榆次、临汾两专区和太原市郊进行视导工作。榆次专区"以县区为单位，统一领导、统一计划传授办法：村级由小学教员、群众教师、村干部等成立学习互助小组，共同研究时事问题后，再去转教冬学学员；以中心小学等为基点，召集邻近村的群众教师检查工作，解答教学中的问题"[②]。对视导组下乡视察和指导过程中发现的先进冬学，根据山西省人民政府制定的对模范冬学、模范教员和模范学员的奖励办法进行表扬和奖励，同时建立与健全了各级冬学委员会，以加强对冬学的领导。在河北邯郸专区各县区，都制定了定期检查制度，并组织冬学教员定期集中学习与互相观摩，以提高冬学的教学效果。[③] 定县专署和蠡县县政府等还组织冬学工作视导团，深入基层检查、指导冬学工作。[④]

冬学经费主要包括政府财政下拨和群众自筹两部分。《一九四九年冬学运动实施纲要》规定"冬学奖金、训练教员、教员所用课本与上课时灯油粉笔等项费用"从地方教育经费支出，明确强调"有冬学者，即予开支"[⑤]。教育部1950年《关于开展农民业余教育的指示》指出农民业余教育的经费"必要

①《交城县派出视导组检查推动各村冬学》，《人民日报》，1949年12月31日。

②项国：《北方各地冬学运动的一些情况》，《人民日报》，1951年1月27日。

③《东北华北等地冬学行将结束 六百万农民参加学习 部分冬学转常年民校》，《人民日报》，1950年3月20日。

④阎纪元：《定县专区万余农民常年学习 结合生产组成八百学习小组》，《人民日报》，1950年4月26日。

⑤华北人民政府：《一九四九年冬学运动实施纲要》，《人民日报》，1949年10月19日。

时得由县教育经费项下拨出一定数目，予以补助。各大行政区、省、市人民政府，应拨出一定数额的经费，专作农民业余教育重点补助与奖励之用"。① 1952年华北行政委员会在《关于冬学运动的指示》中再次强调"冬季民校灯油、烤火、办公费及教师之补贴等，可根据各省（市）乡（村）镇地方财政规定解决"②。除教师训练和一定数量的奖励费由中央政府拨款外，冬学其他费用则坚持"谁上学谁出钱"的原则，采取"群众自筹为主"的方针。自筹部分包括群众上冬学所使用的课本及烤火的费用。在山西"老区很多村子，不等冬学开学，就修建校址，购置课本，自动搞生产解决冬学经费"③。

为保证教员安心工作，推动冬学的持续发展，各地根据中央人民政府教育部"可以通过换工生产的办法。对于成绩优良的冬学教员，应给予物质的或精神的奖励"④的精神指导，对冬学教员基本采取了任教期间免除勤务、实行互助换工的办法。山西省五台县把"免勤务和免送公粮"⑤作为冬学教员的优待和补助政策之一；左权县通过免除冬学教员的冬季村中勤务，适当地解决冬学教员的实际困难，帮助教员安心办冬学。⑥河北省规定义教"任教期内除免除代耕勤务外（常年教

---

①《中央人民政府教育部关于开展农民业余教育的指示》，《人民日报》，1950年12月21日。

②《华北行政委员会发出关于冬学运动的指示》，《人民日报》，1952年11月27日。

③常江河：《山西冬学一月》，《人民日报》，1951年1月4日。

④《一九四九年冬学运动实施纲要》，《人民日报》，1949年10月19日。

⑤《冬学点滴，如何解决义教待遇》，《山西日报》，1950年1月22日。

⑥《区村干部深入领导 教员困难适当解决 左权冬学运动规模超过往年》，《人民日报》，1950年1月24日。

员则常年免除），亦可实行互助换工（今冬他帮助大家认字，明春大家帮助他生产）"，对工作有成绩的冬学教员还要给予一定的精神奖励。①另外，农业合作化发展程度较高的一些地区，通过农业社自身的管理优势，直接把义务教员的上课时数折算成工分，进一步解除了义务教员的顾虑。如历城县规定上课四天折合一个工②，平顺县西沟则由农业社每年给义教"顶四十个劳动日，可分粗粮三百多斤"③。与此同时，对于生活特别困难的冬学义务教员，各地普遍发放一定数额的物质津贴。例如河北省对于生活确有特殊困难的教员，"给予固定之补助粮，农村一般每月不超过小米四十斤，城市不超过六十斤"④。冀南元朝县全县180个专任冬学教员中，除对80人免除战勤任务外，还为100个有生活困难的教员发放了30 150斤小米的津贴。⑤定县专区为推动冬学的正常开展，县里还统一"按各村实有学员人数，每人每月半斤米"的标准发给灯油费及经常费。⑥

（二）冬学教员的选拔及培训

冬学教员根据教学内容分为政治课教员、文化课及生产课教员等。为保证冬学师资质量，一般政治教员由区乡各级政府

---

①河北省人民政府：《河北省人民政府关于一九四九年开展冬学运动的指示》，卷宗号：907-1-31-8，河北省档案馆藏。

②阚射军：《华北区冬学开始阶段概况》，《人民日报》，1950年1月28日。

③《中央扫盲委员会对山西平定、屯留、稷山县、太原市开展职工业余文化教育，冬学工作经验的通知》，卷宗号：C61-05-00032，山西省档案馆藏。

④河北省人民政府：《关于一九四九年开展冬学运动的几点意见》，档案号：864-1-7-7，河北省档案馆藏。

⑤《开展冬学运动的几个主要关键》，《人民日报》，1949年11月15日。

⑥《对〈人民日报〉批评建议的反应》，《人民日报》，1951年3月2日。

机关派出干部和较好的村干部、小学教员担任，还有些地区由政府机关与驻军积极协调，派军队干部到附近冬学上课，担任当地冬学教员。文化课教员除选聘农村知识分子、学校优秀学生等村中文化水平较高者担任之外，中小学教师也是文化课的重要师资，在一些师资确实困难的冬学，采用小学教员主持下的小先生制进行教学。胶东、鲁中南的不少地区通过选用小先生教学，有效弥补了冬学文化课教员的不足。[1]生产课则主要由劳动模范、生产老把式担任。选举的冬学教员一般必须具备下列几个条件，即"（一）有相当的文化水平（具体要求各地不一，一般要求具有初小毕业程度）。（二）热心教学，办学能积极负责，作风正派。（三）拥护人民政府与共产党及其政策者"[2]。

在冬学教师选拔方式上，主要经过群众民主选举或干部动员产生。以1949年山东泺北专区冬学教员来源为例，德平县经群众选举的冬学教员占80%，商河县则是群众选举的占30%、通过乡村干部动员并经群众同意的占50%，个别地方"亦有部分顶替和临时拉夫来的不良现象"[3]。选拔出的冬学教员经过各级政府审查合格后，由冬学委员会正式聘任。在冬学教员的构成上，要保证一定比例的党团员。如山西省永济县在县委和县政府下了选拔指示后，各乡村都根据"群众推荐、本人自愿，乡文委研究、支部审查、基点工作组长批准"的方

---

①李江源，潘岳，宫明轩：《山东怎样解决冬学师资问题》，《人民日报》，1950年4月4日。

②阚射军：《华北区冬学开始阶段概况》，《人民日报》，1950年1月28日。

③《渤海准备大规模开办冬学 集训万名冬学教员 辽东决组训全省师范学生 派赴各县搞冬学重点工作》，《人民日报》，1949年11月30日。

针，选拔出393个政治义教和291个文化义教。在选出的义教中有党员63人，团员174人，占义教总数的34%。高小毕业以上的义教共451人，占义教总数的65%。同时有23名转业军人和178个初中高小毕业学生。[①]

中华人民共和国成立初期，一般冬学教师文化程度较低并且教学经验少、教学能力偏低的情况在各地不同程度地存在。山东商河县1949年全县306个冬学教师中，初中程度者仅8人，高小程度者63人，其余235人均为初小程度。[②]1950年山西省对7个专区29个县和太原市10 716个义务教员的调查显示，初小以下程度的教员占教员总数的69.1%，其中有文盲115人，高小以上程度的教员仅占到29.7%。在7个专区中，长治专区义务教员的文化程度最低，初小程度及以下所占的比例高达81%，还有2.7%是文盲。[③]因此，部分教员难以承担冬学教学任务，不能满足学员要求，成为一些冬学开展不下去的一个关键因素。山西省太谷县郭庄村，冬学开学之初有162名群众来上课，但后来由于"教员教不了政治课，形成单纯教识字"，引起学员不满，认为"不来吧顶不住，来了吧白搭工"，以至于最后只剩下"十来人"了。[④]为此，各级政府都会在冬学开始前根据当年冬学教学内容对选拔的教员有计划地、定期进行培训，通过由小学教员或区乡干部给冬学教师上预备课，

①山西省人民政府教育厅工农教育处：《关于各县报送一九五四年农民业余教育工作总结卷》，档案号：C61-5-181，山西省档案馆藏。
②李江源，潘岳，宫明轩：《山东怎样解决冬学师资问题》，《人民日报》，1950年4月4日。
③常江河：《山西冬学一月》，《人民日报》，1951年1月4日。
④山西教育厅视导组，樊进业，董力发，郭光轩，郭永太，李彬：《山西新区冬学运动中的几个问题》，《人民日报》，1950年1月24日。

并组织冬学教师互相观摩、参观上课等方式来加强对冬学教员的指导。培训形式上多以县、区为单位分期开办为期五天至十天的短期训练班。教学内容上主要涉及前途、时事、教材学习及教学方法研究等内容。前途教育以宣传冬学意义为主，立足帮助教员树立群众教师光荣的思想。时事教育包括了国家当前中心任务及方针政策、冬学任务和方针等内容。除此之外，有些地区还学习田间选种、树木栽培保护法等农业技术知识、风雨雷电等科学常识及妇婴卫生常识。

对义务教员的集训，由地方主要领导或专门干部负责。例如山西省各县主要负责干部都亲自参加主持，潞城等县县长、县委宣传部长等亲自给冬学教员上课。[①]翼城专区抽调受过训的教员实地辅导冬学；沁源以城关区为基点，总结经验，推动了全县冬学工作。[②]鲁中南区多以中心学区为单位，由小学教师来进行辅导；同时，定期召开冬学教师会议，检查其工作，给以指导帮助。[③]洙北专区组织各县负责干部对冬学受训教员作动员报告，介绍冬学工作的重要意义，帮助受训教员重视社会教育，提高学习积极性。[④]平原省林县、安阳等县各区区长、区委书记等都亲自领导集训义务教员的工作。在集训冬学教员的数量上，根据1949年不完全统计，山东渤海区全区42个县（市）普遍集训冬学教师，其中36个县集训冬学教师

①阚射军：《华北区冬学开始阶段概况》，《人民日报》，1950年1月28日。

②《山西检查冬学工作 廿县超过预定计划 有些县作得不好 教育厅正注意纠正》，《人民日报》，1950年1月9日。

③李江源，潘岳，宫明轩：《山东怎样解决冬学师资问题》，《人民日报》，1950年4月4日。

④《渤海准备大规模开办冬学 集训万名冬学教员 辽东决组训全省师范学生派赴各县搞冬学重点工作》，《人民日报》，1949年11月30日。

9 330余名，[1]鲁中南训练冬学教师10 000余名，山东全省包括胶东与昌潍、淄博两个省直辖专区，共计训练冬学教师达40 000人以上；[2]河北省36个县共训练冬学教员9 840人，[3]仅交河、河间两县就训练教员893人；[4]山西省长治、榆次等四个专区共集训在乡知识分子与教员9 000余人[5]；平原省莘县、济源、辉县、单县、博平五县共训练教员1 056人；绥远省清河、龙胜等县也都在短期内，集训了冬学教员。[6]1950年，河北省48个县和3个镇共训练义务教员8 700余人，山西省57个县共集训义务教员16 700余人[7]。对于因故未参加培训的冬学教员，各地还以多种形式开展补课，全力保证冬学教员培训任务的完成。以山西永济县为例，1954年冬学开始前，全县集中组织42个乡文教主任、354个政治义教以及280个文化义教在县里统一进行集训，但因工作等原因导致13个乡文教主任和46个政治义教以及12个文化义教没能按时参加集训。为此，集中培训结束后，缺席教员"分别以基点为单位，在基点组长的领导下，进行一至两天的补课"[8]。经过训

---

① 《渤海准备大规模开办冬学 集训万名冬学教员 辽东决组训全省师范学生 派赴各县搞冬学重点工作》，《人民日报》，1949年11月30日。

② 李江源，潘岳，宫明轩：《山东怎样解决冬学师资问题》，《人民日报》，1950年4月4日。

③ 阚射军：《华北区冬学开始阶段概况》，《人民日报》，1950年1月28日。

④ 《东北华北冬学开课 山西百廿万农民入学 今年冬学新作法 不少地区采取巡回教学或以生产行业分组学习》，《人民日报》，1949年12月25日。

⑤ 《东北华北冬学开课 山西百廿万农民入学 今年冬学新作法 不少地区采取巡回教学或以生产行业分组学习》，《人民日报》，1949年12月25日。

⑥ 阚射军：《华北区冬学开始阶段概况》，《人民日报》，1950年1月28日。

⑦ 《华北农村冬学运动普遍展开》，《人民日报》，1951年1月11日。

⑧ 山西省人民政府教育厅工农教育处：《关于各县报送一九五四年农民业余教育工作总结卷》，档案号：C61-5-181，山西省档案馆藏。

练，文教主任明确了工作任务，重视了对冬学的领导，义教都感觉方针明确，任务具体，工作有了办法。

由于农村干部及冬学教员"文化水平、政治水平一般都较低"，因此，除了冬学开始前的集中培训之外，"定期集训、巡回传授、辅导集体备课，举行教学研究会、教学展览会及组织观摩教学与典型报告等"也是提高教员政治水平和教学能力的重要措施。在这一方面，山西省在冬学开展之前对冬学政治教员进行半个月至一个月集训的基础上，还通过组织冬学辅导小组和建立督导检查制度，对加强冬学政治教育进行了有益尝试和摸索。山西各专署教育部门强调"县区或驻基点村的县区干部要成为冬学的当然辅导员，应有意识地配合中心校长、冬学教员，在基点村附近村庄组织竞赛，并举行小型的观摩与座谈会，推动冬学的开展"，①并抽调已轮训的教员组成辅导组，分派各村工作。辅导组每年冬学至少下乡辅导两次，其中在冬学开展之初必须作一次"全面的辅导"，在春节前安排进行"深入重点检查"。为使辅导工作落于实处，每次辅导之前，辅导组必须"详细研究工作，订出计划"。②"翼城专区抽调受过训的教员实地辅导冬学；长子、晋城、左权等县抽出有关干部，组织了推进冬学运动的视导检查；沁源以城关区为基点，

---

①《山西省府发出冬学补充指示 试行重点扫除文盲 并规定各科教学方法 识字教育的主要对象是青年男女和村干部 各专署组织辅导组加强实验区视导检查》，《人民日报》，1949年12月31日。

②《山西省府发出冬学补充指示 试行重点扫除文盲 并规定各科教学方法 识字教育的主要对象是青年男女和村干部 各专署组织辅导组加强实验区视导检查》，《人民日报》，1949年12月31日。

创造经验，推动了全县冬学工作"①。太谷县教育工作部门在集训137名义务教员的同时，派18位干部组成检查组，"深入正在进行土地改革的、进行结束土地改革工作的和土地改革工作已经结束的三种类型的村庄，吸取开办冬学的经验，推动全面发展"②。永济县以教学研究组为核心，吸收有关部门参加，健全了半月一次的两级传授制度，并且重点调查与整理了"点滴经验"与"赵伊乡开展冬学等材料"，通过汇报或经验介绍的形式推广经验。与此同时，县委还组织了30人的联合检查组，督促经验的落实。③对在辅导过程中发现的模范冬学、模范教员、模范学员或干部等，通过采取"口头奖励、通报表扬、通令嘉奖、发给奖状或资金等形式"④进行鼓励。

（三）冬学教材的编写

培训冬学教员的同时，各级政府也加大了冬学课本的编写和发行力度。冬学教材包括识字课本、政治与生产教育、卫生与科学等不同科目，是冬学教员开展教学的主要依据。

冬学识字课本初期多使用前华北人民政府教育部编的民校识字课本（全书分一、二两册），1949年冬学开学初期，新华书店第一批印发150多万册⑤仍难以满足群众实际需求，仅太

①《各级领导重视冬学工作 不少地区组织视导检查》，《人民日报》，1950年1月9日。
②李杉，力发，光轩，永太，进业：《太谷冬学发展迅速 进入巩固提高阶段》，《人民日报》，1950年1月12日。
③山西省人民政府教育厅工农教育处：《关于各县报送一九五四年农民业余教育工作总结卷》，档案号：C61-5-181，山西省档案馆藏。
④《山西省府发出冬学补充指示 试行重点扫除文盲 并规定各科教学方法 识字教育的主要对象是青年男女和村干部 各专署组织辅导组加强实验区视导检查》，《人民日报》，1949年12月31日。
⑤阎射军：《华北区冬学开始阶段概况》，《人民日报》，1950年1月28日。

原分店就发售9万余册。①1952年，中央人民政府教育部工农业余教育司主编并由人民教育出版社出版一套适合于农民使用的速成识字教材和课本。识字教材根据"字义由浅入深，字形由简到繁"的原则，包括"注音字母、拼音练习、注音词表、写字练习表和两千个常用字表五部分"。《农民识字课本》为（上、下两册）适用于农民业余初等学校前期或冬学。②1954年人民教育出版社出版《农民语文课本》开始取代民校识字课本成为各地农民文化扫盲的主要教材。随着农业合作化的发展，农民文化教育的迫切性进一步凸显。为了真正达到"学以致用"，教育部不再鼓励使用统一的识字课本，体现地方特色成为农民识字课本的新特点。为此，1955年教育部对各省识字课本的编写及实际教学步骤提出了指导意见。第一阶段的识字教材由从事合作化工作的干部根据自己合作社的情况自行独立编写，内容涉及"本村本乡的人名、地名、合作社名、工具名、农活名、庄稼名、度量衡名、年月日、数字及其他一些记工账所需要的文字和语言"；第二阶段的识字则以本县或本专区甚至全国的常见事物和语言为主要内容；第三阶段为本省及全国常见的事物、语言。③

政治与生产教育则由各省市根据当年中心工作与"本区具体情况、工作步骤，有重点地编写，由各省市自己审查，并可在地方报纸上连续登载"。④根据中心工作的变化，每年冬学

---

①《东北华北冬学开课 山西百廿万农民入学 今年冬学新作法 不少地区采取巡回教学或以生产行业分组学习》，《人民日报》，1949年12月25日。
②《速成识字教材和课本已出版》，《人民日报》，1952年11月6日。
③中华人民共和国教育部工农教育司编：《工农教育文献汇编（农民教育）》，第61页。
④《一九四九年冬学运动实施纲要》，《人民日报》，1949年10月19日。

政治课本的内容会进行相应的调整。例如1949年各省市大都以共同纲领、中苏友好等为中心内容及时编成政治教材，1950—1951年冬学的政治课主要"根据人民政协全国委员会第三次会议上毛主席的开会词、周总理的政治报告和彭真副主席《关于抗美援朝保家卫国运动的报告》"，并结合当地情况编印关于土地改革、镇压反革命、民主改革以及《婚姻法》等教材提纲，[①] 1953年以宣传过渡时期总路线、开展互助合作为主，等等。1954年冬学开展前夕，通俗读物出版社出版"冬学、民校政治教材"（全书共二十课，分上、下两册），解决各地冬学对农民进行时事政治教育的需要。教材以建设社会主义社会为中心，讲解当前国内外各项重要时事问题，系统地向农民进行社会主义、爱国主义、国际主义、守法思想和农村基本任务等教育。上册包括"国家过渡时期的总任务，我国第一个五年计划，五年来祖国建设的成就，我国的宪法……当前国际形势和我国的和平外交政策等问题"。下册则包含"农村互助合作运动，冬季生产，生产救灾，粮食的统购统销和棉花的统购，党对农村工作的领导等问题"[②]。

在教育部及省编教材的基础上，各县根据实际情况还会编写补充教材，"如交城县公安局、司法科、建设科、文化馆、中西医药研究会等五部门，分编了治安、婚姻、生产、反迷信、卫生等通俗教材，黎城还编印了冬学手册，对冬学运动的开展起了很大作用"[③]。另外，各个协会进行的法律知识普及

①马叙伦：《中央人民政府教育部关于加强今年冬学政治时事教育的指示》，《人民日报》，1951年11月13日。

②《"冬学、民校政治教材"将出版》，《人民日报》，1954年10月24日。

③阚射军：《华北区冬学开始阶段概况》，《人民日报》，1950年1月28日。

（例如《婚姻法》）、新技术推广等都在一定程度上充当了冬学的教材。

三、民校、社校与冬学教育的新趋势

中华人民共和国成立之后，尤其是随着农业合作化运动的开展，提高农民群众的政治觉悟，形塑其国家意识，对农民进行生产技术传授以及前途教育，帮助农民树立支援国家建设的观念等，短期的、阶段性的学习已经难以满足农民业余教育的需要，冬学教育的长期化、经常化成为必然趋势。

（一）民校

民校即常年农民业余学校。早在解放战争时期，一些老解放区为了满足群众长期学习的需要，开始尝试把冬学转为常年民校。山西左权县丈八村冬学，1947年便正式转为民校；[1]平原省的莘县由于共产党员、青年团员、积极分子发挥带头作用，并有效解决了生产和学习的时间安排，1948年"将126个村的冬学转为常年民校"[2]。这些民校办学的尝试，为中华人民共和国成立后农民业余教育由阶段性学习向长期化、经常化发展积累了宝贵经验。

民校坚持"教育与生产相结合、农闲多学、农忙少学、大忙放假"[3]的原则。在组织形式上，民校强调学习和生产相结

---

[1]守耀：《农民业余学校的典型 左权丈八村民校是怎样办好的》，《人民日报》，1951年5月24日。

[2]《东北华北等地冬学行将结束 六百万农民参加学习 部分冬学转常年民校》，《人民日报》，1950年3月20日。

[3]《东北华北等地冬学行将结束 六百万农民参加学习 部分冬学转常年民校》，《人民日报》，1950年3月20日。

合，突出灵活多样的特点，可以在教室，也可以在田间地头；可以是分散的学习小组或互助组，也可以是统一的"集体上课"。河南省"安阳北山庄、林县后郊村、莘县南安头等村，互助组就是学习组，生产组长也是学习组长"[1]。河北省邱县二区民校教学以轧花坊、油坊等为单位进行，通过生产教育不仅打消了群众"怕搞副业纳税，费劲赚不了钱"的顾虑，而且推动了副业生产的发展，其中光梁二庄11架轧花车，用2个月的时间给裕太公司轧棉花4 300斤，赚取小米5 590斤。[2]山西陵川县民校以小组为单位，教员先在饭场和休息地点流动讲授内容后，由组长或文化较高的组员带领大家在生产间隙进行自学和巩固。[3]山西榆次六堡村民校运用小先生制，由识字多的教识字少的，每次上课时检查并布置前后各五天的学习，并利用小学生送字，发动学员每家做小黑板等，推动日常学习。[4]此外，有的民校还根据群众需要进行分组教学，如平原省的嘉祥、关平场、姚场等村把"商贩划为珠算组，青壮年划为识字组，老年划为读报组，从事副业生产的人（如淋硝）划为生产组，分别教学"[5]；还有的民校考虑到妇女的特殊状况，在学习编组时根据居住远近由左邻右舍自愿拼组。

上课时间方面，各地民校根据自身实际自主安排，消除了

105

第二章　中华人民共和国成立初期冬学教育的开展

---

① 阚射军：《华北区冬学开始阶段概况》，《人民日报》，1950年1月28日。

② 阚射军：《华北区冬学开始阶段概况》，《人民日报》，1950年1月28日。

③《河北平原山西等省适应生产变更群众学习组织形式》，《人民日报》，1950年4月14日。

④《山西榆次六堡村四百农民开始常年文化学习　经过文盲诉苦和学习经验介绍全村青壮年十分之九参加民校》，《人民日报》，1950年3月24日。

⑤《平原省二十八个县市　二十四万人入民校学习　适应农忙活动调整学习组织》，《人民日报》，1950年4月26日。

群众怕入民校"不自由""耽误活"的顾虑。如河北大名、涉县民校三五天上课一次，每次不超过一小时，武安县第九区琅矿村民校"规定每逢三、六、九日集体上课两小时（妇女在中午，男子在晚上），平时根据学员生产与居住情况分编学习小组，由小组长领课领字，运用'民教民'的方法互助学习"①。山西榆次六堡村的民校规定除了麦收、秋收和春节放假3个月之外，全年学习9个月，上课的时间随生产季节调整。"识字班每月逢五逢十共上课六次；全体青壮年学员逢一上政治课或进行生产教育。男人在黑夜上课，妇女中午上课。"②山西晋城县民校"遇天阴下雨，则进行总测验、总检查、总复习，或作娱乐活动"③。为了充分保障学习时间，一些民校不仅"利用午饭后、晚上、吃饭时等休息时间"④天天学习，并且规定了请假制度。在各民校中，订立具体的教学计划和制度，要求学员经常到课的占到民校总数的80%。⑤

民校在开展识字学习、扫除文盲的同时，注意与生产相结合，紧密配合中心工作，提高农民的生产情绪，普及农业生产技术和科学卫生知识，开展文化、思想教育。晋城县民校"发

---

① 《（二）共产党员带头下 武安琅矿村冬学转为常年民校》，《人民日报》，1950年3月31日。

② 《山西榆次六堡村四百农民开始常年文化学习 经过文盲诉苦和学习经验介绍全村青壮年十分之九参加民校》，《人民日报》，1950年3月24日。

③ 孙新，原广，阎德润，王灵臣，许应卿：《晋城四十五个冬学转为常年民校 各村村长与义务教员集会商定民校学习具体办法》，《人民日报》，1950年3月20日。

④ 《河北平原山西等省适应生产变更群众学习组织形式》，《人民日报》，1950年4月14日。

⑤ 《河北平原山西等省适应生产变更群众学习组织形式》，《人民日报》，1950年4月14日。

动每人订一学生字的本子，并在学员家中一切桌、凳、刀、案和农具等实物上标明字样，帮助学员指物识字，随时随地进行学习；还有的在农民休息的大树下或其他农民常去的地方挂一识字黑板，帮助学员认字或进行时事宣传与自然科学常识的讲话等"[①]；平原省莘县大部分民校利用流动黑板报、送字等形式，进行春耕生产教育。[②] 如春耕时在黑板报上画上"耙地""送粪"的画，旁边写上"天气暖，立了春，赶快耙地和送粪"，既便于群众学习，也帮助了记忆；莘县南安头民校结合识字讲"妇女参加生产的光荣，只有参加生产劳动才有地位"等，帮助妇女树立劳动光荣的观念。[③]

在教员的选聘方面，山西、平原有些地区规定"民校政治课、时事课由区、村干部兼任，文化教育则动员在乡知识分子、高小学生或程度较高的学员担任"，为了使教员安心教学，民校给教员一定物质补贴的同时，各地普遍性地采取了换工办法，解决教员的生活困难，如河北省武安县第九区琅矿村民校教员"每上课四次算一个工，由民校按工给予报酬"[④]；山西左权丈八村民校规定教员"教一天顶三分，三天顶一个

①孙新，原广，阎德润，王灵臣，许应卿：《晋城四十五个冬学转为常年民校各村村长与义务教员集会商定民校学习具体办法》，《人民日报》，1950年3月20日。

②《河北平原山西等省适应生产变更群众学习组织形式》，《人民日报》，1950年4月14日。

③《平原省二十八个县市 二十四万人入民校学习 适应农忙活动调整学习组织》，《人民日报》，1950年4月26日。

④《(二)共产党员带头下 武安琅矿村冬学转为常年民校》，《人民日报》，1950年3月31日。

工"①，山西省榆次区六堡村"教员每逢上课日（男、女班各上一次），记半个工；教员如因公出村开会，亦照实记工，由群众当月还工"②，消除教员"怕长年教，耽误不起"③的顾虑。民校的经费由参加学习的学员共同负担。山西左权丈八村民校全体学员通过集体开荒种谷子和麻，秋天收获的谷子和麻籽麻皮，用于集体购买课本文具以及保证民校正常教学的开支。④

在由冬学转为民校的过程中，各地一般首先以认真总结冬学成绩来启发群众自觉长年学习的热情。山西省晋城县在1950年春节过后便召集冬学基础好的冬学教员和村干部，讨论、制定了冬学转为常年民校的具体实施办法。在动员过程中，村干部、党员、团员和积极分子充分发挥带头作用，向群众深入宣传，当年将45个基础较好的冬学转为常年民校。⑤平顺、榆社、陵川等县都普遍开展了群众性的冬学总结、模范表彰运动，平顺县评选出55个模范教员和1 000余名模范学员，⑥推动了全县368处冬学转为常年民校、一般民校或村俱

---

①吴象：《抗美援朝运动改变了榆次工作面貌》，《人民日报》，1951年3月10日。

②《山西榆次六堡村四百农民开始常年文化学习 经过文盲诉苦和学习经验介绍全村青壮年十分之九参加民校》，《人民日报》，1950年3月24日。

③《邯郸专区冬学转民校 在群众性的总结检查基础上提高一步 现已有五百余冬学首先转入常年民校》，《人民日报》，1950年4月4日。

④关守耀：《农民业余学校的典型 左权丈八村民校是怎样办好的》，《人民日报》，1951年5月24日。

⑤孙新，原广，阎德润，王灵臣，许应卿：《晋城四十五个冬学转为常年民校 各村村长与义务教员集会商定民校学习具体办法》，《人民日报》，1950年3月20日。

⑥《河北平原山西等省适应生产变更群众学习组织形式》，《人民日报》，1950年4月14日。

乐部，其中73个冬学转为常年民校。山西省榆次县六堡村是新区，1949年冬季首次开办冬学。在教学过程中，冬学教员以"文盲诉苦"的形式，帮助群众认识到学习文化的重要性。妇女杨爱春由于不识字，拿着500元的票子当成5元给了人，结果损失了10 000多元。村中共支部书记李铁锁"当干部不识字真是苦。""区里来个通知、填个表、开个收条都要到处找人弄；还怕别人弄错了，自己负责。"青年团支部书记李二娃"提起不识字"就想哭！"在年关时闹宣传演剧，人家都会念台词，学得快，咱不行。咱又怕领导不好工作，直发愁。"通过"文盲诉苦"，当年冬学结束后，全村404名青壮年学员（占全村青壮年总数的89%）转入民校学习。① 山西省昔阳县赵壁、王寨、白羊峪、凤居等村的冬学，除了进行思想教育和文化教育之外，还结合农事活动进行生产教育，提高了村干部对民校的认识，冬学结束后，80%以上办有冬学的村庄，都把冬学转为了常年民校。② 河北省武安县第九区琅矿村冬学通过改造村里的运输队，"半个冬天赚了一万三千斤小米，并节省了大量人力与时间进行学习和其他生产；学员们最多的学习了三百多个字；而且在政治上提高了一步，学习了新民主主义的农村经济政策"③，鼓舞了群众的学习热情，冬学结束之后有五十余名青年男女要求转入民校继续学习。

① 李彬，董力发，郭永太：《山西榆次六堡村四百农民开始常年文化学习 经过文盲诉苦和学习经验介绍全村青壮年十分之九参加民校》，《人民日报》，1950年3月24日。
② 郝晋瑞：《山西昔阳县许多民校结合文化学习进行生产教育 赵壁村等民校对提高农业生产起了很好作用》，《人民日报》，1950年7月12日。
③《（二）共产党员带头下 武安琅矿村冬学转为常年民校》，《人民日报》，1950年3月31日。

1949年冬学结束后，山西省25个县、1个工矿区在冬学工作基础较好的地区有3 273所冬学转为常年民校，约占该地区原有冬学数量的32%。[①]平原省27个县、4个城关区、1个市（另29个县、3个城关区、1个市材料尚缺），共建立民校4 544处，入学人数达244 184人。民校数占各地原有冬学座数的45%，入学人数约为原有冬学人数的49%。[②]温县有177处冬学转为民校；辉县羊圈村80%的青壮年转入民校学习，堂邑县辛集村53名冬学学员在党员、团员、村干部带头下，全部转入民校；莘县花庄村全村男女青壮年都参加了民校继续学习。河北省邯郸专区各县共有510处基础较好的冬学转为常年民校，占原有冬学数（5 664座）的9%，肥乡县有56座冬学的1663名学员转入常年民校学习，大名县通过奖励255名模范冬学学员、94名模范教员和30处模范冬学，推动了该县冬学向民校的转变，"有的区十分之八的村庄有了民校"[③]，定县专区12个县1949年冬学结束后共有民校学员27万多人。[④]据不完整的统计，1949年冬学结束之后全国共有65 713座冬学转为常年民校，坚持常年学习的人数达到了3 485 036人。[⑤]

1951年3月8日，中央人民政府教育部发出指示，要求各

①《山西建民校三千所结合生产进行学习》,《人民日报》,1950年5月14日。

②《平原省二十八个县市 二十四万人入民校学习 适应农忙活动调整学习组织》,《人民日报》,1950年4月26日。

③《河北平原山西等省适应生产变更群众学习组织形式》,《人民日报》,1950年4月14日。

④安耀先:《河北定县专区各地今年冬学陷于自流》,《人民日报》,1951年1月22日。

⑤李曙森:《今年冬学怎样办?》,《人民日报》,1950年12月27日。

地积极将冬学转为常年民校，争取当年全国坚持常年业余学习的农民达到500万。[1] 河北当年仅涉县一个县209个村庄建立民校共计321个班（包含10个高小班），有17 979名学员（其中妇女近5 000名）经常到民校参加学习。[2] 根据华北各省所作的不完全统计，1951年夏平原省有民校18 417所、学员678 680余人，约占1950年冬学总数的86%和冬学学员总数的83%，与1950年相比增加了约一倍；河北省民校学员有713 400余人，占1950年冬学总人数的69%，数量相比1950年增加1.5倍以上；山西省开办民校12 212所，其中太原市有民校96所，是1950年冬学总数的4倍以上，民校入学人数为124 194人（只包含了20个县1个市的统计）；察哈尔雁北专区7个县的统计显示，当年7个县共有1 079座冬学转为常年民校，民校入学人数为49 000余人，入学人数比原计划增加4000人。[3] 从全国看，1951上半年全国农村中的常年民校已经有15万处，[4] 全国由冬学转入常年民校学习的人数已经达到1 100万人以上。[5] 1952年，随着农业合作化的开展，农民常年学习的热情进一步高涨。在山西解县闫家村，村民校分为文化班和普通班，当年全村参加民校学习的人数为158人，全村青壮年中除了7人因特殊情况不能参加学习外，其余全部参加了民校学

①《中央人民政府教育部指示各地将冬学转为常年民校 争取今年有五百万农民坚持常年业余学习》，《人民日报》，1951年3月8日。
②林韦：《清漳河边——访问太行山老根据地记实》，《人民日报》，1951年10月5日。
③华江：《发展中的华北区民校》，《人民日报》，1951年8月3日。
④李书城：《三年来新中国农业生产上的伟大成就》，《人民日报》，1952年9月26日。
⑤《文化生活简评》，《人民日报》，1951年11月13日。

习。①河北省沙河县190个行政村中，1952年春已有128个村庄的冬学转为常年民校，参加学习的农民达13 000多人。学员们是"下地带书，休息就学，见人就问，地头变学校"②，学习情绪非常高。

（二）社校

社校即农业合作社开办的民校、夜校等。1953年，社会主义过渡时期总路线颁布，农业合作化运动全面展开。农业合作组织的建立和巩固，为农民常年学习创造了有利条件。互助组、农业合作社办冬学、办民校成为农民业余教育的新趋势。

在此历史背景下，1954年3月22日，教育部、扫除文盲工作委员会联合发布《关于一九五四年组织农民常年学习的通知》。《通知》要求在农村互助组和农业合作社发展的基础上，根据群众的不同情况，在有条件的地区积极组织农民进行常年学习，稳步提高农民的政治觉悟和文化、生产技术水平。《通知》对民校的上课形式、时间等作了说明，强调要根据农业生产的忙闲集中教学与分散学习相结合，时间上要有伸缩性，既要保证民校能提高群众的学习热情，又能促进生产的发展。同年8月6—16日，中央人民政府教育部和中央人民政府扫除文盲工作委员会联合召开的第一次全国农民业余文化教育会议，在总结农民业余教育一年多工作经验的基础上，讨论和确定了农民业余教育的发展方针、任务以及当年冬学工作开展等一系列重要问题。会议强调"农民业余文化学习组织，应当逐步和农业生产互助合作组织结合和统一起来，特别要在农业生产合

---

① 山西省人民政府财政经济委员会秘书长杜任之：《介绍一个丰产模范村——山西解县阎家村》，《人民日报》，1952年7月19日。
②《文化简讯》，《人民日报》，1952年4月11日。

作社和互助组的基础上建立学习组织，以便由合作社和互助组统一计划、管理生产和学习，统一安排生产、工作和学习的时间，解决学习和生产的矛盾。"[1] 根据教育部精神，华北各省普遍结合农村互助合作组织，以乡村干部、党员、团员、农业生产合作社社员和互助组组员为重点，鼓励在比较巩固的农业生产合作社中单独或联合成立农民学习组织。

山西省平顺县西沟村农林畜牧生产合作社从1954年开始由农业社开办民校。在农业社办民校之前，由于农业社规模的快速发展以及农业生产的繁忙，民校学习与生产的矛盾和冲突频繁发生，经常是"社里召开什么干部会议，正好冬学也打锣上课，结果闹得两面人都没到齐，互相抱怨"。民校上课与生产、农业社工作的冲突直接影响了民校学员的到课率。仅在1953年12月一个月的时间中，民校文化班的30名学员中，有3人缺课13次，5人缺课9次，4人缺课5次，2人缺课3次。一方面是社员学习文化的现实需求，另一方面是民校学习时间与生产的冲突，民校发展面临两难境地。为了解决这一矛盾，促进生产和学习的共同发展，1954年春季，西沟村开始由农业社创办民校。农业社办民校后，加强了民校的领导，统筹解决了生产、工作与学习的时间安排。按照规定，农业社"逢十开社务委员会议，逢五开社员代表会或农业技术研究会（除开会外还要上文化课），逢二逢八进行社内政治教育。另外留4次机动会议时间，如不开会就组织社员收听广播，其余为文化学习时间，没有特别事情，保证不打乱制度"，有效保证了每月20次文化课的学习。此外，民校教员的换工、民校的经费等

---

[1]《农民业余文化教育会议闭幕 确定业余教育的方针:结合互助合作运动,在生产发展基础上提高农民政治文化水平》,《人民日报》,1954年9月1日。

困扰民校发展的老问题也得到了有效解决。农业社每年从公益金内划出专项资金按照40个劳动日约合300余斤粗粮（以1953年农业社的分红标准计算）的标准补偿业余教员的误工，同时民校经费也由公益金内统一解决。农业社办民校后，社员们白天生产，晚上参加民校学习，极大地提高了社员学习的积极性，申纪兰领导的妇女劳动小组中有5个妇女当上了生产和学习的"双模范"[1]。据统计，1954年平顺县参加冬学文化学习的1万多人中，农业生产合作社社员占到全部学员总数的70%以上，其余为互助组组员，这些学员中包括党员2 300人、团员2 700人、干部民兵6 400人。[2]

山西解虞县西张耿村是晋南地区一个以种植棉花和小麦为主的村子。1953年春，西张耿村成立农业合作社。农业合作社成立后，社里积极响应政府号召，推广农业先进技术，但在耕作实践中却遭遇了很大的困难。一方面，农业社要求棉花采取密植技术，另一方面许多社员认为是"穷讲究"，甚至一些上了年纪的社员偷偷把密植的棉苗拔稀。夏天棉花发生虫害，但只有技术股股长一人掌握了六六六药粉杀虫技术，结果是忙了东头顾不了西头，还耽误了小麦的田间选种工作。棉花整枝打切时，社员们不是把主枝打坏就是打得长短不一，急得技术股股长团团转。因种植技术的原因，1953年农业社虽然增产，但远远没有达到原计划的增产指标。全社仅因棉花没有密植造成严重缺苗一项就少收12 500多斤棉籽，折合人民币2 650多元，约合小麦180石，是323名社员2个月的口粮[3]。

①《西沟村农林畜牧生产合作社办的民校》,《人民日报》,1954年8月24日。
②《各地冬学入学人数普遍增加》,《人民日报》,1955年1月30日。
③山西省农业合作史编辑委员会编:《山西农业合作史经营管理卷》(总卷第二册),太原:山西人民出版社,1991年版,第154页。

通过算账的办法，社员切实感受到学习技术的急迫性。1954年，随着生产规模的进一步扩大，农业社对技术的要求更高了。为了提高社员的农业技术，农业社在中国科学院和县农业技术推广站的帮助下，创办了全乡第一个农业技术夜校。技术夜校"由驻社农业技术干部和合作社技术股长担任教师，向90名青年农民传授棉花选种、密植、三次定苗、整枝、小麦选种等技术"①，受到群众的广泛欢迎。仅仅在一年多的时间里，110个学员中，有90多个学会了棉花整枝打切、小麦棉花选种和10种病虫害防治技术，42人学会配制"E605"杀虫药水，48人学会制作颗粒肥，45人学会了棉花秸秆熏粪，54个人学会了棉花根外施肥，22人当上了拖拉机手，44人担任了农业社的技术员。②农业技术夜校的学员成为农业技术推广的重要力量，他们不仅把学到的技术传授给没有参加学习的社员，还带动了其他农业合作社学习农业新技术的积极性。对于西张耿农业夜校，毛泽东给予高度评价，认为"这样的技术夜校，每个乡，在目前至少是大多数乡，都应当办起来，青年团的各组织应当管这件事。农民的学习技术应当同消灭文盲相结合，由青年团员负责一同管起来，技术夜校的教员，可以就地选拔并且要提倡边教边学。"③

截至1954年底，河北省邯郸专区的武安、永年等县，已经有363个农业生产合作社举办了冬学，张家口专区的商都县

---

① 《当代中国》编委会：《当代中国的山西》（下），北京：当代中国出版社，1984年版，第100页。

② 山西省农业合作史编辑委员会编：《山西农业合作史经营管理卷》（总卷第二册），太原：山西人民出版社，1991年版，第156页。

③ 《当代中国》编委会：《当代中国的山西》（下），北京：当代中国出版社，1984年版，第100页。

也有45个农业生产合作社成立了冬学。① 河南全省2 410个农业生产合作社中有665个农业社建立了民校，参加民校常年学习的社员有26 000多人。② 山西省永济县全县民校共开办了265个政治班和315个识字班（包括118个识字组、196个识字班和1个业余高小班），其中政治班9 729人、识字班6 854人。全县参加民校学习的学员中不仅有乡村干部1 959人，还有农业社青壮年社员4 866人，分别为政治班3 300人（女社员1 439人），文化班1 834人（女社员869人）。以社办校的新形势不仅推动了民校的发展，而且反过来又进一步巩固和促进了农业互助合作的发展。根据永济县对8个乡650个学员的调查显示，有70%的民校学员积极参加了互助组或农业社。③ 农业社逐渐成为承担农民业余教育的主要载体。

中华人民共和国成立后，一方面，随着农业生产和互助合作运动的开展，具有季节性、阶段性特点的冬学已经难以进一步满足农民学文化、学技术的需求，经常性、长期性逐渐成为农民业余教育发展的新特点。另一方面，随着农业新技术的普及和推广，冬季成为各地开展农田水利建设的主要时间，农民的农闲时间越来越少。相比之下，农业合作社开办的民校、社校由于便于协调生产与学习引发的时间冲突，能有效解决民校、社校的办学经费和民校、社校教员的换工、补助等问题，因此逐渐取代了冬学，成为新形势下农民业余教育开展的主要形式。

---

① 《河北省冬学工作即将展开》，《人民日报》，1954年11月11日。
② 《各地冬学入学人数普遍增加》，《人民日报》，1955年1月30日。
③ 《永济县一九五四年农民业余文化教育工作总结报告》，《山西省人民政府教育厅工农教育处关于各县报送一九五四年农民业余教育工作总结卷》，档案号：C61-5-181，山西省档案馆藏。

第三章　中华人民共和国成立初期
冬学教育的主要内容

政治时事、识字、生产技术及科学常识教育，是中华人民共和国成立初期农村冬学教育的主要内容。围绕着"一切服务于中心工作"的核心精神，冬学紧密配合国家形势需要开展国情、《婚姻法》、抗美援朝和过渡时期总路线等的宣传，统一思想，不断提高群众的思想政治觉悟，实现了国家政策在基层的深入传达和领会；识字扫盲、生产教育和科学常识普及，满足了民众基本的文化、生产和科学需求，为农业合作化的发展、农业新技术的推广和社会风俗的嬗递，提供了必要条件。冬学教育最终内化为广大农村摆脱传统时代的巨大推动力。

一、"翻身要翻心"：思想政治教育为先

（一）密切联系政治形势与中心工作开展冬学思想政治教育

思想政治教育是新中国强本固基的战略工程。1949年到1956年，是中国新民主主义革命取得胜利和社会主义制度初步建立的历史时期。在这一历史时期，每个阶段面临的形势不同，解决的根本任务不同，因此，采取的教育内容也不同。

1949年10月1日，中华人民共和国成立。传递中华人民共和国成立的消息，宣传中华人民共和国的国旗、国徽、国歌

以及人民政府的组成，帮助群众了解我国面临的国际形势，构成了1949年冬学政治教育的主要内容。1949年10月15日，华北人民政府颁发《一九四九年冬学运动实施纲要》，指出政治教育的内容为："应教育群众普遍知道中华人民共和国的诞生，热爱中华人民共和国，学会唱国歌，了解与爱护国旗；拥护人民自己的政府，遵守自己政府的法令"①。同时，把向群众宣传、介绍和传达人民代表大会，教育农民如何教育改造地主、富农，区分美苏两大不同阵营同中华人民共和国的关系等作为冬学的主要任务。此外，纲要还明确强调对群众进行生产前途的教育，在新解放区开展土改政策、路线的宣传，帮助群众树立积极生产、节约生产的观念也是政治教育的重要内容。对此，马叙伦进一步把其概括为"向农民宣传中华人民共和国诞生的伟大意义，解释人民政协的共同纲领，解释目前中国的军事政治经济情势和劳动人民的任务，讨论恢复和发展本地农业生产和克服生产中各种困难的办法。"马叙伦要求各地应联系当地的实际斗争经验，通过冬学教育帮助群众懂得"我们的人民国家是如何艰难缔造的，人民革命是如何赢得胜利的，反动派残余和帝国主义者如何还在抵抗和进行破坏活动，如何必须把革命战争进行到底，为何在战争中发生财政经济的困难和如何克服这种困难，新民主主义的建设应当如何进行，共同纲领的基本原则和基本政策是什么，以无产阶级为领导，工农联盟为基础的人民民主专政和人民民主统一战线应当如何树立与巩固……必须把爱祖国、爱人民、爱劳动、爱科学、爱护公共财产，作为人民国家的新道德，使全国人民真正意识到自己是

---

① 《一九四九年冬学运动实施纲要》，《人民日报》，1949年10月19日。

中国的主人和创造者，自觉地为新中国的建设而奋斗。"①

《纲要》颁布后，华北各省根据中央基本精神和地方实际，积极推动冬学政治教育。绥远省在新区冬学政治教育中，着重进行了"减租减息、清剿土匪、农业负担等政策的宣传和时事教育"②。察哈尔省把"提高群众政治觉悟，启发群众生产情绪"③作为冬学政治课的主要内容。河北省各地冬学则通过开展基本国情教育，使一般学员都"初步明白了人民政协共同纲领的基本精神，记住了中央人民政府正副主席姓名，并认清了'四个朋友'及'三个敌人'是谁，学会了国歌"④。山东省各地冬学在普遍进行时事教育与民主教育的基础上，还根据不同地区的实际需要开展有针对性的教学。如在新区"深入进行减租减息，合理负担等政策教育"⑤，在老区加强生产前途教育，在灾区开展自力更生、团结互助教育等。

1950至1951年，冬学政治教育主要以配合抗美援朝、《婚姻法》的宣传展开。其中，抗美援朝爱国主义教育占了冬学政治教育很大的比重。在察哈尔省怀来等县的冬学，教员们结合报纸上发表的文章给学员们讲授国内外形势，使"农民群众普

①马叙伦：《提高农民群众政治觉悟文化水平 中央人民政府教育部指示开展今年冬学工作 解释共同纲领树立国民新道德》，《人民日报》，1949年12月7日。

②《华北各省积极筹办冬学 河北计划争取百分之六十青壮年入学》，《人民日报》，1949年11月9日。

③《察省人民政府制定办法 开展冬学运动》，《人民日报》，1949年11月24日。

④《东北展开大规模群众学习运动 百八十万人入冬学 河北教育厅派员下乡指导冬学》，《人民日报》，1950年1月25日。

⑤《山东省府冬学工作指示强调提出：建立较正规的学习组织提高老区青年农民文化》，《人民日报》，1949年12月4日。

遍关心时事"①，进一步提高了保家卫国的爱国热情。根据河北省遵化、卢龙、抚宁、乐亭、迁安、滦县、迁西、临榆、玉田等9个县的统计，当年参加冬学的40 980名妇女大都学完了中共河北省委员会宣传部编印的《动员起来 抗美援朝》的小册子，并开始学习《打败美帝国主义侵略者》的补充教材。② 河南新乡等地在冬学中组织起读报组，运用黑板报、广播等形式进行宣传。为满足群众学习需求，河南省人民政府文教厅专门组织编写了抗美援朝、增产节约的政治时事教材，刊载在《河南大众报》上，作为各地冬学的政治教材。③

为了进一步规范冬学政治教育的内容，1952年华北行政委员会在《关于冬学运动的指示》中进一步规定农村冬学"时事政治学习，可按农村习惯，每十天上课两次"，没参加冬学学习的农民，每月也应进行一次时事政治教育。④ 随后，教育部对1952年冬学政治教育的内容也作出说明，指出1952年农村冬学政治教育的内容主要分为时事政治教育和政策教育两个部分，时事政治教育包括"广泛宣传建国三年来的伟大成就、抗美援朝的伟大胜利、中苏友好、亚洲及太平洋区域和平会议的成就等，以提高人民热爱祖国与建设祖国的积极性与信心"。政策教育为"进行爱国增产、生产合作、劳动互助、工农联盟及社会主义的前途的教育"。此外，爱国卫生教育、《婚姻法》宣传和民兵教育以及在尚未完成土地改革的地区继续开

---

①《华北农村冬学运动普遍展开》，《人民日报》，1951年1月11日。

②马淑芳，平权，苏群：《怎样将抗美援朝运动深入到农村妇女中去》，《人民日报》，1951年4月3日。

③《文化零讯》，《人民日报》，1951年12月16日。

④《华北行政委员会发出关于冬学运动的指示》，《人民日报》，1952年11月27日。

展土地改革的政策宣传等，也应是冬学政治教育的一部分。[①]

　　1953年6月，国家提出过渡时期总路线，中国开始全面向社会主义过渡。向农民宣传过渡时期总路线，向农民说明中国为什么向社会主义过渡、采用什么方式过渡以及怎样过渡成为当年农村冬学教育的重要任务。为此，教育部和扫除文盲工作委员会联合发布的《关于一九五三年冬学政治教育工作的指示》中，对冬学教育作了明确规定，要求把政治教育作为当年冬学的主要工作，具体教育内容包括"关于国家经济建设的总路线，国家对粮食的政策和继续发展互助合作，改进农业技术，提高粮食产量等三项"[②]。

　　结合国家过渡时期总路线的宣传，河北省1953年冬学政治教育在于"着重使农民了解为什么要走社会主义的道路，把粮食卖给国家的好处；宣传互助合作，改进技术和提高粮食产量的道理，使农民了解组织起来发展互助合作在国家经济中的重要意义，和农民们怎样才能过渡到社会主义，怎样才能改进农业技术、提高粮食产量，以适应国家建设的需要"[③]。山西省充分利用设立的传授站，统一制定政治教育的内容，指导各地冬学普遍进行过渡时期总路线教育。土地改革后，山西农村中逐渐出现新的贫富分化。一方面，一些农户由于缺乏耕作技术、资金、劳动力和管理经验等原因，出现了生产下降的情况，仅太原郊区南城营乡就有16户卖地，还有8户有卖地倾

---

①《中央人民政府教育部关于一九五二年冬学运动的通知》，《人民日报》，1952年11月27日。
②《结合宣传国家总路线，办好今年冬学》，《人民日报》，1953年12月11日。
③《河北、山西、陕西、浙江等省布置通过冬学对农民进行总路线的宣传　四川省文教宣传部门大力宣传国家过渡时期总路线》，《人民日报》，1953年11月29日。

向；另一方面，个别农户甚至包括不少党员却开始雇零工，阳曲县三个村支部还有不少党员做投机生意，[①]个别干部随着生活改善后，不愿积极工作。冬学总路线教育中就结合以上情况有针对性地进行批判，提高了农民的社会主义觉悟，推动了农民参加农业互助合作的积极性。

1954年10月，教育部和团中央联合发布《关于一九五四年冬学工作的指示》，对1954年冬学政治教育内容做了明确规定：第一，对《宪法》的宣传教育。"进行《宪法》的宣传教育，也就是进一步进行过渡时期国家总任务的教育，使农民明白《宪法》的重大意义和主要内容，鼓励和教育农民群众遵守《宪法》，为保证《宪法》的实施而努力"。第二，互助合作政策的宣传教育。"学习农业互助合作政策，提高农民对农业合作化的认识，以促进农村合作运动的发展；学习在互助合作的基础上发展农业生产的政策，使农民认识增产粮食、棉花、油料和其他农产品的重要意义，以保证农业的增产"。第三，宣讲统购统销政策，帮助"农民明白把农村的生产和消费纳入国家计划的道理，服从国家计划，把余粮和其他产品卖给国家，以支援祖国的工业建设"[②]。此外，时事教育和国防教育也是冬学教育的主要内容。

冬学政治教育的根本目的在于紧密配合国家形势，围绕各阶段中心工作的内容，对农民开展国家路线、方针、政策的宣传和动员，进行生产前途、社会前途教育，在帮助农民克服各

---

①张久成：《山西省对农民群众进行总路线宣传教育的经验》，《人民日报》，1954年2月11日。

②教育部和青年团中央：《关于一九五四年冬学工作的指示》，《人民日报》，1954年10月20日。

种错误思想的基础上，实现国家发展路线、方针和精神在基层的深入传达，保证国家政策的贯彻力和执行力。

（二）启发、引导与诉苦

在冬学思想政治教育的过程中，强调以群众真实经历为素材，引导民众在诉苦中进行反思，激发群体感情共鸣，从而通过反省、争辩肃清错误观念，最终形成正确认识，提高政治觉悟。正如学者约翰戴维斯所言："我们企图解释某个社会群体是如何演变成他们今日的面貌时，我们势必得去了解这群人是以什么样的方式认识过去。"[1]与简单说教、从外部灌输不同，启发、引导、诉苦及反省注重受教育者自身的觉醒，在帮助农民翻身的同时真正实现"翻心"。

1949年12月，山西省政府发出《冬学补充指示》，强调政治课不是简单地传授课程内容，而应"结合群众思想，以启发诱导、针对问题予以批判等方法"[2]进行政治教学。丹麦学者克斯汀·海斯翠普认为："历史的建构和记忆的选择，不只是强迫性地追溯既往。当代事件的登录，永远是我们追踪留存在历史中的经验的基准线。"[3]在抗美援朝教育中，各地普遍采用诉苦、反省的方式，在山西榆次专区，各地冬学充分运用启发、辩论、对比等形式。"启发大家自由暴露各种不同的思想认识，发展争辩，并引导群众回忆和控诉日寇统治时的抢粮、

---

①［丹麦］克斯汀·海斯翠普：《他者的历史》，北京：中国人民大学出版社，2010年版，第16页。

②《山西省府发出冬学补充指示 试行重点扫除文盲 并规定各科教学方法 识字教育的主要对象是青年男女和村干部 各专署组织辅导组加强实验区视导检查》，《人民日报》，1949年12月31日。

③［丹麦］克斯汀·海斯翠普：《他者的历史》，北京：中国人民大学出版社，2010年版，第129页。

抓兵、杀人、奸淫等残暴行为"以及阎锡山统治时期"家破人亡，吃草籽、树皮的痛苦生活"，帮助群众认清"日、美、蒋、阎都是一个鼻孔出气"，完全划清敌我的界线。通过将中华人民共和国成立后的幸福生活与中华人民共和国成立前的苦难作对比，让老百姓"深深地感到共产党、人民政府和人民解放军的可爱"，[①] 要求"不当亡国奴，坚决做主人""光空口说白话顶不住敌人，非实干不行！"群众抗美援朝的斗争情绪迅速高涨起来了。各村群众主动向军属和人民解放军捐献慰劳品、写慰问信，其中东聂村有80余人主动报名参加志愿军，60多名妇女表示绝不拉男人的后腿，并在两天之内全部完成补征的欠粮。[②] 据榆次县县委书记刘寰的统计，全县有"1000多名青壮年要求参加志愿军赴朝鲜参战，还有300多名妇女也要求赴朝参军或做看护工作"，其中父亲送儿子上战场的有52人，妻子送丈夫参军的有17人。几百个原来躺倒不干有严重"退却""换班"思想的干部，变得积极起来。[③]

政治教育中引导启发的事例，除了使用群众自己及身边熟悉的例子之外，各地冬学还充分利用报纸上发表的新闻做教材，进行有针对性的教育。浑源贾家庄年轻姑娘于月芝的父母包办于月芝的婚姻，要求她与驼峰村二流子郝印官订婚；女青年裴玉枝的父母向男方索取三石黄米、五十元白洋的彩礼，冬学利用报纸典型事例进行《婚姻法》宣传，起到了显著效果。经过教育后，于月芝坚决提出离婚，裴玉枝阻止了父母向男方

①《榆次抗美援朝运动的经验》，《人民日报》，1951年3月10日。
②《榆次抗美援朝运动的经验》，《人民日报》，1951年3月10日。
③吴象：《抗美援朝运动改变了榆次工作面貌》，《人民日报》，1951年3月10日。

索取彩礼的要求，全村杜绝了结婚索要彩礼的陋习。1950年夏季，村里因特务造谣、破坏生产，引发群众不安。读报组积极向群众宣传，使群众认识到"哪里有什么妖魔鬼怪"，稳定了全村情绪，推动了生产。[1]

除此之外，一些群众喜闻乐见的娱乐形式，也成为冬学开展政治教育有效途径。山西太谷武家堡、程家庄等村，通过"八音会"、秧歌等文娱活动，进行冬学教育，还有一些村庄以"学员家长会、婆婆会、积极分子会"等方式组织冬学学习，不仅扩大了冬学而且提高了大家的学习热情；[2] 山西省晋城县许多冬学利用春节发动群众编演剧目，并选出16个农村剧团、18个广场秧歌剧到县里参赛。

1953年，教育部和扫除文盲工作委员会联合发布的《关于一九五三年冬学政治教育工作的指示》中，指出冬学"政治教育内容要通俗具体，要结合群众的生活实际和思想实际，用算细账、对比、回忆等方法通过上大课、小组讨论、小组漫谈等方式，有计划地进行"，明确强调要了解群众思想，"用通俗的语言讲解政治课的内容，采取多种形式进行教学"[3]，从根本上保证政治教育取得良好的效果。

（三）冬学政治教育的全覆盖

与文化、生产教育不同，冬学政治教育除面对一般冬学学员外，还要求普及到一般群众。1950年政务院批准的《关于

---

①郭铸:《怎样开展农村读报组工作 记浑源县贾庄村读报组》,《人民日报》,1950年10月16日。

②李杉,力发,光轩,永太,进业:《太谷冬学发展迅速 进入巩固提高阶段》,《人民日报》,1950年1月12日。

③《结合宣传国家总路线,办好今年冬学》,《人民日报》,1951年12月11日。

开展农民业余教育的指示》中明确指出，农村业余教育的对象在着重农村干部、积极分子及青年男女的同时，要逐渐向一般农民推广。[①]同年，教育部在《关于加强农民业余教育中抗美援朝时事教育的指示》中强调，农民业余教育中时事教育的对象"不仅限于参加业余学习的农民，并且包括农村中一切人民，除在课室或小组进行以外，并应采取各种方式，在群众场合或农民家庭中间，去广泛进行这种时事教育"[②]。为了扩大冬学政治教育，山西等地的冬学"利用各种群众性的集会，或深入到居户、作坊、互助组，采用各种方式，向群众进行教育，推动了群众性的宣传活动"[③]。1953年，教育部与扫除文盲工作委员会联合发布《一九五三年冬学工作的指示》，再次要求"冬学应依照向来习惯上政治课，每课应有中心，最好是集中讲一个题目。上课时除原有的冬学学员外，应尽量号召和组织一般群众来听讲。"[④]同年12月11日《人民日报》发表《结合宣传国家总路线，办好今年冬学》的社论，对要求一般群众接受冬学政治教育的做法进行了积极肯定，指出"在上政治课的时候，除原有冬学学员外，应尽量号召和组织一般群众

---

①《关于开展农民业余教育的指示》，中华人民共和国教育部工农教育司编：《工农教育文献汇编》，1979年10月，第15页。

②《教育部关于加强农民业余教育中抗美援朝时事教育的指示》，中华人民共和国教育部工农教育司编：《工农教育文献汇编》，1979年10月，第19页。

③朱原：《介绍几种有效的宣传方式方法》，《人民日报》，1951年5月9日。

④《教育部、扫除文盲工作委员会关于一九五三年冬学工作的指示》，中华人民共和国教育部工农教育司编：《工农教育文献汇编》，1979年10月，第36页。

参加学习。这是很正确的。"①

　　随着农民业余教育的经常化、长期化，冬学逐渐向民校转变。1954年3月，教育部、扫除文盲委员会在《关于一九五四年组织农民常年学习的通知》中，对民校政治教育作出明确要求，民校不仅要经常进行政治教育，而且政治课"上课时除民校学员外，可吸收一般群众听课"②。同年10月，教育部、青年团中央发出《关于一九五四年冬学工作的指示》，要求各地冬学"必须认真进行政治教育""冬学的政治教育，除冬学学员外，还要广泛地组织一般群众参加"。③经过冬学政治教育的农民，对乡村社会思想面貌的改变，形成巨大的辐射作用。山东省文登专区通过在冬学开展时事教育，"发展了一万余名政治宣传员，形成了强大的宣传网"④。

　　农村冬学政治教育的全覆盖，保证了国家路线、方针、政策在基层的深入传达，对提高农民政治觉悟，组织农民发展生产，支援国家建设，开展农业社会主义改造，发挥了不可替代的作用。以抗美援朝教育为例，1950年山西运城专区17个县1个镇180万人中，参加抗美援朝运动和接受抗美援朝教育的人

---

①《结合宣传国家总路线，办好今年冬学》，《人民日报》，1953年12月11日。

②中华人民共和国教育部工农教育司编：《工农教育文献汇编》，1979年10月，第40页。

③中华人民共和国教育部工农教育司编：《工农教育文献汇编》，1979年10月，第42—43页。

④《山东抗美援朝运动高涨　全省各地工作面貌一新》，《人民日报》，1951年3月24日。

数占到总人口的72%，① 其中40万人② 是通过冬学等形式接受的教育。在榆次专区四区，15个村子40%以上的群众参加了抗美援朝运动，其中大张义等少数村子参加运动的群众高达80%。"不但广大青壮年、妇女，甚至向来不过问国事的老年人也卷了进来，有不少并成了积极分子。"③ 据榆次全县52个村子的统计，农村群众中涌现出积极分子1 382人，村干部中涌现的积极分子有318人。其中一区、四区和五区的共产党员和青年团员中涌现出积极分子280人，④ 不仅巩固了农村基层民主政权，而且提高了党和政府在群众中的威信。

中华人民共和国成立初期，是中国从新民主主义革命胜利到创建社会主义制度的一个重要转折期。中国社会经历的翻天覆地的变化为冬学政治教育提供了丰富多样的对比教材，社会和革命发展的集体记忆很容易引起群众当下的思想和情感共鸣，有力地提高了政治宣传和教育的有效性，而政治教育的全员覆盖，进一步保证了政治教育的实效。仅以山西为例，进行过渡时期总路线教育后，农民的互助合作积极性空前高涨，许多农民纷纷报名要求参加互助组和建立农业生产合作社。据不完全统计，农民要求新建的农业生产合作社达8000多个，其中有6000多个是在短期内就迅速建立起来的。⑤

①聂真:《华北抗美援朝运动的主要情况及今后任务(在中国人民抗美援朝总会华北区首届代表会议上的报告)》,《人民日报》,1951年5月1日。
②吴象:《拥护缔结和平公约 反对美国武装日本 山西各地群众热烈举行签名投票》,《人民日报》,1951年4月30日。
③《榆次抗美援朝运动的经验》,《人民日报》,1951年3月10日。
④《榆次抗美援朝运动的经验》,《人民日报》,1951年3月10日。
⑤张久成:《山西省对农民群众进行总路线宣传教育的经验》,《人民日报》,1954年2月11日。

二、"识字开脑筋"：冬学文化教育

（一）冬学文化教育的主要内容及对象

冬学文化课主要包括识字、算术以及卫生常识教育。《一九四九年冬学运动实施纲要》针对不同区域对文化课内容做了说明，即一般地区"识字、写字，学珠算或笔算，讲解科学常识卫生常识，逐渐克服封建迷信的思想"。在基础较好的地区，"有计划、有重点、有步骤地进行扫除青年文盲工作，创造扫除文盲工作的经验"；在已经开展扫盲工作的地区，要"争取三年左右，使所有二十五岁以下的青年都能认得一千个群众常用的字，能看懂地方报纸的普通新闻和通俗读物，能写简单的信，能记账算账"①。1949年12月，《中国青年》发表社论，进一步强调老区冬学文化课的识字、珠算、笔算等学习内容要结合冬季生产需要进行。②因此，文化学习与生产、生活相结合，开展群众最基本的读、写、算能力的培养，成为冬学文化课教学的基本任务。例如，京郊南安河村冬学文化教员周崇华结合村民普遍开展副业生产的需要，针对市场上柴禾与玉米、白菜的换算，打石子工资、生活花销如何计算等日常实际问题讲授算数，吸引群众上算数课，使一般学员均学会了整数和小数的加减乘除，部分学员还掌握了被乘数三位、乘数一位的乘法。③冀中安平刘屯、前刘营、后张庄、饶阳窝堤等有盆窑、编席等副业生产的村庄，冬学以记账、识别假票、写

---

① 《一九四九年冬学运动实施纲要》，《人民日报》，1949年10月19日。
② 《办好冬学"中国青年"社论》，《人民日报》，1949年12月15日。
③ 李一帆：《介绍京郊南安河村的冬学》，《人民日报》，1951年1月30日。

信、打珠算等为学习内容，①既满足了群众需求，又激发起农民学文化的热情。

在进行识字、算数教育的同时，为了增进妇女和儿童的健康，冬学文化教育面对妇女学员增加了妇婴卫生知识的内容。一方面着重向群众宣传妇婴卫生常识、育儿常识，帮助妇女懂得一般预防护理知识，减少疾病。在山西省黎城县张家山村，冬学对95名妇女进行了10天的卫生常识教育，②晋城县七区上庄村冬学女义务教员，领导妇女根据卫生教材编演节目，向群众宣传"四六风""剪脐带"等常识；③太谷县程家庄结合冬学防治了流行的麻疹。④另一方面是有计划地训练新接生人员，教育旧接生人员，普及普通消毒和新法接生知识，推广新法接生，例如山西榆社县就依靠冬学训练了75名助产员。⑤据不完全统计，截至1950年底，山西省15个县通过冬学和民校学习妇婴卫生知识的妇女有21万人，⑥其中长治专区分别在长治、晋城、沁县、潞城等地举办了接生员训练班，对农村模范

①《根据群众要求结合中心工作 冀中冬学相继开展》，《人民日报》，1949年1月10日。

②《山西检查冬学工作廿县超过预定计划 有些县作得不好 教育厅正注意纠正》，《人民日报》，1950年1月9日。

③孙新，原广，阎德润，王灵臣，许应卿：《晋城四十五个冬学转为常年民校 各村村长与义务教员集会商定民校学习具体办法》，《人民日报》，1950年3月20日。

④《东北华北等地冬学行将结束 六百万农民参加学习 部分冬学转常年民校》，《人民日报》，1950年3月20日。

⑤《东北华北等地冬学行将结束 六百万农民参加学习 部分冬学转常年民校》，《人民日报》，1950年3月20日。

⑥《适应广大农民"人财两旺"的要求 华北卫生工作获显著成绩》，《人民日报》，1950年12月18日。

接生员以及农村中年龄在20岁以上35岁以下已婚、稍有文化，又积极热情受群众拥护的500名妇女进行了培训。[1]

中华人民共和国成立初期，农村冬学文化教育的主要对象是村干部、积极分子以及青壮年农民。1949年12月，山西省人民政府发出的《冬学补充指示》明确指出："识字教育应着重在十四岁至二十五岁的青年男女和村干部，以逐步消灭文盲为目的。"[2] 村屯干部积极分子"是指村屯政权与村屯各人民团体的干部及农村共产党员、青年团员、生产模范、劳动英雄与其他模范人员"[3]。由于历史原因，广大农村基层干部、积极分子文化水平普遍低下，甚至很大一部分是文盲。随着农业生产和互助合作的发展，没有文化是非常困难的。"如评工记账、订生产计划，就要能写会算；改进耕作技术、改良农具、合理施肥、防除病虫害，就要有科学知识；要进一步提高农民的思想、政治水平，使乡村干部和农民群众善于了解和掌握政策，就需要有阅读书报的能力。"[4] 在山西平顺县西沟村，1951年农林畜牧生产合作社实行土地入股、计划生产、集体劳动之后，由于没文化，农业社在"小组的记工，保管员的记账，技术员的学技术等"[5] 问题上，遇到了非常大的困难。林业股长方具生受文化水平低所限，对培育幼苗、计算株距、防

①《长治专区接生员训练班收获大》，《山西日报》，1954年1月6日。
②《山西省府发出冬学补充指示　试行重点扫除文盲　并规定各科教学方法　识字教育的主要对象是青年男女和村干部　各专署组织辅导组加强实验区视导检查》，《人民日报》，1949年12月31日。
③《今年冬学怎样办？》，《人民日报》，1950年12月27日。
④《进一步发展农民业余文化教育》，《人民日报》，1954年9月1日。
⑤山西省人民政府扫除文盲委员会：《西沟村农林畜牧生产合作社办的民校》，《人民日报》，1954年8月24日。

治病虫害和其他自然灾害等技术方面的通俗书籍，理解十分吃力甚至看不懂；耕作大队长张小扁，虽然认识一千七八百个汉字，但不会写又不会算，对农业社实行包工包产制后，在土地、产量、人工、肥料等项目的计算，投入生产资料表、施肥表、记工表等各种表格的填写感到很吃力；李顺达、申纪兰等虽也认识一千五六百字，但书写依然困难，仅靠过去那种光凭嘴和腿的领导方法行不通了。[①] 因此，不论是推广新技术、发展生产还是开展互助合作，提高干部的管理水平及思想政治水平，都必须具有一定的文化基础，否则会难以胜任越来越复杂的工作和任务。

面对农业合作化的开展、农业新技术的推广及农业机械化的现实要求和广阔的发展前景，广大群众尤其是青年农民文化学习的积极性被充分释放。河北石家庄市赵陵村两天内就有782名青壮年（其中有431名妇女）报名参加冬学学习，七区振头村的青年夜校自开学后，学员自觉选出班长、组长，订出公约，初级班64个学员中有58人买了课本，他们纷纷表示："今冬宁可不穿新棉衣也要买书。"[②] 在山西兴县专区，随着经济、政治上的翻身，大多数的青年男女学习的情绪非常高涨，一般干部及成年群众要求了解政策、开展文化学习的需求超过以往任何一年。[③] 在山西昔阳县，"很多青年因担心将来开不

---

①山西省人民政府扫除文盲委员会：《西沟村农林畜牧生产合作社办的民校》，《人民日报》，1954年8月24日。

②《石家庄郊区等地冬学开课》，《人民日报》，1950年3月20日。

③山西省人民政府教育厅工农教育处：《省教育厅一九四九年冬学工作总结经验、订购课本、开展文娱活动、恢复和建立太原市工人区学校的统治、办法》，档案号：C61-5-2(2)，山西省档案馆藏。

了拖拉机，而积极组织青年补习班，进行文化学习"①。在左权县，全县416个自然村的16岁至25岁的青年男女积极参加冬学文化课学习，据里长、桐滩等15个村子的统计，入学的青年人数占全部应入学人数的98%。②根据黎城等5个县10个区的统计显示，28 556名青年男女中，有27 974人参加了文化学习，③约占青年总数的98%。平顺县有2 300名党员、2 700名团员和6 400余名干部民兵共计1万余人参加冬学文化学习。④"学文化，开脑筋，要当新中国的建设人！"⑤成为中华人民共和国成立初期广大农村青年上冬学、学文化最朴素的想法。

（二）因地制宜、因人而异与"以民教民"

农村人口主要分布在山区和半山区，特殊的自然地理条件使农村人口居住相对分散，加之个体农业经济的分散性，都决定了农村冬学文化课不能采取政治课上大课的形式，而应从各地实际情况出发，结合农民文化程度以及冬季生产，采取不同的教法、灵活多样的形式。对于一定的特殊群体，积极推广"小先生制"，鼓励"以民教民"，从而实现在分散的农村环境中，有效开展文化普及，提高农民文化水平。

①《山西检查冬学运动 要求各地把冬学运动推进一步为今年开展识字运动打下基础》，《人民日报》，1950年2月7日。
②《区村干部深入领导 教员困难适当解决 左权冬学运动规模超过往年》，《人民日报》，1950年1月24日。
③《山西检查冬学运动 要求各地把冬学运动推进一步为今年开展识字运动打下基础》，《人民日报》，1950年2月7日。
④《各地冬学入学人数普遍增加》，《人民日报》，1955年1月30日。
⑤《山西检查冬学运动 要求各地把冬学运动推进一步为今年开展识字运动打下基础》，《人民日报》，1950年2月7日。

一般而言，根据学员构成会分成妇女班（或称午班）、青年班、成年班、失学儿童班等。山东省在1949—1950年度冬学开展过程中，有1 438 642名[1]群众是以这种形式组织起来学习的。在上课时间安排上，多依据学员特点分时上课，一般妇女班为中午上课，青年班、成年班、失学儿童班（全是男的），多数在晚上学习，[2]对有家务拖累的妇女，组织炕头学习小组；对有特殊困难的人，采取"送字上门"包教包学的形式。[3]此外，针对乡村基层干部和积极分子"工作忙、会议多"的实际情况，鼓励采取"单独编班分组或采用包教包学的办法"[4]，保证他们基本的学习条件。山西省榆次县六堡村20多个妇女干部和妇女积极分子都是文盲，为了保证完成文化课的学习任务，她们每天带着书和石灰块，在劳动间隙随时随地学写字，改变了以往"不叫不来，叫也不来，来了应付，集合人比上课时间长"[5]的状况，不仅自己脱盲还带动了全部青壮年妇女的学习积极性。

对于一些在冬季开展副业生产的学员，由于不便于集中到班级学习，不少地区的冬学实行巡回教学，或以生产行业分组

---

① 《（一）山东省冬学运动重要经验 从群众思想实际出发,密切结合生产救灾,号召群众做学习和生产模范》,《人民日报》,1950年3月31日。

② 《（一）山东省冬学运动重要经验 从群众思想实际出发,密切结合生产救灾,号召群众做学习和生产模范》,《人民日报》,1950年3月31日。

③ 《当代中国》编委会:《当代中国教育》,北京:当代中国出版社,1984年版,第44页。

④ 《进一步发展农民业余文化教育》,《人民日报》,1954年9月1日。

⑤ 《山西榆次六堡村民校结合生产改进教学》,《人民日报》,1950年6月8日。

学习，^① 以打柴、纺织、编席、运输、磨坊、油坊、粉坊等生产组织为单位采取学习小组的形式。胶东区有个运输组，在从事运输的同时，他们根据自己的实际情况，在运输的东西上边写上"罐子""水缸"等名字，不仅非常实用，而且有利于联想记忆和提高大家的学习热情。山东省仅在1949—1950年度冬学中就有几十万人参加了这种灵活多样的学习方式。^② 平原省的安阳北山庄、林县后郊村、莘县南安头等村有计划地把青年团员、共产党员、村干部和劳动模范分编在各学习小组，在领导生产的同时发挥他们在学习上的带头作用；嘉祥、关平场、姚场等村，则是根据学员需求把"商贩划为珠算组，青壮年划为识字组，老年划为读报组等，从事副业生产的人（如淋硝）划为生产组，分别教学"^③。山西神池、方山、离石等地许多妇女自订识字本，有的一面纺线一面将生字贴在纺车上进行识字。^④ 河北涉县有些地方采用流动黑板、送字等办法学习，或由小先生分头到各互助组利用休息时间协助学习。^⑤ 冬学文化学习小组和打柴、纺织、编席、运输等生产小组结合，不仅解决了农民生产和学习的矛盾，而且由于其"地当黑板手

① 《东北华北冬学开课 山西百廿万农民入学 今年冬学新作法 不少地区采取巡回教学或以生产行业分组学习》，《人民日报》，1949年12月25日。

② 《（一）山东省冬学运动重要经验 从群众思想实际出发，密切结合生产救灾，号召群众作学习和生产模范》，《人民日报》，1950年3月31日。

③ 《平原省二十八个县市 二十四万人入民校学习 适应农忙活动调整学习组织》，《人民日报》，1950年4月26日。

④ 山西省人民政府教育厅工农教育处：《省教育厅一九四九年冬学工作总结经验、订购课本、开展文娱活动、恢复和建立太原市工人区学校的通知办法》，档案号：C61-5-2(2)，山西省档案馆藏。

⑤ 《"又种庄稼又念书，家家出了写字人"华北农村文化生活逐步发展 表现出土地改革后的农村新气象》，《人民日报》，1950年6月17日。

当笔""生产组就是学习组"的灵活形式,"做到识字与生产和生活密切结合,不论炕头、地头、街头、灶火旁边、牛马棚里,赶集买东西、入城办事、上山拉木头、下地割草、打场"①都是学习的课堂,极大地推动了农民学文化的积极性。

山西省太谷、长治等地还根据冬学测验成绩、学员的文化程度分班,并根据地区及自愿编成学习小组。如太谷程家庄、贾家堡等村的冬学又分为识字组、读写组、时事研究组,依据学员不同的文化程度,"文盲学识字,粗通文字的学写算,能读会写的进行时事政策等的学习,改正了过去'核桃枣子一律数'的简单做法"②。长治胜利街冬学则把不识字的群众编入识字组,粗通文字的组成补习班,比较有文化的成立研究组,并以研究组为核心推动其他两组。③

在文化学习中,冬学坚持"以民教民"的原则,不仅动员农村识字的人、知识分子以及热心文化教学的农民参加文化教学,而且鼓励识字的教不识字的、识字多的教识字少的、先学的教后学的、学得快的教学得慢的、没缺课的教缺课的,有的农村冬学还采取"上午当学生、下午当先生",或夫妻、兄弟互教互学的办法,推动文化学习。通过"一个识字的人教会一个不识字的人"④,使得人人是教员,有利于营造文化学习中

---

① 李曙森:《怎样在冬学基础上展开农村识字运动》,《人民日报》,1950年3月16日。

② 李杉,力发,光轩,永太,进业:《太谷冬学发展迅速 进入巩固提高阶段》,《人民日报》,1950年1月12日。

③《山西检查冬学工作 廿县超过预定计划 有些县做作不好,教育厅正注意纠正》,《人民日报》,1950年1月9日。

④ 李曙森:《怎样在冬学基础上展开农村识字运动》,《人民日报》,1950年3月16日。

的互帮互助的氛围，实现文化学习对农民生活的渗透。河北省唐县二区中眼沟村劳动模范甄连善，因耐心地教大家学珠算被选为珠算教员，在他的耐心讲授下，全村40多名学员在一个月的时间里全学会了三位加减法，有的并学会了乘法，能记较复杂的账了。[1] 由于冬学教员多来自农村，熟悉群众生活，更容易联系农民的生产、生活进行教学。例如学习生字"会"字，就可联系"庙会""赶集会"，不仅可以帮助农民记忆，还可以对他们进行思想教育。如"开会"就是"有事大家商量，三个臭皮匠赛过诸葛亮，进行民主教育。又可说明'会'就是'会门'的'会'字，进行反迷信的教育"[2]。

1952年，祁建华的"速成识字法"推广后，在群众扫盲方面发挥了巨大作用。"在一般情况下，对一个文盲，采用这种方法去教学，只要150小时左右的时间就能认识1500字到2000字，再有100小时，就可以读完识字课本4本至6本。能够看懂通俗书刊，能够写简单的信和文章"。[3] "实验结果证明：突击速成，确实有效，推行这种方法，确能加速提高农民文化政治水平的过程，因而也将推进国家建设事业。"[4] 河南省泌阳县马庄乡对全乡冬学教师进行"速成识字法"的培训，帮助冬学教师认清"速成识字法"的意义，并以韩庄、马庄、万三村为试点进行推广。经过冬学33天的"速成识字"学习，原来不识字的学员吕兰芳学会了1 008个生字，李振松

①《读者来信》，《人民日报》，1951年1月17日。
②石瑛：《怎样巩固冬学?》，《人民日报》，1951年1月18日。
③《普遍推广速成识字法》，《人民日报》，1952年4月26日。
④教育部：《1952年冬学运动的通知》，教育部工农教育司编：《工农教育文献汇编(农民教育)》，第27页。

（农会会员）认识到1 567个字，民兵队长李保甫认识到1 472个生字，召集民兵开会时能够自己写通知了。[①]速成识字法的推广，使"冬学将成为真正能在一个冬天消除一批文盲的学校，并将更广泛地发展"[②]。

（三）文化教育与乡村扫盲

中华人民共和国成立初期的冬学文化教育，逐步成为农民业余教育的重要内容之一，农民学习效率和学习效果有了根本提高，从而改变了战争年代"年年上冬学，年年不识字"的状况，成为开展农村扫盲的重要途径。

在山西省平顺县，根据对13个青年团支部的统计显示，经过半月的冬学学习，167名青年学员平均每人识字30个。[③]黎城县张家山村冬学在10天的文化学习中，高级班每人平均学了25个字，低级班平均识14字，学会了国歌；该村的妇女测验政治卫生常识，60分以上的27人，其中80分以上的有10人，只有9人成绩不合格。[④]据山西黎城、平顺等县218个村子的统计，14至25岁的男女青年（28 556人）中参加冬学文化课学习的（27 974人）占到90%以上。不少青年下地都带着课本，妇女们有些带着石灰块，休息时就写，地边山坡画满了字迹。经过冬学学习，一般学员都能学会200多个生字，成绩

[①] 李季村：《泌阳马庄农民热烈欢迎"速成识字法"》，《人民日报》，1952年5月17日。

[②]《普遍推广速成识字法》，《人民日报》，1952年4月26日。

[③]《山西检查冬学运动 要求各地把冬学运动推进一步为今年开展识字运动打下基础》，《人民日报》，1950年2月7日。

[④]《山西检查冬学工作 廿县超过预定计划 有些县作得不好 教育厅正注意纠正》，《人民日报》，1950年1月9日。

较好的能识600多字，能写日用便条与简单信件。[1]另据左权县416个自然村统计，冬学开学一个月，全县不识字的青年平均每人识字30~100个，有的人还学会了珠算。[2]在方山县班庄村，很多青年在两星期内学会了40多个生字，平均每天能学会3个字；青年李天喜原来一字不识，参加冬学后学会了57个生字。[3]1950年春节放假前，晋城全县745座冬学由县里统一出题对18 084名青壮年学员进行了政治、文化、算术、自然科学四科测验，其中成绩在80分以上，认识400~600个生字并能读《农民报》、写日记、写信的有2669人；认字在200以上并能默写100字以上、成绩在60分至80分的有10 654人，认识60至100个生字的有4 761人。[4]

在河北省，石家庄市郊区从前连自己姓名都不认识的人，在将近一个月的学习中，普遍都学会了五六十个常用生字和十进位的加减法。[5]武安县琅矿村冬学140名学员中有93人学会了100~300个生字。[6]新乐县安太庄冬学40多个学员中，多的已认识300多字，少的也学会了40个生字。[7]河北省教育厅

①《"又种庄稼又念书，家家出了写字人" 华北农村文化生活逐步发展 表现出土地改革后的农村新气象》，《人民日报》，1950年6月17日。

②《区村干部深入领导 教员困难适当解决 左权冬学运动规模超过往年》，《人民日报》，1950年1月27日。

③阚射军：《华北区冬学开始阶段概况》，《人民日报》，1950年1月28日。

④孙新，原广，阎德润，王灵臣，许应卿：《晋城四十五个冬学转为常年民校 各村村长与义务教员集会商定民校学习具体办法》，《人民日报》，1950年3月20日。

⑤《石家庄郊区等地冬学开课》，《人民日报》，1949年11月28日。

⑥《邯郸专区冬学转民校 在群众性的总结检查基础上提高一步 现已有五百余冬学首先转入常年民校》，《人民日报》，1950年4月4日。

⑦阚射军：《华北区冬学开始阶段概况》，《人民日报》，1950年1月28日。

对 1949 年全省各地冬学文化课开展效果进行的调查显示，经过一个多月的学习，"原来不识字的农民，一般已能识七八十到一百多个字，成绩好的学到三百多字，最少亦能识四五十个字"①。在察哈尔省，1949 年冬季全省共创办冬学 10 832 个班，入学农民达 252 300 名，一般冬学学员平均学会了 100 个字以上，最好的学了 500～600 个生字。②北京东郊官庄冬学经过 1949 年冬季的学习，学员普遍能认识 400～500 个生字，最好的已能认识 1 000 字左右，会开条子、记账、写简单的信；南郊槐房村平均每人能认识 100～200 个生字。③截至 1950 年底，北京市郊区共开办冬学 720 个班，入学农民达 26 000 余人，学员们一般都已认识 100～200 个字，成绩好的已能认识 200～300 个生字，一些学员还学会记账和写便条，初学算术的已学会了加减法。④

中华人民共和国成立初期农村冬学文化教育的开展，有效提高了农民学文化的热情，帮助广大农民实现了文化脱盲。据 1950 年华北各地统计，许多农民经过半年多的冬学及民校学习，一般都能识字 300 个左右，青年学员则能识到 500～600 个生字。在山西黎城等 7 个县"已有近万个文盲变成了粗通文字的人。不少农民学会了记账、算账和写信"⑤。1953 年冬学结

①东北展开大规模群众学习运动 百八十万人入冬学 河北教育厅派员下乡指导冬学》，《人民日报》，1950 年 1 月 25 日。
②《察哈尔小学教育发展 入学儿童增加一倍半 二十五万农民参加冬学学习》，《人民日报》，1950 年 4 月 9 日。
③冷林：《翻身后要求学文化 京郊普遍办冬学 入学农民已达二万余》，《人民日报》，1950 年 1 月 30 日。
④《北京市举行冬学模范大会》，《人民日报》，1951 年 1 月 18 日。
⑤《农民得到经常学习政治文化机会 华北建立农村民校万七千处 正结合抗美援朝宣传运动总结半年学习》，《人民日报》，1950 年 11 月 29 日。

束时，全国农村在过去的工作基础上，有308万人成功脱盲。①作为农村扫盲的重要途径之一，冬学为农业合作化的进行，提供了有力的文化支撑。正如列宁在《论合作制》中说："农民中的文化工作，如果将它当作经济目的看待，那就正是要实行合作化。在居民完全合作化的条件下，我们也就会安安稳稳地站在社会主义的基地上。但这完全合作化的条件，是包含有农民（真正是广大农民群众）底高度文化水准在内，即如果没有整个的文化革命，那么，完全合作化便是不可能实现的。"②

三、爱国生产：农业发展前途、生产技术教育

中华人民共和国成立初期的冬学也是"教育群众进行生产的学校"③。华北人民政府在《一九四九年冬学指示》中，明确强调把普遍地进行生产教育作为冬学的中心任务之一，以"进一步提高群众的政治觉悟，鼓舞群众生产建设的热忱和信心"④。冬学生产教育分为农业发展前途教育和农业生产技术普及两个方面，即改造农民的生产观念，普及推广农业生产技术。中华人民共和国成立初期，开展农业前途教育主要在于解除农民对发展生产的思想顾虑，鼓励其爱国生产，积极支援国家建设。生产技术的推广和普及从根本上改造农民旧的、落后的生产观念，更新农业生产技术，提高农业产量，为农业合作

---

①《全国农民业余文化教育会议在北京开幕》，《人民日报》，1951年1月8日。

②《列宁文选》（两卷集）第二卷，北京：人民出版社，1954年版，第1010页。

③《清平百余村 冬学开课》，《人民日报》，1949年12月6日。

④《一九四九年冬学运动实施纲要》，《人民日报》，1949年10月19日。

化的发展提供技术支持。

（一）生产思想教育

土地改革后，农民分得了土地，生产和生活有了很大改善，但由于部分村干部和群众对土改政策缺乏正确了解以及部分地区执行国家政策时出现偏差，使部分农民产生了一些顾虑。"如有些地方在土地改革中侵犯了中农的利益，事后也未进行纠正；有些地区土地改革业已结束，但迟迟不发土地证，许多分得土地的农民认为土地是靠不住的，因而产生了怕再斗争、再平分的思想，不敢扩大生产。再次，是去年征收秋粮时发生了某些中农负担过重的现象，有些地区不按法令规定而征收新开荒地、新增水田的公粮；此外还有些地区变工互助时违反自愿等价政策，强借中农工具、粮食等；这些都严重地妨碍了农民树立正确的劳动致富的思想"。[1]在华北，不少农民担心搞好生产、生活富裕后，会"冒了尖""招风"，被"斗争"，从而出现了"生产不节约，劳动不致富""别多生产，有了就吃点"的错误观点，不仅"中农不敢多生产，就是翻了身的贫农种地时也不愿多上粪"[2]。

因此，冬学的生产思想教育在于帮助群众了解中华人民共和国的成立，只是万里长征走完了第一步，当前的建设只是长期建设的一个开端，中国将会开展历史上从来没有过的巨大的生产建设工作。教育群众了解实行工业化与农业机械化是我们

---

[1]《华北各地领导机关采各种办法 克服农民生产思想顾虑 通过各界人民代表会大力宣传政策 并发布保护地权财权的具体规定》，《人民日报》，1950年3月28日。

[2]《华北各地领导机关采各种办法 克服农民生产思想顾虑 通过各界人民代表会大力宣传政策 并发布保护地权财权的具体规定》，《人民日报》，1950年3月28日。

的建设目标，从而使国家改变过去贫穷落后的状态，真正实现国家的繁荣富强。在国家发展前途方面，进行社会主义过渡时期总路线的教育，帮助农民树立整体观念，实行城乡互助，巩固工农联盟。"使群众懂得只有工业发展，农村才能获得机器及工业必需品；只有农业发展，工厂才能获得原料及粮食。鼓励群众种植工业原料作物，使其懂得这对国家有利，对自己也有利。"教育群众"使其懂得社会主义也决不是吃大锅饭的均产主义""以此教育群众，解除思想顾虑，提倡生产致富，勤俭发家，战胜贫困，战胜灾荒，反对'发家不致富''生产不节约'的错误思想"①。

为此，各地冬学结合群众的切身利益，向学员讲解生产救灾、土地改革、减租等与当地中心工作有关的政策，②提高农民生产积极性。经过教育，许多干部改变了消极怠工、等待"换班"的思想，在生产发展中起到了带头作用。山西长治鹿家庄群众在冬学肃清错误思想后，改变一等二靠的依赖思想，党员带头组织了100多辆大车发展运输，两次运输就赚取小米100多石；河北栾城梅家村党员向群众宣传生产致富政策后，全村购买了150头牲口开展生产；平原滑县辛集村副村长将自己家埋存了3年的粮食挖出来购置大车和农具，并以自己的现身说法向群众宣传国家的生产政策。③在党员干部的带动下，群众逐渐打消了怕吃大锅饭的思想顾虑，积极开展积肥活动，加大对土地的投入。据山西的不完全统计，经过冬学生产政策

①《一九四九年冬学运动实施纲要》，《人民日报》，1949年10月19日。
②《东北华北等地冬学行将结束　六百万农民参加学习　部分冬学转常年民校》，《人民日报》，1950年3月20日。
③中共中央华北局宣传部：《华北去冬集训农村党员总结》，《人民日报》，1950年6月22日。

宣传后，交城县北关街冬学教育农民多积肥后，该村很快就积肥1万余担；[①]黎城县40个村共积肥894 000余驮，秋地平均每亩能施肥23驮，其中六区每亩农田平均施肥50驮；壶关县完成积肥1 609万余担；襄垣县94个村子积肥325万余担。群众反映："自古到今，还没见干得这样带劲过！"在大力开展农田建设的同时，许多村庄组织富余劳力发展副业生产。黎城县停河铺村、下桂花村等21个村子659人找到了发展手工业及副业生产的门路；壶关县黄花水等6个村组织52辆车、82头驴、255个劳力，在半个月的时间内通过发展运输赚了812石米；平顺五区10个村子120个劳力提出"不吃地里粮，吃在外，省在家"，通过开展副业生产赚了38石米和16万元钱；阳城文敏村的420个劳力中有379人参加了副业生产。[②]

在察哈尔浑源县贾家庄，冬学读报组向群众宣传党的政策后，消除了不少群众思想中存在的怕再分、怕再"斗"的顾虑。原先对生产抱着消极态度，甚至把拾粪筐子也扔掉了的中农于海，经过学习后很快就买了640多斤麻糁给耕地增加肥力；连以懒惰出名的于秀明也买了牲口，修起大车。在生产热情的推动下，全村平均每亩地增肥一担半，共计增加牲畜30头、铁犁7张、铁锹160张、铁抓子40个、铁耙子22个、锄片300多个、镰刀300多把、铡草刀14口，修复大车5辆。此外，村民还用20多天时间修建了一条1 350多丈长的水渠，保

---

①《山西检查冬学工作 廿县超过预定计划 有些县作得不好 教育厅正注意纠正》，《人民日报》，1950年1月9日。

②赵作为：《搞好冬季生产 为明年大生产作准备》，《人民日报》，1950年12月27日。

证了全村 50 多顷土地的灌溉。[1]

河北各地在冬学里进行生产发家的教育后，群众逐渐克服了怕"冒尖"和怕"吃大锅饭"的思想，积极准备生产，仅定县二十里铺村就有 16 户农民准备打井买水车；[2]邱县二区群众打消了"怕搞副业纳税，费劲赚不了钱"的顾虑，仅梁二庄村 11 架轧花车，两个月给裕太公司轧了 4 300 斤棉花，赚取小米 5 590 斤。[3]河北南宫县东张家庄村经过冬学总结，群众认识到"多种棉花，不但对国家工业建设有利，还能发家致富"[4]，积极开展冬季积肥，全村共积肥 4 100 余车，与往年相比增长了三分之一，还增加粪坑 37 个，使棉地平均施细肥 80 斤、粪肥 2 车，积极鼓励全村妇女学习整枝打枝技术，并在自愿互利的原则下，组织全村劳动力开展互助合作，帮助村民解决畜力不足的困难。[5]

（二）生产技术知识教育

生产技术知识教育是冬学生产教育的另一个重要内容。生产技术教育通过"邀请农业专家及劳动英雄、生产模范给群众讲解保护与发展牲畜、兴修水利，改良农具、品种，增加肥料

①郭铸：《怎样开展农村读报组工作　记浑源县贾庄村读报组》，《人民日报》，1950 年 10 月 16 日。
②《东北展开大规模群众学习运动　百八十万人入冬学　河北教育厅派员下乡指导冬学》，《人民日报》，1950 年 1 月 25 日。
③阚射军：《华北区冬学开始阶段概况》，《人民日报》，1950 年 1 月 28 日。
④《河北南宫东张家庄中共支部及村政府向毛主席报告完成种棉任务》，《人民日报》，1950 年 5 月 18 日。
⑤《河北南宫东张家庄中共支部及村政府向毛主席报告完成种棉任务》，《人民日报》，1950 年 5 月 18 日。

及防治病虫害等农业科学知识与改进生产的经验"[1]，利用一切有利条件，达到提高群众生产技术的目的。同时，结合冬季生产，开展副业生产教育。在农业生产技术教育中，积极鼓励有经验、有技术的农民向其他农户传授、交流种植技术和经验。

在山西省昔阳县，教员结合农业生产实际向农民讲解农业技术。在七区王家寨，农民担心翻了地会造成土地"墒不好，不耐旱"，教员发动学员进行争辩、讨论，帮助农民认识到"要想多打粮，就得多下工，多翻地""地是越翻越好"的道理，最终全村完成翻地700亩，占到全村应翻地的三分之二。[2] 三区凤居村每年收割谷子后，谷茬全被遗留在地里，成为庄稼病虫害蔓延的重要原因。生产教师王梦林（劳动英雄）在讲授病虫害知识时，亲自到地里拾回谷茬让大家看，经过耐心讲解后，全村的谷茬都被刨回来烧掉了；在黄岩村，生产教员亲自用红热灰和热捞饭拌了红矾喂核桃虫，消除农民对红矾杀虫的疑惑。在四区讲解温汤浸种时，针对农民不愿浸种的情况，以发豆芽的生活常识和对比实验配合温汤浸种能杀菌的科学原理，使全村90%的农户在春耕时实行了浸种。[3] 榆次县六堡村教员向农民讲解了增产、温汤浸种、防止麦苗黄疸病和黑疸病等知识，提高了农民的生产积极性，"一早一晚上地的人

---

①《一九四九年冬学运动实施纲要》，《人民日报》，1949年10月19日。
②郝晋瑞：《山西昔阳县许多民校结合文化学习进行生产教育 赵壁村等民校对提高农业生产起了很好作用》，《人民日报》，1950年7月12日。
③郝晋瑞：《山西昔阳县许多民校结合文化学习进行生产教育 赵壁村等民校对提高农业生产起了很好作用》，《人民日报》，1950年7月12日。

就像是赶会一样。这是几年来没有的事情"①。许多妇女带着农具上学，下了课就到地里干活去了。平顺县西沟农业社在农业生产技术课上讲解了"毒谷"后，学员们在215亩秋地种上了340斤"毒谷"，解决了缺苗断垄的问题。②

在河北南宫县东张家庄村，通过多施肥、精耕细作，改进农业技术，1 261亩棉花平均亩产量140斤，亩产最高达到285斤，亩产量比抗日战争前增产230斤，超额完成了国家棉花征购任务。③武安县第九区琅矿村通过冬学改造了村里的运输队，由以前一个人看管一个牲口改为一个人看管三四个牲口，半个冬天就赚了13 000斤小米，并节省了大量人力与时间进行其他生产。④察哈尔省浑源县贾庄村通过介绍浸种方法，消除了群众怕烫死种子的顾虑，在全村推广了浸种技术，减少了莜麦霉病的发生。此外，在学习了田间选种的指导、护秋工作的组织、秋收秋耕的领导等内容以后，全村397户中有321户进行了田选，实行了随割随耕、边收边打。全村用20多天的时间耕地4 866亩，占到全部土地的48%。⑤

平原省结合农业生产向农民进行生产技术教育。莘县城集村结合春耕编写了"天气暖，立了春，赶快耙地和送粪"的宣

①《山西榆次六堡村民校结合生产改进教学》，《人民日报》，1950年6月8日。

②山西省人民政府扫除文盲委员会：《西沟村农林畜牧生产合作社办的民校》，《人民日报》，1954年8月24日。

③于力克：《东张家庄支部的光荣》，《人民日报》，1950年2月21日。

④《(二)共产党员带头下 武安琅矿村冬学转为常年民校》，《人民日报》，1950年3月31日。

⑤郭铸：《怎样开展农村读报组工作 记浑源县贾庄村读报组》，《人民日报》，1950年10月16日。

传语，向群众讲解播种常识；温县王庄村根据本村棉花种植需要介绍新字棉经验，使棉农认识到："洋棉可不敢种稠了""稠了不结圪疸（指棉桃）"；①濮阳县七区化庄村，大家学了"荠荠菜"（一种蔓延迅速、清除困难，妨碍农作物生长的野草）生长较多的地种谷子可减少"荠荠菜"、施羊粪可以改造碱地等生产常识之后，都把"荠荠菜"地种上谷子，利用积羊粪改造碱地；林县泽下村和郊村组织了一个以技术能手为主任、一个植棉模范为副主任的老农技术研究会，研究会由村里劳动模范、生产能手、义务教员、小学教员、宣教委员等组成，研究讨论如何种棉花、怎样施肥与防治病虫害等方法后向群众宣传，推动了生产的发展。②山东荣城县结合群众的需要，进行了生产自救等政策教育和拔除乌麦、防除病虫害、积肥、卫生防疫等生产、卫生常识教育，③在救灾的同时普及生产技术，促进生产的恢复。

中华人民共和国成立初期，国家借助冬学平台对群众进行生产教育，开展生产政策宣传和新技术普及。在冬学所形成的特殊场域中，生产政策很快内化为民众发展生产的强大动力，新技术也凭借贴近民众的宣传方式而得以快速推广。可以说，冬学生产教育在满足群众发展生产需求的基础上，以最便捷、最有效的方式，把国家农业发展的新思想、新技术引进乡村社会，为之后乡村社会的改造和农业技术发展奠定了基础。

---

①《平原省二十八个县市 二十四万人入民校学习 适应农忙活动调整学习组织》，《人民日报》，1950年4月26日。

②《平原民校学员增至三十万人 部分民校结合学习研究生产》，《人民日报》，1950年6月14日。

③潘岳：《山东荣城加强民校领导 停顿民校大部恢复》，《人民日报》，1950年7月12日。

作为中华人民共和国成立初期农村冬学教育的主要内容，政治时事、文化和生产教育"在提高群众政治觉悟、传播生产技术与卫生知识等方面，曾起了巨大的作用并已有显著成绩"[1]。冬学教育紧密围绕农民的生产、生活，坚持理论与实际相结合，使农民业余教育的场所遍及田间、地头、作坊以及农家灶台，以灵活多样的形式，促进了国家政策在基层的传达、贯彻，改变着农民对文化的态度和认知，加快了农村扫盲和新技术推广的速度。冬学教育之后的乡村社会，展现出前所未有的活力。

---

[1]《华北行政委员会发出关于冬学运动的指示》，《人民日报》，1952年11月27日。

第四章　冬学教育与乡村政治生态重构

中华人民共和国的成立和土地改革在全国的进行，为国家对乡村社会的改造奠定了政权和经济基础。在自上而下国家意志的推行中，乡村基层尤其是村级层面的权力阶层，是保证国家政策上传下达、民众教育、乡土社会改造的重要力量。中华人民共和国成立初期，乡村基层干部尤其村级干部多来源于根据地时期冬学培养起来的乡村新权力阶层。这些由冬学积极分子培养转变而成的乡村草根精英，构成了中华人民共和国成立初期农村村级政权的主干。在以往宏大的革命叙事背景和"自上而下"的视角下，乡村新权力阶层长期在研究者的视阈中失语。与传统的资源型、能人型或声望型干部不同，乡村新权力阶层的崛起是通过冬学教育完成的。中华人民共和国成立初期，国家借助冬学对乡村基层干部和积极分子开展的思想政治和文化教育，进一步实现了对乡村社会的整合和重构。

一、冬学与根据地乡村新权力阶层的生成

20世纪40年代，随着冬学的逐步开展和深入，其社会教化和政治教化的功能已经远远超越了文化教育本身。冬学教育不仅培养了乡村社会的政治意识，而且推动了乡村社会新权力阶层的崛起。与传统乡村精英相比，他们在生成方式上不是依靠经济资源、社会名望等传统因素，而是通过冬学这一民众教

育的形式完成的。借助冬学特有的政治资源和良好的政治出身，他们成长为根据地社会新的权力阶层，构成了根据地以及中华人民共和国成立初期乡村基层干部的主干。

（一）新权力阶层的生成方式

1. 改造旧干部

根据地新政权建立初期，一般村级干部文化程度低，"政治水准虽经过提高，但还是不够"[1]，因而，各类干部成为冬学的主要教育对象。晋绥边区在《冬学指示信》中明确指出："冬学主要对象是劳动英雄、生产队长、变工组长、纺织组长、合作社积极分子、民兵及村干部等。"[2]晋冀鲁豫的太岳区规定，冬学教育对象主要以村干部（村间邻长、民众团体委员、小组长、民兵队长、自卫队长、指导员、合作社主任等）、劳动英雄、战斗英雄及有组织的（工、农、青、妇、合作社）群众为主。[3]1944年，根据晋绥边区二分区对87座冬学的统计，上冬学的干部、劳动英雄、积极分子达1 398人[4]。

---

[1]《关于一九四五年冬学工作的指示》，档案号：A162-2-59-3，山西省档案馆藏。

[2]中央教育科学研究所：《老解放区教育资料》第2册（下），北京：教育科学出版社，1986年版，第162页。

[3]中央教育科学研究所：《老解放区教育资料》第2册（下），北京：教育科学出版社，1986年版，第206页。

[4]《晋绥边区第二分区一九四四年冬学工作总结材料》，档案号：A27-1-5-4，山西省档案馆藏。

1944年晋绥边区二分区87座冬学统计

	保德	河曲	岢岚	五寨	神池	合计
冬学	20	15	25	19	8	87
村干部	188	106	372	262	60	988
劳动英雄	7	16	28	13	9	73
积极分子	72	71	57	37		237
备注	河曲积极分子包括在村干部内					

资料来源:《晋绥边区第二分区一九四四年冬学工作总结材料》,档案号:A27-1-5-4,山西省档案馆藏。

冬学有效地提高了乡村干部的政治素养和文化水平。神池县利民寨民兵自卫队中队长,以往贷款时总是先给自己分配,导致群众意见很大。冬学中,教员积极帮助其反省和克服了缺点;该村村长经过学习以后,不仅工作能力有了提高,而且工作更加积极,表现出"不但要工作,还想到区上工作"的态度。[①]神池北辛庄队长过去在工作中徇私情,他在冬学学习后说:"冬学是要提高群众的,自己的作风不改,吃不开。"[②]左权县冬学结合民主运动开展了反对官僚主义的斗争,教育干部进行自我反省,纠正了干部中存在的不民主作风,增强了群众与干部的团结。[③]临南县歧道村农会干部刘锦长违反政策无理回赎地主的二亩水地,并给提意见的群众扣上特务的帽子进行

---

① 中央教育科学研究所:《老解放区教育资料》第2册(下),北京:教育科学出版社,1986年版,第168页。

② 《晋绥边区第二分区一九四四年冬学工作总结材料》,档案号:A27-1-5-4,山西省档案馆藏。

③ 《左权县一九四四年度冬学总结》,档案号:A166-1-33-6,山西省档案馆藏。

斗争，在冬学反省了自己的错误后，群众情绪逐步高涨。[1]静乐县第三区52个自然村干部参加冬学后，工作作风有了很大改变。一位村干部说："今天我不上冬学，明天工作就没主意"[2]。而某干部在儿子牺牲后说："儿子死了算什么，一个人应当为群众服务，不应只给儿子服务。"[3]离石仁家山村主任薛恒孟过去工作态度粗暴，对给他提意见的群众进行打击报复，在征公粮时，私自多加产量。在冬学里反省后，群众说："咱们的主任进步了，自反省以来，态度变好了。"[4]宁武黄土坡村主任张二小违反政策随意派群众给自己的小舅子背柴，引起群众不满。冬学教员张昌儒对他进行多次说服教育后，工作作风有了明显改变。[5]

2. 培养新干部

冬学学员根据表现大致分为三种类型：积极分子、中间分子和落后分子。积极分子主要由青年人构成，是冬学的骨干力量。青年人不仅自己学习热情高，而且乐于帮助其他人，在冬学学习上能严格执行规章制度和遵守时间，讨论踊跃，既勇于自我批评又敢于不顾情面地批评别人，所以被群众称为冬学模范。而广大中年人甚至一部分老年人保守性强，在冬学中表现一般，可以看作是冬学的中间分子。这些人不关心别人，只注

①《歧道（临南）冬学概况》，档案号：A147-1-28-8，山西省档案馆藏。

②《静乐县第三区冬学材料》，档案号：A140-1-28-3，山西省档案馆藏。

③《四五年兴县冬学教员训练总结》，档案号：A141-1-26-1，山西省档案馆藏。

④《晋绥边区第二分区一九四四年冬学工作总结材料》，档案号：A27-1-5-4，山西省档案馆藏。

⑤晋绥边区行政公署民教处：《一九四四年冬学运动总结》，档案号：A90-3-27-2，山西省档案馆藏。

重和关心自己的学习和利益，态度温和不激进。中间分子在冬学中占到很大比例。最后一部分主要是一些老年人，因思想较为保守，对新事物接受能力差，不易变通，对冬学不喜欢不支持。在三类人群中，青年人是冬学依靠的主要力量，也是冬学选拔干部的主要后备力量。冬学中涌现的积极分子，被根据地政府选拔到冬学教员和各级基层政权的行政、生产、民兵工作岗位上。

1944年，神池县利民寨冬学培养了1个行政村干部、1个小学教员和7个自然村干部。[1]根据河曲、保德等五县84个冬学统计，当年共培养、提拔各类干部193个，其中抗联干部41个，行政干部21个，生产干部53个，民兵干部42个，小学教员36个。[2]在1945年冬学中，五寨县培养生产干部55名，抗联干部49名，行政干部45名，民兵干部47名，教员31名，积极分子127名，[3]保德县培养了1 733名干部，为边区各级政府选拔453名干部。在冬学教育中成长起来的乡村干部，逐渐成为根据地社会新兴的权力阶层。

保德县1945年冬学培养、选拔干部统计表

冬学数量		抗联干部		行政干部		生产干部		民兵干部		积极分子		教员		合计	
		培养	选拔	培养	选拔	培养	选拔	培养	选拔	培养	选拔	培养	选拔	培养	选拔
一区	22	15	7	17	6	17	5	30	16	2	95	109	1	190	130
二区	21	17	8	17	7	21	13	12	15	4	74	201		272	117
三区	18	3	7	28	9	5	11	2	16		118	118		156	161

---

[1] 中央教育科学研究所：《老解放区教育资料》第2册（下），北京：教育科学出版社，1986年版，第168页。

[2] 中央教育科学研究所：《老解放区教育资料》第2册（下），北京：教育科学出版社，1986年版，第170页。

[3] 《五寨县1945年冬学工作总结》，档案号：A138-1-32-6，山西省档案馆藏。

（续表）

四区	20	25	13	16	11		2	13	12	3	5	50	2	107	45
合计	81	60	35	78	33	43	31	57	59	9	292	478	3	725	453

资料来源：《保德县冬学工作总结》，档案号：A137-1-19-8，山西省档案馆藏。

（二）新权力阶层的特征

1. 政治出身

作为乡村社会新的权力阶层，冬学中培养起来的贫雇农干部与传统地方精英不同的是，他们不是依靠经济资源与声望发展起来的，而是基于良好的政治出身，对革命的热情和忠诚。太行区桥上村新选拔的9名干部中，贫雇农出身的有3名，分别是村农会主任冯聚山（贫农）、公安员武根舒（雇农）和武委会主任李羊群（贫农）；中农出身的有6名，其中抗勤贾二则为富裕中农。9名干部中7人以种地为业，另2人以放牛和赶牲口为生。①岚县东土峪村在冬学中改组了农会，李春芬等9人因成分及表现不好被开除，贫农李丑则、李丑银、郭富银依靠良好的政治出身和积极表现，被选为农会常委和小组长。②岚县南关冬学选出农会秘书、常委均为贫雇农。其中农会秘书刘四毛曾经给地主做苦力，在冬学中表现积极，领导群众发展生产被评为劳模。③在浑源二区下观音堂村，冬学中先后有7名贫雇农入党，贫雇农在全村党员中占到68%，中农占

---

① 《桥上村历年来社教工作工作总结》，档案号：A218-1-23，山西省档案馆藏。

② 《岚县年关娱乐活动、冬学转变、分配土地、整理农会总结材料》，档案号：A139-1-23-1，山西省档案馆藏。

③ 《岚县解放以来的发展概况与冬学总结》，档案号：A139-1-23-3，山西省档案馆藏。

16%。[1]新权力阶层的良好政治出身，保证了政权的群众基础和党的核心领导。而先天的地缘基础，也使新权力阶层比外来干部更清楚民众的需求、更易于融于地方社会中，也更具有号召力。

2．个人品德

"杨柳叶儿青，杨柳叶儿长，我们要选个好村长，能吃苦能耐劳，又积极又坚强，办事公平十六两，不选那些活套鬼，不选白眼黑心狼。"从这首根据地广为流传的民谣中，我们可以看到个人品格在新权力阶层生成过程中产生的影响。因此，"老实本分、能为群众办事"是新权力阶层必备的特征。孔河沟佃户马留头，因冬学表现积极被选为变工队队长。他认真贯彻冬学指示，把冬学与冬季工作结合起来，组织全村开展冬季纺织，纺车数量从一架发展到二十几架，并建起了运输队与合作社，解决了全村冬天的烧火问题和用盐困难。在拥军工作上能发扬民主，获得了群众的拥护。[2]鱼眷岭村干部组织煤工开采废弃的煤窑，不仅解决了煤工的生活问题，使煤窑发展起来，而且解决了全村的烧煤问题，还使每户节省了500元农币，群众非常满意。[3]桥上村郭贵轩、冯聚山等在冬学中表现积极，一心为群众谋利办事，被选为干部。[4]保德县冀家茆村、岢岚梁家会水峪贯、神池南砂城等地的冬学教员，因积极

①《浑源二区下观音堂典型调查材料》，档案号：A134-1-49-2，山西省档案馆藏。

②《静乐县冬学总结》，档案号：A140-1-6-1，山西省档案馆藏。

③《静乐县第三区冬学材料》，档案号：A140-1-28-3，山西省档案馆藏。

④《桥上村历年来社教工作工作总结》，档案号：A218-1-23，山西省档案馆藏。

为群众服务，有的被群众选为村长。① 相反，那些不为群众办事的干部，被群众提出撤换，北辛庄富农闾长高向山被农民要求撤换。② 边区"高平、陵川等县的民众，曾集合数千人，跋涉山川到长治专署递交请愿书，要求撤换不法县长刘涵森"。③

冬学之后，新的乡村精英阶层构成了根据地基层干部的主干，党的"任何工作都要通过区村干部，才能实现"。经过他们，党的各种方针政策得以传达、贯彻，从而领导和团结全体农民投入抗敌斗争、发展生产、保家卫国的运动中。"在对敌斗争中，他们领导群众进行过反扫荡、转移、建设人民武装和坚持游击战争，他们领导群众进行过扩兵、优抗、屯集公粮、完成合理负担的工作；他们领导群众进行过打蝗、救灾、度过荒年，以及大生产运动。"④ 据统计，仅在1940年的两个月中，全晋西北地区共集粮90 426石，献金1 810 625元，扩兵15 885名，做军鞋118 44l双。⑤ 兴县献出粮食28 000多石（计420多万公斤），元宝370多个（合白银11 300多两），银圆57 000元，各种金银首饰器皿100公斤，黄金27两，法币15万元，以及大量布匹、牲畜等。百团大战中，太行二分区出动民兵、自卫队万余人，配合主力部队作战。新的乡村干部不仅推动了根据地各项工作的开展，而且成为日后南下干部的重要

①《晋绥边区第二分区一九四四年冬学工作总结材料》，档案号：A27-1-5-4，山西省档案馆藏。
②《神池县冬学工作总结》，档案号：A138-1-10-2，山西省档案馆藏。
③克寒：《坚持华北抗战枢纽的晋冀豫抗日根据地（三）》，《群众》，1939年第2期。
④《向区村干部致敬 立功表模、改善作风、干群团结》，《人民日报》，1947年4月23日。
⑤《神池县冬学工作总结》，档案号：A138-1-10-2，山西省档案馆藏。

来源之一，仅阳城县四区 1947 年 9 月底即有 22 名村干部踊跃报名南下。[①]

　　根据地新权力阶层生成过程中，中国共产党以外部力量促使根据地社会内部各阶层的位移。传统权力阶层的落沉与新权力阶层的上升，反映了政治革命背景下乡村社会权力的转移渠道。尤为重要的是，中国共产党以教育革命的路径完成了革命的教育。经历革命教育洗礼的民众积极参与了新权力阶层生成的全过程。因此，根据地社会新权力阶层的生成是外力和内力共同作用的结果。也正因如此，新权力阶层获得了广泛的群众基础。中华人民共和国成立后，乡村新权力阶层成了农村村级政权的重要组成。

二、冬学与中华人民共和国成立初期乡村基层干部再教育

　　中华人民共和国成立初期，农村村级干部包括村级政权以及村庄各人民团体的干部及农村共产党员、青年团员、生产模范、劳动英雄与其他模范人员。根据地时期崛起的新权力阶层构成中华人民共和国成立初期乡村基层干部的主要力量。广大农村党员干部，大都是经历了减租减息、土地改革逐步成长起来的，良好的出身是他们最宝贵的政治资源。他们生于农村、长于农村，与农村的天然联系使他们更容易对民众产生影响。中华人民共和国成立后，随着革命向建设的转型，乡村干部由于长期受小农生产环境和战争的影响，普遍文化水平较低。面对革命的胜利，部分村干部有革命成功思想，工作松懈、消极，严重影响了乡村基层工作的开展。新形势下乡村基层干部

―――――――――――

[①]《大批干部踊跃南征帮助中原农民翻身》，《人民日报》，1947 年 10 月 17 日。

的新情况，成为中华人民共和国成立初期基层民主政权建设和巩固面临的严峻现实。

（一）中华人民共和国成立初期乡村基层干部再教育的现实动因

中华人民共和国成立之前，乡村干部中存在的"歇一歇"和"换班"思想在一些解放较早的老区已经显露端倪。平津解放后，冀中大城县的一些村级干部出现了严重的松懈思想，工作懈怠。"有些村庄村干部工作不踏实，要求'到天津看看'或做买卖，甚至有些干部要求退职。三区苏庄公安员薛俊杰，叫他开会故意不到场，第二天出门去做买卖。五区邓良村公安员刘锡保，不但不工作，反而在家成局聚赌；区干部找他谈工作，装病不见；区干部批评他，还坚持错误不肯接受。区干部给村代表会主席刘德荣布置春节娱乐工作，刘德荣故意不干，走亲拜年好几天不回来。二区骆贾村土地证没发完，土地改革中遗留的问题也未弄清，全体村干部要求'换换'。"[1]中华人民共和国成立后，"船到码头车到站"的思想在部分乡村干部中不同程度地蔓延。

华北局在《关于各省集训农村党员干部的指示》中，对农村党员干部做出如下评价："华北区农村党员干部，对敌人斗争是英勇的，对党对人民是忠诚的。但由于他们多是农民出身，常处于分散的小生产的环境，文化水平低，受党的教育不够，思想觉悟还不高，对新民主主义建设及革命前途缺乏全面的正确的认识，因而满足于平分土地，误认为革命已经成功，有的闹不团结，或放松对敌阴谋破坏的警惕，工作疲沓，在执

---

[1]秦德林：《大城县部分村干部产生松懈堕落思想》，《人民日报》，1949年2月26日。

行政策上也常出偏差。"①华北局指示显示，"在农村党员中各省无例外地存在着：一是认为革命已经成功，要求歇一歇。并且认为干工作要受三面的气：完不成任务受上级的气；得罪群众受群众的气；耽误生产受老婆的气。二是无法消除群众怕冒尖，怕说富，怕再斗，怕'共产'（即怕吃大锅饭）的思想顾虑。有些党员干部自己也有农业社会主义思想，并且认为农民都会生产，用不着领导，或者说领导生产不是革命，不愿意领导"②。

在山西省兴县专区，不少的村干部以为革命成功了，有了老婆、土地、大犍牛，就不想工作，斤斤计较个人的利益，或是摆老资格。③在榆次县，部分干部滋生了严重的"退却""换班"思想，许多土地改革中的积极分子，甚至连开会都不愿意参加，许多村干部对工作一味应付，等着"换班"。榆次二区郭村每次召开干部会，参会人数连一半都达不到，三区六堡村27个党员中除了8个还比较积极外，其余都是推一推才动一动，有五六个干脆就不干了。党员边山的态度是"现在咱房也有啦，地也分上啦，咱也不担任主要工作，把自己生产搞好就行啦！"④北京宛平二区碣石村党支部书记及村长等主要干部，都存在"休息""换一换"的错误想法。村长谭朝林和支部宣传委员李国臣甚至在村选时威胁群众说："你们别选我

①《加强华北农村工作 中共中央华北局指示各省 集训农村党员干部 训练内容以新民主主义建设为主》，《人民日报》，1949年11月1日。
②中共中央华北局宣传部：《华北去冬集训农村党员总结》，《人民日报》，1950年6月22日。
③《兴县专区的冬学运动》，档案号：C61-5-2，山西省档案馆藏。
④吴象：《抗美援朝运动改变了榆次工作面貌》，《人民日报》，1951年3月10日。

们，选上我们，可小心对你们不客气!”“谁选我，就是和我有仇，就是害我呢!”[①]在河南省郏县李口乡，因为土地改革后个别党员不知道要干什么，看不到社会发展的远大前途，认为“土地改革完了，革命也完了”，出现个别党员（如李口村有2个）要求退党的现象。[②]根据河北省曲阳县调查了解，全县“8个村党员有宗派思想，15个村新老干部不团结，13个村有严重的自私自利思想，工作不积极”，张家峪的党员因闹派别而不顾生产。[③]新乐县二区良村的村干部由于不作为，被群众戏谑为“村长村长，见事就挡；村佐（村副）村佐，见事就躲（过去该村村长村副工作都不负责）”[④]。中华人民共和国成立初期，乡村基层干部中“放下武器”与“松口气，歇一歇”等思想导致许多基层工作难以开展。

除了“歇一歇”“换班”思想外，强迫命令也是农村干部工作中存在的普遍问题。中共中央华北局在关于整风整干的指示中指出：“华北党现有的一百六十万党员中，有十四万脱离生产的干部。其中绝大多数对党对人民是忠实的，对敌人斗争是英勇的，工作是有成绩的，这是根本的主要的方面，必须加以肯定。但也有很多人在很多方面发生了缺点与错误，其中最普遍和突出的是严重脱离群众的命令主义作风，违背和破坏党

①张文茂：《宛平碣石村党员干部认真完成村政权选举》，《人民日报》，1950年3月27日。

②《土地改革后河南农村的若干情况》，《人民日报》，1951年3月12日。

③《晋冀察等省执行华北局指示 训练农村党员干部 曲阳县首批二百余人训练完毕》，《人民日报》，1949年12月13日。

④许张潘，高镜明，集农，方舒，方辰，刁文学，树青：《河北村选结合生产 现已有八百余村选出村政府 民主运动推动生产收获很大》，《人民日报》，1950年4月5日。

和政府的政策法令，以粗暴的态度去完成任务；有的甚至结党营私为非作恶，隔离了党和人民的联系，窒塞了人民的民主生活。"①河北省邯郸专区成安县1949年冬曾在农田水利建设中打井773眼。在实际工作中，一些区、村干部在向农户布置任务时，缺乏耐心细致的宣传和动员，强迫群众打井，有的村干部甚至采取所谓"公议"的方法，确定打井户。如果被确定的农户不愿打井，村干部就逼迫群众说："这是'群众'的意见，不打不行！"②表现出严重的强迫命令作风。

在察哈尔省阳高县，上级政府在对第十区进行建政帮扶工作时发现："全区三十七村的干部大体上有以下几种类型：一种是本质上好，作风也好，与群众有密切联系，深得群众拥护的，但为数较少。一种是本质上还好，一方面与群众有相当联系，工作也有成绩；另一方面在执行工作中犯有某些强迫命令的毛病，作风不正。群众基本上拥护，但对某些毛病要求他们纠正。这部分人，数量很大。另一种是严重的强迫命令，为非作歹，深为群众所不满。这类干部为数虽少，但影响很坏，群众坚决要求撤换或予处分。"以领导生产为例，"有些村为追求浸种数字达到百分之百（上级布置的），即实行强迫浸种，并派民兵在村口站岗检查，不浸不让种。有些村在秋耕和春翻地中，为突击耕地，一律禁止车马出村，连经商车马也不准外出，群众说：'养牲口也养下不是啦'。""一般说来强迫命令是

---

①《中共中央华北局发布决定 执行整风整干指示》，《人民日报》，1950年7月2日。

②《县委存在官僚主义作风 区村干部犯了强迫命令错误 河北成安县打井工作发生偏向 县委接受〈河北日报〉批评进行检查纠正》，《人民日报》，1950年6月12日。

村干部中极需纠正的主要毛病。"[1]

此外，由于多数乡村干部参加革命早、工作任务繁重等种种原因，文化程度普遍较低甚至部分还是文盲，缺乏必要的读、写、算能力。"不能看书报文件，做起工作来本钱少、办法少；不是左，就是右；弄得上级批评，群众不满，自己苦恼"，[2] 是许多乡村干部的真实写照。位于晋西北的兴县专区11个县中三分之二是老区，由于长期的战争影响导致文化落后，村干部大部分是文盲，自然村甚至连个管财粮、会记账的人都没有。[3] 据汾西一个村的统计显示：1950年前4个月共收到表格39种，每种填7份，每天需填表2份。由于村干部大多不识字，有的表格根本看不懂无法填。平陆区干部说："省级科学化，专级正规化，县级制度化，区级一盆浆糊，村是一锅汤。"[4] 河南武安县王二庄村的新、旧农会主任、村长、妇女主任、武委会主任等主要干部，都是不识字或识字很少的。农会主席陈梦礼曾给地主做了三四十年的雇工，由于家庭贫困，连温饱都难维持，更别说读书识字。土地改革后，陈梦礼才有了自己的土地，并有了读书识字的机会。虽然能认识四五百个生字，但仍然不能读、写；妇女主任王秀仑出身贫农，当选妇女主任后才开始学习识字，但也只认识几十个生字，也不具备读写能力。另外两个村干部王其会和王青荣，一个认识260多个字，另一个以前在烧饼铺做过伙计，因记账的需要认识几个

---

① 政务院政法委员会参事室：《经过乡村人民代表会整顿干部作风》，《人民日报》，1950年9月16日。

② 《适应农业合作化需要，大力开展农村扫盲工作》，《人民教育》，1956年第1期。

③ 《兴县专区的冬学运动》，档案号：C61-5-2，山西省档案馆藏。

④ 张磐石：《关于华北整风运动》，《人民日报》，1950年10月19日。

字。在9个共产党员中，就有三四个不识字的。由于没文化，"对于党的纲领、章程，大多数是没有看见过的；上级口头传达的东西，到村里后常常走样很远。管理村中事务，也发生困难。有一次，农会主任接到一个紧急通知，正当农忙，能识字的多半下地去了，找了半天才找到人看，已经过了时候"①。

随着农业生产的恢复、发展以及互助合作的开展，农村基层干部特别是村级干部和积极分子文化水平低下的现实，已经愈来愈难以应付日渐复杂的工作。在山西昔阳县，农业生产合作社从1952年的5个发展到1954年的131个，但与农业生产合作社快速发展不相适应的是具备一定文化水平的村级干部严重匮乏。据统计，全县131个农业社中有36个农业社（占总社数的28%）的会计不能胜任，如果把社主任、技术员、记工员等都计算在内，人数会更多。北京东郊南㘰乡五一农业生产合作社成立后需要记工员、统计员、技术员、会计员等干部100人，但全社稍有文化能勉强胜任的仅占到一半。河南嵩县蛮峪乡12个农业生产合作社，需要300名具有高小文化程度的领导干部和技术员，但满足条件的人数还不到100人。② 由于没文化，一些农业社的会计把账记得一塌糊涂，被群众戏称为"糊涂账"，甚至给一些坏分子带来了可乘之机。山西平顺县川底村农业生产合作社是由全国劳动模范、爱国丰产金星奖获得者郭玉恩所领导的先进农业合作社，反革命分子郭运科利用农业社干部、社员文化水平普遍较低的弱点，为了搞垮农业社，仅在1952—1953年通过降低肥料作价等级等办法就贪污20多

① 郑林曦:《王二庄农民识字情况调查》,《光明日报》,1950年12月16日。
② 《适应农业合作化需要,大力开展农村扫盲工作》,《人民教育》,1956年第1期。

次，贪污金额584元，造成社员的严重不满。[①] 因此，"为干部，也完全是为群众，因为只有经过干部，才能教育群众指导群众"[②]，提高广大乡村基层干部、积极分子的政治觉悟和文化水平，克服"换班""松劲"思想，增强工作能力，推动农村各项工作的开展。

（二）中华人民共和国成立初期乡村干部教育

中华人民共和国成立初期，针对村干部素质低的问题，各地先后就领导与工作方法、农业技术等问题对乡村干部、党员展开了集中、专门轮训。在1949年冬和1950年春，山东省为推广改进农业生产技术，保证完成粮棉增产任务，先后对25个县的村干部、劳动模范、生产积极分子、互助组长、冬学教师等27 000多人进行了训练。[③] 1950年初，山西省农业厅分五个区对全省包括农业干部582人（其中有专署农业科员和县农业科长4人，县农业科员94人，区农业助理员319人，村干部及劳动英雄165人）进行了以耕作、选种、施肥、防除病虫害为主的，为期一个多月的农业技术训练。[④] 这些集中轮训在很大程度上提升了干部的工作能力和技术水平。

与此同时，1950年国家共创办工农速成中学18所，学生2 520人，[⑤] 其中上半年成立12所，学员1 459人。

---

① 《适应农业合作化需要,大力开展农村扫盲工作》,《人民教育》,1956年第1期。

② 《今年冬学怎样办?》,《人民日报》,1950年12月27日。

③ 仲星帆:《山东推广农业技术工作的两个办法》,《人民日报》,1951年3月15日。

④ 《推广农业科学技术 山西五百农业干部受训完毕 榆次专区将普遍开办训练班》,《人民日报》,1950年2月12日。

⑤ 中华人民共和国教育部工农教育司编:《工农教育文献汇编》(农民教育),1979年10月,第11页。

1950年度上半年全国工农速成中学统计表　　1950.6.10

区别	校名	校数	班数	学生数 合计	男	女	开学日期	材料来源
	总　计	12		1459				
中央	北京实验工农速成中学	1	3	116	94	22	4月3日	北京工农中学总结报告
	小　计	4		421				
东北区	哈尔滨实现学校工农速成中学	1	3	118			4月20日	东北区工农速成中学招考工作概况
	沈阳市工农速成中学	1	2	87	75	12	4月20日	东北区各种统计表
	大连工农速成中学	1	2	80			4月15日	大连学员情况调查表
	哈尔滨工农速成中学	1		136	114	22	5月15日	哈尔滨工中招考情况统计表
	小　计	3		400				
华北区	太原市工农速成中学	1	3	120			4月5日	山西省府5月29日电
	保定工农速成中学	1		160			定于5月底	河北省教育厅5月20日函工中情况简报
	平原省工农速成中学	1	3	120			5月13日	平原教育厅5月25日函关于工中筹备成立简报
	小　计	2	10	331				
西北区	西安市工农速成中学	1	6	191			5月22日	西北区1950年下半年工农设置计划
	兰州市工农速成中学	1	4	140			5月23日	同上
华中南	小　计							
	河南大学附设工农速成中学	1	3	108				据中南区教育部部长谈
华东	苏南(无锡)工农速成中学	1		83				苏南(无锡)工农速成中学开办情况简报

资料来源:《一九五〇年度上半年全国工农速成中学统计表》,《人民教育》,1950年第8期。

山西省还根据中央发展工农教育的精神在太原市及长治、榆次、兴县、忻县、运城、临汾、汾阳各专署分别建立一座工农速成小学，吸收文化程度不及高小毕业水平的工农干部。根据1950年6月统计，工农速成小学高级班和初级班共接收学员1 255人。在学员中，"党团员占到五分之四，中农出身的占三分之二，二十五岁以下的占五分之三，一年至三年工作年限的占五分之三"①。工农速成小学采取干部脱产学习的形式进行，学制为一年半，半年为一个学段。学校通过"学生入学后，不毕业不能中途抽调"的规定，保证工农干部的学习时间。

除了工农速成学校之外，许多地方采用把农业干部送入党校、团校以及各种短期训练班的方式，加强对干部的培训。在进行专业技术轮训和文化培训的同时，1949年11月，为了加强农村工作，开展1950年大生产运动和巩固、建设新政权，中共中央华北局发出《加强华北农村工作 中共中央华北局指示各省 集训农村党员干部 训练内容以新民主主义建设为主》的指示。根据中共华北局的精神，山西、河北、察哈尔等省分期分批对农村党员干部进行轮训。山西省从每个行政村分期抽调7个到10个党员干部参加各县组织的农村干部训练班，并利用冬学完成党的政策教育；中共河北省委决定除进行党员干部训练外，并组织全省80万党员的普训工作。②此外，1950年秋，对群众反映较多的干部作风问题，华北各地对区乡基层干

①山西省教育厅：《介绍山西省工农速成小学》，《人民教育》，1950年第2卷第1期。
②《晋冀察等省执行华北局指示 训练农村党员干部 曲阳县首批二百余人训练完毕》，《人民日报》，1949年12月13日。

部进行了集中整风，致力于改善干群关系，加强基层政权建设。

但是，无论是技能培训还是作风整顿，均很难从根源上扭转干部中存在的消极思想。工农干部速成中学或速成小学由于需要脱产学习、学习时间长（速成中学学习时间3～4年，速成小学一年半），使村级干部和积极分子很难从繁重的日常工作中抽身进行学习。另外，中华人民共和国成立初期，因基层干部缺乏，工作任务繁重，许多基层"干部有三多（开会多、任务多、兼职多）"①。山东省惠民县五区金家乡王家店子村年轻村干部王克华，虽然仅有20岁，却身兼13个职务，分别是"惠民县各界人民代表会议青年界常务委员，中国新民主主义青年团区委员，乡总支部书记，村支部书记、小组长，金家乡公安员、民兵指导员，本村中共党支部代理书记（候补党员不能任支部书记）、拥军优属委员会主任、文教委员会主任、冬学委员会主任，冬学教师、午学教师"②。由于身兼数职，每天开会占去大部分时间，虽终日忙碌，却很难把所有工作都做好。王克华为了改变自己兼职太多的情况，甚至向《人民日报》呼吁。村级干部繁重的工作任务，使他们很难坚持长期学习。河北省石家庄专区对4个县村干部参加学习情况的调查显示，28 120个村干部和积极分子中只有2 191人参加学习，仅占应学习人数的7.8%。③

相比而言，从根据地时期开始发展起来的冬学教育，不仅

①项国：《北方各地冬学运动的一些情况》，《人民日报》，1951年1月27日。
②王克华：《村干部兼职过多影响工作 惠民县王克华身兼十三职的现象应予解决》，《人民日报》，1951年4月30日。
③华江：《发展中的华北区民校》，《人民日报》，1951年8月3日。

有着长期发展积累的宝贵经验，而且更为重要的是有着其他教育形式难以替代的民众基础。因此，冬学以其工作学习兼顾，政治、文化、生产及科学常识等教学内容的多样性和丰富性，在村级干部和积极分子的教育中发挥着重要作用，从而成为中华人民共和国成立初期乡村干部教育的重要形式。

河北、山西等省都十分注意动员村干部参加冬学，据山西兴县专区对临县枣窊、河曲县河会村、离石县铨则村、五寨县南洼村与河湾村5个典型村1950年冬学情况的统计显示，由于干部和积极分子的带头作用，5个村应入学青壮年总计403人，实际参加学习的有346人，其中参加识字学习的壮年有203人，占应入学壮年总人数的80.5%多。[1]调查的5个村子中，五寨县南窊、河湾两村的村干部积极分子全部参加了冬学学习。[2]在左权县的龙则、十里店、瑙子沟等村，全体村干部带头入学，"龙则青年团员自动拿出麻籽换灯油供给大家夜间上课。有的青年自动上山打柴，解决烧火问题"，不仅成为冬学学习的主力，也推动了冬学发展。[3]黎城县各村干部及党团员积极带头参加冬学，定县二十里堡干部班冬学先开学，82名团员中有63人参加学习，还推动了干部家属的入学。[4]在平原省，堂邑县辛集村青年团员、共产党员、村干部和劳动模范不仅带头参加冬学学习，而且推动了冬学向民校的转变；莘县花庄村青年团员黄贵春在冬学认了300多字，鼓舞了全村青年

①常江河：《山西冬学一月》，《人民日报》，1951年1月4日。
②项国：《北方各地冬学运动的一些情况》，《人民日报》，1951年1月27日。
③《区村干部深入领导 教员困难适当解决 左权冬学运动规模超过往年》，《人民日报》，1950年1月24日。
④阚射军：《华北区冬学开始阶段概况》，《人民日报》，1950年1月28日。

学习的热情。①

　　随着合作化的开展，1953年冬季以来乡村干部、积极分子、合作社社员、互助组组员由于感受到"肚子里没东西（指文化）缺少办法"②，参加冬学学习的比例有了很大的提高。③1954年，山西省永济县参加冬学文化学习的乡村干部、积极分子等共计10 425人（其中乡村干部1 959人，党员554人，团员926人，社员5 253人，青年民兵4 923人）④，参加学习的乡村干部比1953年的750人增加1 209人，超过计划人数的33.6%，从根本上改变了以往"女多于男""干部只报名不上学"的现象。同年，平顺县有党员2 300人、团员2 700人、干部民兵6 400人参加了冬学的文化学习。⑤河北邯郸专区的武安、永年等县363个农业生产合作社，以乡村干部、党员、团员、农业生产合作社社员和互助组组员为重点人群，组织了冬学学习；张家口专区的商都县则有45个农业生产合作社为加强农业社干部、积极分子和社员的教育，由农业社开办了冬学。⑥

---

①《平原省二十八个县市　二十四万人入民校学习　适应农忙活动调整学习组织》，《人民日报》，1950年4月26日。

②山西省人民政府教育厅工农教育处:《关于各县报送一九五四年农民业余教育工作总结卷永济县一九五四年农民业余文化教育工作总结报告》，档案号:C61-5-181，山西省档案馆藏。

③《进一步发展农民业余文化教育》，《人民日报》，1954年9月1日。

④山西省人民政府教育厅工农教育处:《关于各县报送一九五四年农民业余教育工作总结卷永济县一九五四年农民业余文化教育工作总结报告》，档案号:C61-5-181，山西省档案馆藏。

⑤《各地冬学入学人数普遍增加》，《人民日报》，1955年1月30日。

⑥《河北省冬学工作即将展开》，《人民日报》，1954年11月11日。

三、冬学与中华人民共和国成立初期乡村基层政权建设

评选模范是冬学总结的关键环节，也是展示冬学成绩、鼓励民众学习积极性的重要方式，更是树立楷模，培养基层积极分子的必要途径。冬学教育中涌现出的积极分子，活跃在村落管理、生产、学习等各个领域，充实了基层民主政权，推动了乡村社会的治理。

（一）冬学模范评选与积极分子培养

发现与培养积极分子，是扩大和巩固农村基层党团组织和乡村基层政权的候补力量，提高干部质量的一项长期、细密的组织教育工作。根据教育部《关于开展一九四九年冬学工作的指示》中明确对"成绩优良的冬学教员应予以表扬奖励"的原则，山西省在1949年12月31日发出冬学补充指示，要求各县在冬学总结时，应举行评选模范运动，各专署及县冬学辅导督察组应该对发现的模范冬学、冬学教员、学员和干部，通过"口头奖励、通报表扬、通令嘉奖、发给奖状或资金等形式，并应使之成为群众性的奖励"①。冬学评选、奖励模范的工作一般在每年春节放假前或冬学临近结束时进行。奖评模范是巩固冬学成绩、促进农民业余教育发展的重要环节，更是培养积极分子、树立楷模的重要途径。对此，教育部《关于冬学转为常年农民业余学校的指示》中做出了明确说明。《指示》指出，"各省、县人民政府教育部门，应尽可能召开奖励学习模范、模范教师及模范学校、模范村的代表会议。会议时间不宜

①《山西省府发出冬学补充指示 试行重点扫除文盲 并规定各科教学方法 识字教育的主要对象是青年男女和村干部 各专署组织辅导组加强实验区视导检查》，《人民日报》，1949年12月31日。

长，但要开得隆重。经验证明：奖励会议是一种重要的领导方式，它是培养与群众联系密切、在群众中有威信的积极分子，树立典范，推动一般的好方法。"①河北省文教厅在《关于总结冬运与评奖模范的指示》中也要求各地在总结冬学工作基础上，召开奖励模范会议，"培养与群众联系密切、在群众中有威信的积极分子，树立旗帜"②。因此，各地冬学在开展过程中，普遍重视冬学学习模范的评选，从中发现积极分子，培养义教和基层干部的后备力量。

在冬学模范的评选工作中，测验成绩是一项主要参考依据。在考核时间上，各地普遍在春节假期前进行测验，这样既能考核学员前一段时间的学习情况，又可以巩固学习成果，鼓舞学员的学习热情。河北省政府非常明确地要求各地冬学"在春节放假前，各地应普遍进行一次测验，检查学员学习成绩，以学员的实际成绩，坚定其学习信心"③。在具体考核办法方面，各地多根据自己的实际情况来采取灵活多样的考核方式。以河北万全县为例，一般性的考核内容包括了认字、阅读和回答问题三个方面。首先是认字，以生字表（为标准），从中找出具有代表性的30~40个生字对学员进行抽查。其次是阅读，随机从学过的课文中抽取其中的一篇，要求学生进行阅读。最后是回答问题，主要是围绕中心工作设置问题，学员现场回答，相当于口头考试。依据以上三个环节的考核，评定学

---

① 中华人民共和国教育部工农教育司编：《工农教育文献汇编（农民教育）》，第22页。

② 河北省人民政府文教厅：《关于总结冬运与评奖模范的指示》，档案号：1025-1-76-21，河北省档案馆藏。

③ 河北省人民政府教育厅工农业余教育处：《对春节前后冬学工作的几点意见》(1954年)，档案号：1025-1-239-16，河北省档案馆藏。

员成绩。此外，全县还对一些冬学进行抽查，为了保证抽查结果的全面与客观，各区的总校长与教导主任会在抽查测验前先以一个班作为测验试点，形成完善的测验方案后再深入各乡村开展测验。在具体实践中，会"在测验前讲明了测验目的与纪律等问题，这样领会了精神节省了时间，在测验当中，每班开始到结束，不超过四个小时"①。冬学考核结束后，对表现突出的教员、学员及冬学进行不同形式的奖励。

在山西，交城县"九区大营村农会主任梁德昌、妇女委员周三亲等首先自己入冬学，并挨门逐户说服群众，数日内推动全村百余人上冬学；七区李家社等村小学教师热心教冬学，并在不妨碍学校工作情形下到群众中去动员青壮年上冬学"，②视导组对这些在视察中发现的模范进行宣传表扬，通过树立榜样，对其他村干部教员的影响很大。平顺、榆社、陵川等县都普遍进行了群众性的冬学总结，评奖模范的运动。陵川县经过总结、奖励和宣传常年学习的好处后，克服了一些群众中思想中存在的"冬学结束，学习也结束"的错误观念；③平顺县共计评选出22座模范冬学，34位模范冬学校长，55个冬学模范义教，1 000余名模范学员，42个模范干部，97个学习模范小组（934人），21个学习模范班（173人）；④榆次六堡村召开了冬学学员和群众大会，对选出的9名模范进行了表扬并给予

①万全县人民政府教育科：《万全县扫盲工作、冬学毕业测验总结报告》（1954年），档案号：1025-4-329-43，河北省档案馆藏。
②《交城县派出视导组检查推动各村冬学》，《人民日报》，1949年12月31日。
③《河北平原山西等省适应生产变更群众学习组织形式》，《人民日报》，1950年4月14日。
④《平顺冬学评选工作结束，东庄等二十二冬学当选模范，二百余冬学可转为经常民校》，《山西日报》，1950年3月17日。

物质奖励，其中还给2个一等学习模范送了喜报，使"这些模范在自己学习与动员群众学习两方面都更加积极"①，并且促进了一批新的积极分子的出现，从而通过召开学习模范与积极分子会议，进一步推动群众的学习热情。为进一步贯彻教育部精神，山西省人民政府于1950年11月发布《关于冬学奖励的指示》。对冬学奖励的目的、奖励范围、奖励标准及注意事项等做了明确说明：

174

> 为了及时推进冬学运动，巩固成绩；于一定阶段中，举行评奖模范、树立楷模，给进一步开展识字运动，奠定更好基础，本府除对模范冬学（或民校）、模范义教与学习模范等典型事例，及时通过表扬，以示鼓励外，兹拟拨冬学奖金小米十万斤，由专署代省府名义，分别奖励。此项奖金之使用应根据工作之发展，分期举行。……评选时可根据具体情况，分别采取较大或相当规模的形式，通过总结、交流经验、成绩评定、结合民主评选、榜示公布等方式进行。……一、评奖范围：今年开办的冬学和原有的民校、文化班、学习组、冬书房、巡回学校、义务教员、学员等，在冬学运动中有创造、有显著成绩；拿模范标准之全部或一部，不论集体或个人，均可分别给予精神或物质之奖励。二、模范标准：1.模范冬学或民校（模范小组或班的标准各地可自定）。（1）冬委会组织健全、分工明确、有各种较正规的工作制度，能按照计划进行工作，能有显著成绩者。（2）能结合中心工作，并能推动中心工作者。（3）工作深入，学习成为群众自觉行动，经常入学人数超过应有要求数量者。2.模范义教：（1）能动员群众入学，并能以教学方法与

---

① 李彬董，力发，郭永太：《榆次六堡村四百农民开始常年文化学习 经过文盲诉苦和学习经验介绍全村青壮年十分之九参加民校》，《人民日报》，1950年3月24日。

教学成绩，鼓励学习情绪，掀起学习热潮，巩固学习成绩者。（2）工作积极认真负责、作风正派，能结合农事忙闲，并用各种方式有计划地组织群众学习并有新的创造，取得显著成绩者。（3）自己学习积极，钻研业务，能做到课前充分备课，课后检查辅导，并能使课堂教学与小组检查辅导教学相结合而确有成效者。能时时体会群众需要和思想情况，结合实际进行教育者。3. 学习模范：（1）学习积极，并能将学习与生产结合，做到生产与学习两不误者。（2）个人成绩优良，文化课达到一定进度并能帮助他人学习，能有成绩为学员爱戴者。（3）积极学习以个人模范行动影响他人，确实起了模范带头作用者。三、评选方法：模范之评选，必须与总结工作、交流经验相结合。学习模范，应优先以民校或行政村为单位，通过成绩考查、平时评分，结合民主选评产生，再以县和学区进行复评。义务教员应以学区或行政区为单位，通过经验交流，及平时检查了解、选评产生。以县召开模范义教大会，座谈经验，评选等第，分别奖励。具体人数及评选细则各县可根据实际情况自行规定。①

1951年2月，汾城县为通报表扬的热心办学干部、义务教员和学习积极分子发放的铅笔、毛笔、日记本等奖品②即来源于山西省人民政府下拨的冬学奖金。1954年，山西襄垣县各区先后召开了冬学总结与模范奖励大会，奖励模范干部48名，义务教员68名，学员27名，选出出席专署农教模范代表会议的模范7人。冬学通过奖励模范，在群众中树立了旗帜，推动1955年冬学开展过程中涌现出了更多的积极分子，其中

①节选自《山西省人民政府关于冬学奖励的指示》,《山西日报》,1950年11月16日。

②《汾城县及时奖励冬学模范,下通知要冬学坚持过春节》,《山西日报》,1951年1月22日。

116人被评选为模范，北底村党支部委员程怀亮回去后积极组织吸收了合作社、信用社、信贷社等12个主要乡干部参加学习。①

平原省温县在春节前后召开义务教员会议，总结冬学成绩，评选奖励冬学模范，扫除"过年散伙"的思想；辉县羊圈村通过总结冬学成绩和评选奖励模范带动全村80%的青壮年开展常年学习。根据河北省政府关于各地冬学在春节前后普遍性地要"总结与评模"②的规定，1950年，大名县奖励了255名模范冬学学员，94名模范教员和30处模范冬学；③涉县各村通过"在冬学总结中选举英模，开'庆模会'，当众贴'模范榜'，给模范送匾，使村民知道了冬学的成绩，激发起大家继续学习的热忱与信心。"④1951年，河北省政府进一步发布冬学运动指示，要求各地"平时应注意发现与培养学习模范，及时奖励，鼓舞其学习热情，带动一片，对有相当文化程度之学员，培养其自学能力"⑤。在北京市，市文教局为鼓励冬学中成绩优良的干部、教员和学员，特别制定了冬学奖励模范的办

①《襄垣县一九五四年农民业余教育总结》，山西省人民政府教育厅工农教育处：《关于各县报送一九五四年农民业余教育工作总结卷》，档案号：C61-5-181，山西省档案馆藏。

②河北省教育厅：《河北省开展一九五〇年冬运的意见(草稿)》，档案号：1025-1-38-8，河北省档案馆藏。

③《邯郸专区冬学转民校 在群众性的总结检查基础上提高一步 现已有五百余冬学首先转入常年民校》，《人民日报》，1950年4月4日。

④杨玉峰，段崇山，张云青：《各级领导干部重视农民教育 涉县各村普遍建立民校》，《人民日报》，1950年6月14日。

⑤河北省人民政府：《开展一九五一年冬学运动的指示》，档案号：907-1-178-2，河北省档案馆藏。

法，要求各区在冬学结束时，进行一次评选模范的工作。[1] 根据这一精神，1951年春节前，北京郊区各村冬学都举行了考试，评选并奖励了学习模范。[2] 在山东省历城县，通过评选冬学学习模范等工作发现冬学中的积极分子，以积极分子为骨干推动了全县6 106人坚持常年学习，其中青年夜校学员4 358人，妇女识字班学员1 163人，成人夜校学员575人，儿童班学员10人。[3]

各地冬学开展的冬学总结和评选、奖励模范活动，一方面有效巩固了冬学的学习成果，提高群众的学习积极性，促进了冬学的持续发展。另一方面，冬学奖励模范在赋予积极分子荣誉和认可的同时，也为其建构了新的组织和社会关系。

（二）冬学视阈下的乡村基层政权

冬学教育对原有乡村干部的改造和对冬学积极分子的培养、选拔，有效促进了乡村社会的流动，加强了乡村社会政治生态的建设，有利于乡村基层政权力量的巩固，对乡村社会的发展产生了积极的影响。

在"以冬学为进行抗美援朝教育的主要依托"[4] 并取得显著成绩的山西省榆次县，经过冬学抗美援朝教育，原来躺倒不干、有严重思想问题的村干部，有152人变得积极起来，有53名党员、90名团员发生了思想转变。据不完全统计，全县52个村仅通过冬学抗美援朝教育就涌现出积极分子1 382人，村

[1]《文化生活动态》，《人民日报》，1951年2月4日。
[2]张殿京：《我们参加了冬学教学工作》，《人民日报》，1951年2月16日。
[3]李江源：《通过总结冬学成绩评选模范 历城建民校二百余所》，《人民日报》，1950年4月12日。
[4]廖盖隆，马家驹：《怎样在农村中开展抗美援朝运动？》，《人民日报》，1951年4月15日。

干部积极分子318人，党团员积极分子280人（只包括一区、四区和五区3个区的数字），发展民兵387人（46个村的统计），发展青年团员90人（13个村的数字）。冬学教育对村干部、党团员思想观念带来的转变，直接影响了乡村工作的面貌，其中八达、什贴、西长寿等村成为由三等村转变为一等村的典型村庄，①从而进一步夯实了农村基层政权的基础。在农村冬学的学习中，大部分骨干都是青年团员，②他们在农业生产发展、新技术推广和农业合作化中发挥了重要作用。在阳城县，有35%的青年团员在互助合作组织中被选为组长。③据昔阳县思乐乡统计数据显示，仅在1953到1954年秋期间，全乡通过冬学共扫除青壮年文盲220人，其中有20人担任了乡村主要干部，10人担任农业社正副社长，19人担任了农业社的一般社务干部，2人当了农业社会计，81人当了农业社劳动小组长和记工员等职。④襄垣县1954年的冬学模范中，秦水全、张秀兰等23人担任了农业社长，牛存留等18人担任农业社会计，杨元福等54人担任农业社记工员。由于模范的旗帜作用，在1955年冬学中进一步涌现出60名模范政教干部和56名

①《榆次抗美援朝运动的经验》，《人民日报》，1951年3月10日。

②《青年团一年来迅速发展 团员达一百七十万人 在各项工作中发挥了重大作用》，《人民日报》，1950年5月4日。

③《老解放区普遍建立青年团组织 团员在各种工作中起积极作用》，《人民日报》，1950年8月22日。

④山西省人民政府教育厅工农教育处：《省教育厅关于开展扫盲农民业余文化技术教育、冬学运动的指示、通知、报告》，档案号：C61-5-38，山西省档案馆藏。

义务教员。①在河南省，据商水县杨营等三个大队的不完全统计，"历年来通过扫盲和业余教育培养，提高了81个大、小队干部的文化水平。太康县衣冠营大队的党支书、队长等8个主要干部中有5人通过业余学习达到了扫盲毕业程度，使这些干部的领导管理能力有了很大的提高。商水县杨营三个大队历年来通过文化技术学习，为农业战线培养输送了55名初级技术人员。"②

此外，许多冬学积极分子被群众选为冬学教员，扩大了冬学教育的师资力量，进一步促进了冬学的发展。1951年，河南省各专区、县都举办了冬学教师短期训练班，全省共训练冬学教师6万多人，其中有不少是农民业余学校中的学习模范和积极分子。③在山西永济县，1954年全县选拔出393个政治义教和291个文化义教，在选出的义教中有党员63人，团员174人，占义教总数的34%。④河北唐县二区中眼沟村劳动模范甄连善，积极动员群众上冬学，在冬学里耐心地教大家珠算。在一个月内，全村40多名学员全学会了三位数的加减法，有的还学会了乘法并能记较复杂的账了。由于表现积极，甄连善被群众选为珠算教员。全村群众异口同声地说他"不光除病虫害

①《襄垣县一九五四年农民业余教育总结》，山西省人民政府教育厅工农教育处：《关于各县报送一九五四年农民业余教育工作总结卷》，档案号：C61-5-181，山西省档案馆藏。

②河南省教育史志编辑室编：《河南省成人教育部分志稿（建国后）》，《河南教育史志资料选编》，1987年第5期。

③《文化零讯》，《人民日报》，1951年12月16日。

④《永济县一九五四年农民业余文化教育工作总结报告》，山西省人民政府教育厅工农教育处：《关于各县报送一九五四年农民业余教育工作总结卷》，档案号：C61-5-181，山西省档案馆藏。

他是模范，又成了咱村的模范教员"①。冬学学习模范同时也是生产模范和工作模范。北京郊区南安河村冬学教员章国栋和村长响应国家冬季生产的号召，组织群众包工打石子，冬学学员踊跃参加，在组织的拥有50多名会员的临时工会中，冬学学员就占了30名。②

冬学中乡村积极分子的培养和选拔，为乡村基层政权训练了大量的有生力量。这些乡村本土权力阶层的崛起，展现了中国共产党民众教育之下，乡村社会政治生态的重构和社会阶层的空间流动，改变了长期以来国家权力在乡村社会的组织真空，使中国共产党实现了对乡村社会的有效控制，为农业合作化提供了必要的干部储备。

中华人民共和国成立前后，冬学通过对乡村开展的政治、时事、文化、生产等教育，推动了乡村社会阶层的流动和社会的重构。在这个过程中不断涌现出的模范、积极分子，在夯实农村基层政权基础的同时，强化着乡村基层干部本土化的趋势，有效促进了乡村社会的整合，并为新型价值观念向乡村的引入树立了榜样，为乡村正确价值导向的树立、乡村民众价值观形塑和国家认同的建构，创造了条件。艾思奇曾经指出，共产党有两种政治任务，"一种是宣传和教育任务，另一种是组织任务"③。从这一视角看，冬学无疑是中国共产党政治革命成功的最有效路径之一。

①《读者来信》，《人民日报》，1951年1月17日。

②李一帆：《介绍京郊南安河村的冬学》，《人民日报》，1951年1月30日。

③亨廷顿著，王冠华等译：《变化社会中的政治秩序》，北京：读书·生活·新知三联书店，1989年版，第311页。

第五章　农民国家意识形塑

国家认同是加强国家凝聚力、竞争力的前提和基础。习近平总书记多次强调，要"不断增进各族群众对伟大祖国、中华民族、中华文化、中国共产党、中国特色社会主义的认同"。中华人民共和国成立之后，为形塑民众的国家认同，国家以冬学为农民业余教育的重要载体，通过回忆、诉苦、"挖穷根"以及基本国情教育等方式，培育民众的国家意识。在朴素的爱国情感之下，抽象的国家概念转化为一个个具体的行动，并被赋予了道德力量。"国家"观念从无形到有形的过程，也是农民与国家新型关系的构建过程。农民国家认同的成功构建，对推动中华人民共和国成立初期农村互助合作的开展、社会主义道路的确立以及乡村社会的演变产生了深远的影响。

一、中华人民共和国成立初期农民国家意识构建的现实诉求及基本举措

（一）中华人民共和国成立初期农民国家意识构建的现实诉求

重视对农民的思想政治教育始终是中国共产党的一项重要任务，也是冬学最首要的工作。全面抗战初期，山西甚至华北根据地建立的区域，由于落后闭塞，民众政治基础薄弱，"敌后的社会教育始终是与大众的政治斗争联系在一起的，全力服

务于对敌人的军事政治斗争，而成为巩固根据地各项工作的一部分，在抗战的不同时期有着不同的政治任务"①，即"当时的中心工作是什么，即以什么为教学内容"。太岳行署在冬学运动的指示中曾明确指出："冬学不仅是教育群众的一个学校，而且更应该成为推进冬季工作的重要组织形式。群众愿意学什么，冬学就教什么，应逐渐引导到当前的中心工作上，以便政治思想的原则教育与群众实际问题的具体解决结合起来。"②实践也证明："凡是把握了冬学和冬季工作的结合的方针的，冬学实际上帮助了冬季工作，组织了群众的力量，成为其他工作的发动机，提高了其他工作，最切实地教育了干部和群众。"③因此，因时因势、灵活地围绕中心工作开展思想政治教育既是客观现实决定的，也是短时期内达到提高民众思想觉悟、推动各项工作开展的必然选择。

但在保证教育效果高效性的同时，冬学思想政治教育也极易成为中心工作的工具，由于"把冬学运动与一般的中心工作混为一谈，因而有的地区认为冬学工作对突破中心工作有利，就突击一下完事，不惜强迫命令，有的则根本不管，任其自流，群众团体一到冬学时就上组织课，工农青妇各有一套冬学教材"，根据晋察冀边区政府教育科的统计，"一九四三年各种冬学教材有十七种之多，什么都要讲，什么都讲不清楚"④。

①太行行署：《全区教育工作的总结及今后教育建设的新方向》，档案号：A52-4-7，山西省档案馆藏。

②《太行行署关于冬学运动的指示》，《新华日报》（太岳版），1945年11月15日。

③晋绥分局宣传部：《关于一九四五年冬学工作的指示》，档案号：A21-4-3-15，山西省档案馆藏。

④《新教育论文选集》，档案号：G3-121-2，山西省档案馆藏。

在1944年冬学运动中，左权县有"不少村子把冬学变成村公所甚至变成法庭，一切纠纷都到冬学解决，不去找村长"[1]。兴县"有的村子是冬学和工作的机构联合，使冬学变成了行政机关"[2]。部分冬学过分注重解决问题而没有重视提高群众文化和政治水平，不可避免地造成农民政治认同的即时性和当下性。

中华人民共和国成立后，"人民解放战争已经基本上胜利，但尚未结束，经济建设亟待开展，但困难还很大"[3]，国内政治形势发生了根本转变，中国进入全面恢复和发展的阶段。农业经济的全面恢复不仅关系到国家经济和社会的稳定，而且是推进国家工业化建设的前提和基础。在广大农村地区，一方面农民群众对人民政权的建立表现出高涨的热情；但另一方面，"群众中还存在一些消极因素，对于革命胜利以后国家发展的前途了解不够，对于新民主主义建设的任务了解不够"，成为"恢复与发展生产的障碍"[4]。可以说，在革命胜利后的前途问题上，群众的"基本认识是目标已经达到了，不知道下一步干什么"[5]。一些地区有部分群众"错误地认为既已

---

①《左权县一九四四年度冬学总结》，档案号：A166-1-33-6，山西省档案馆藏。

②《兴县四四年冬学工作总结》，档案号：A141-1-22-2，山西省档案馆藏。

③马叙伦：《提高农民群众政治觉悟文化水平　中央人民政府教育部指示开展今年冬学工作　解释共同纲领　树立国民新道德》，《人民日报》，1949年12月7日。

④马叙伦：《提高农民群众政治觉悟文化水平　中央人民政府教育部指示开展今年冬学工作　解释共同纲领　树立国民新道德》，《人民日报》，1949年12月7日。

⑤《黎城县两个月来冬学情况及问题》，档案号：A189-1-73-5，山西档案馆藏。

打走了日本帝国主义和实行了土地改革，那么再'革命'就必然是'共产'了，并错误地把社会主义和共产主义解释为'吃大锅饭'"①，由于担心"吃大锅饭"，一些民众"生产不节约"，认为"吃了喝了是赚头，不吃不喝是顶头"②，出现了"大吃大喝"、铺张浪费的情况。太谷程家庄群众受"庄稼汉整受一年，冬三月就该休息"的错误思想影响，全村不足两百户人家仅"冬至"一天就喝掉十几斤酒，很多农民都丢开旱烟抽纸烟；兴县某些村农民表面上装穷，关起门来好吃好喝，③"生产不节约，劳动不致富"成为一些农村地区的普遍现象，严重影响了农业生产的恢复和发展。另外，部分群众在生活有了明显改善后滋生了"关门建设、埋头生产、过太平日子"的思想，"庄稼人交了粮，就是太平王；闲事不管是正经"④。河北省大名县是一个拥有587个村庄、32万人口的老根据地，群众基础较好。中华人民共和国成立后，由于缺乏对群众的宣传动员，很长一段时间"群众情绪不够饱满，忽高忽低"，存在着严重的关门生产不问政治的倾向。⑤美国政治学家米格代尔曾分析指出："农民参与有组织的革命运动，是农民在革命组织提供的利益刺激下为解决某些个人和农村社会问题而做出的

---

① 《华北农村的冬学运动》，《人民日报》，1949年2月16日。

② 山西省人民政府教育厅工农教育处：《省教育厅一九四九年冬学工作总结经验、订购课本、开展文娱活动、恢复和建立太原市工人区学校的通知、办法》，档案号：C61-5-2，山西省档案馆藏。

③ 《各地冬学经过时事、政策教育，群众政治觉悟普遍提高，搞副业跑运销大闹生产》，《人民日报》，1950年3月5日。

④ 吴象：《抗美援朝运动改变了榆次工作面貌》，《人民日报》，1951年3月10日。

⑤ 《中共中央华北局宣传部关于河北大名县群众宣传工作的通报》，《人民日报》，1951年12月19日。

尝试"①。在利益驱动之下，农民既可以是潜在的革命者，也可能成为政治上的保守因素。②

中华人民共和国成立初期，部分群众在前途问题上出现的迷茫，反映出由革命向建设转型的历史背景之下，农民国家认同的缺失。中国革命胜利前夕，毛泽东提出"严重的问题是教育农民"③，也是对此表达的忧虑。1950年抗美援朝战争的爆发，使激发农民的爱国主义情绪、构建农民的国家认同，成为迫切需要面对的现实问题。

（二）加强民众国家认同的积极探索

中华人民共和国成立后，从根据地时期发展起来的冬学教育，"根据新的历史条件，仅照过去的做法是不够的了"④。1950年，第一次全国工农教育会议召开。马叙伦在开幕词中指出，"需要中央根据共同纲领，根据国家总的情况，根据当前实际的需要与可能，慎重地考虑"工农教育长远的发展计划、方针和实际步骤等问题。大会明确加强工农教育的重大政治意义在于"巩固与发展人民民主专政"⑤。

抗美援朝战争爆发后，冬学成为向农民群众有系统地进行爱国主义教育的一个极为重要的组织形式和良好场所。1950

①米格代尔著，李玉琪等译：《农民、政治与革命——第三世界政治与社会变革的压力》，北京：中央编译出版社，1996年版，第196页。

②亨廷顿著，王冠华、刘为等译：《变化社会中的政治秩序》，上海：上海人民出版社，2015年版，第345页。

③《毛泽东选集》（第4卷），北京：人民出版社，1991年版，第1477页。

④中华人民共和国教育部工农教育司编：《工农教育文献汇编（农民教育）》，1979年10月，第6页。

⑤中华人民共和国教育部工农教育司编：《工农教育文献汇编（农民教育）》，1979年10月，第12页。

年12月15日，教育部发出《关于加强农民业余教育中抗美援朝时事教育的指示》，要求"为了配合当前政治形势与任务，加强爱国主义的教育，各地应根据其具体情况与条件，适当增加抗美援朝的时事教育的比重，并使这种时事教育与文化学习互相结合"。作为"一种广泛和较长期的爱国主义的群众教育工作"①，抗美援朝教育应帮助农民认识抗美援朝与保家卫国的关系，加强其"爱祖国爱人民的观念"②。1951年教育部在关于加强当年冬学政治时事教育的《指示》中，强调"普遍和深入地向农民群众进行抗美援朝爱国主义的教育"，是冬学的首要任务之一。1952年教育部关于冬学运动的通知中明确：农村冬学政治教育旨在"提高人民热爱祖国与建设祖国的积极性与信心"③。1953年之后，冬学政治教育除了过渡时期总路线、统购统销互助合作以及改进农业技术等方面外，还要求对农民进行爱国主义思想教育。④加强爱国主义教育、构建农民群众的国家认同，成为中华人民共和国成立初期冬学政治教育的主要任务和核心思想。

围绕农民国家认同构建，国家一方面结合不同时期的中心工作开展抗美援朝、爱国生产、互助合作及过渡时期总路线等的宣传教育，帮助农民认识到："今天能够在自由平等的条件

①中华人民共和国教育部工农教育司编:《工农教育文献汇编（农民教育）》,1979年10月,第19页。

②中华人民共和国教育部工农教育司编:《工农教育文献汇编（农民教育）》,1979年10月,第20页。

③中华人民共和国教育部工农教育司编:《工农教育文献汇编（农民教育）》,1979年10月,第28页。

④中华人民共和国教育部工农教育司编:《工农教育文献汇编（农民教育）》,1979年10月,第42—43页

下进行劳动生产，是全国解放、土地改革胜利及取消了封建束缚的结果；同时，应使农民了解：今后必须积极保卫祖国和巩固发展人民的胜利，劳动发家才有保障，那种只顾个人劳动发家而不顾国家利益的思想是错误的、不正确的"①，激发民众的爱国热情和对国家、对社会主义道路的认同。另一方面，通过规范教学内容和提高政治教员的教学水平，切实保证冬学政治教育的实效，积极探索加强农民国家认同构建的有效途径。在实践中，山西通过设立"传授"制度进行了有益的探索。"传授站"是以区为单位，由县级主要干部领导，实行县、区、村的三级"传授"制度，设立的目的在于"统一布置冬学政治课教育内容和教学方法"，既解决教材缺乏的问题，又"解决冬学教师讲授政治课的困难"②。每年冬学开展之前，山西省宣传教育委员会以当年重点时事为主要内容编印农民政治教材，然后通过"传授站"由专人对冬学教员进行培训，帮助他们对冬学教授的政治内容有清楚的了解，从而推动冬学教学的顺利开展。在实践中，一般"由县、区或教育部门负责干部，定期到一中心地点，集合数村冬学教员（无教员者则选拔较有知识的干部）定期传授时事文化教育内容，这种现学现教的办法，曾收到很好的效果。"③"传授站"定期由各县派出专人辅导冬学教员，"不仅传授课程内容，并应传授如何结合群众思想，以启发诱导、针对问题予以批判等方法进行教学。讨

①《中共中央华东局发布关于土地改革后农村工作任务的指示》，《人民日报》，1951年12月8日。
②《山西省府发出冬学补充指示 试行重点扫除文盲 并规定各科教学方法 识字教育的主要对象是青年男女和村干部 各专署组织辅导组加强实验区视导检查》，《人民日报》，1949年12月31日。
③克林：《怎样办好今年的冬学？》，《人民日报》，1950年12月23日。

论会应在当堂分组进行，群众提出的疑难问题，须经传授站研究后，再予统一解答"①。

"传授站"设立后，潞城县由"潞城县长、中共县委宣传部长、秘书、民政、教育科长等组成一个传授组，划定时间，分赴五个区，以统一内容进行传授"②。左权县各区以联防为单位设立"传授站"，帮助解决教员在教学内容上的困难，并组织教员对教学问题进行研究，如一区塞王村联防冬学共有教员14人，每半月"传授站"组织教员及中心小学校长开一次会，"研究教学内容，交流经验"③。榆次专区则"以县区为单位，统一领导、统一计划传授办法：村级由小学教员、群众教师、村干部等成立学习互助小组，共同研究时事问题后，再去转教冬学学员；以中心小学等为基点，召集邻近村的群众教师检查工作，解答教学中的问题；较难解决的问题则反映到县，由县印发活页教材，作统一的解答"④。由于"传授站"的设立，教员课前准备充分，熟悉了教学内容，从而"觉得有了资本，有了办法"⑤，不仅使每次政治课目的明确，解决了政治教员上不了政治课的困难，帮助教员安心教学，而且保证了政治课教学内容的统一，提高了政治课的教学效果。

在山西省建立"传授站"的同时，河北保定专署提出实行

---

①《山西省府发出冬学补充指示 试行重点扫除文盲 并规定各科教学方法 识字教育的主要对象是青年男女和村干部 各专署组织辅导组加强实验区视导检查》，《人民日报》，1949年12月31日。

②阚射军：《华北区冬学开始阶段概况》，《人民日报》，1950年1月28日。

③《区村干部深入领导 教员困难适当解决 左权冬学运动规模超过往年》，《人民日报》，1950年1月24日。

④项国：《北方各地冬学运动的一些情况》，《人民日报》，1951年1月27日。

⑤常江河：《山西冬学一月》，《人民日报》，1951年1月4日。

"趸卖制"的方法，即通过建立冬学中心学区，"以质量较高的中心冬学教师，对程度低的冬学教师"[①]进行辅导和传授。不论是建立"传授站"还是冬学中心学区，都是以提高冬学教员的教学水平和教学能力作出的有益尝试。因教学效果显著，1950年华北人民政府要求在华北推广山西省建立传授站与保定专署建立冬学中心学区，实行"趸卖制"的方法。

二、冬学农民国家意识建构模式

中华人民共和国成立初期，冬学政治教育一方面沿袭了根据地和解放区时期的传统，普遍采用诉苦、对比和算账的方式，围绕农村中心工作，用具体事例配合翻身教育实现农民"翻心"，启发群众提高觉悟，使他们认识到党和政府政策的正确，能自觉自愿地、坚决地去执行这些政策，激发农民的政治认同和国家认同；另一方面则结合基本国情、土地改革、抗美援朝等内容广泛开展时事教育，重塑民众的道德体系和价值观，以国家认同为基础凝聚起民众的力量，"教育农民有整体观念，实行城乡互助"[②]，支援国家建设。

（一）回忆诉苦

启发诉苦是根据地和解放区时期冬学普遍采用的方式。启发诉苦也称作"刨穷根"。"刨穷根"，顾名思义，就是解决穷人为什么穷的问题。

在减租减息过程中，由于深受封建迷信思想的影响，在为什么穷的问题上，"命穷""祖坟不好"等观念在民众中普遍流

[①]阚射军：《华北区冬学开始阶段概况》，《人民日报》，1950年1月28日。
[②]《一九四九年冬学运动实施纲要》，《人民日报》，1949年10月19日。

传。保德冀家堡村的冀六十二反对减租的理由就是："生就的穷命，减租不顶事。"①针对这种情况，根据地政权在冬学里围绕着"'地主老财'之所以富、穷人之所以穷，真是'命中注定'的吗？"这个话题启发群众思考："地主租给农民土地，为何要先抵押，为什么他就不讲情面？而自己种地主土地，能剩下多少粮食？"②保德县袁家里冬学"刨穷根"后，袁丑孩说："过去我认为减租不合理，后来才知道是地主剥削。"神池县烈堡邓七女说："穷不是命定的，是地主老财剥削穷的，只有靠大家组织起来的力量才能翻身发财。"利民寨的宫九如对地主说："过去我们是瞎子，挨你们的打，现在我们睁开眼了，再也不受你们的打啦"③"刨穷根"往往与民众身边真实发生的典型案例相结合，保德县五王城是一个接近敌占区的村子，贫农张二毛的父亲因交不起租，被地主剥去衣服活活冻死。雇工邬八小说："以前给邬清河当长工，黑夜还不让好好睡，等不到鸡叫，半夜起来到鸡窝里打得鸡子叫，鸡一叫，就得起来干活。"④诉苦仪式揭发了地主杨永祥、杨威祥的罪恶，改变着农民传统的道德观念。六黑米说："斗争是应该的，人家那时候看咱还不如一头牛，耕上一天地，只问牛熬着没有，不问人饿不饿，向他们要咱们的东西，没什么不好意思。"二秃子说："虽说地主有河滩地，但是咱们不种地，就吃不上。"⑤斗

---

①《保德县二区冬学工作总结》，档案号 A137-1-19-5，山西省档案馆藏。
②《保德县二区冬学工作总结》，档案号 A137-1-19-5，山西省档案馆藏。
③《晋绥边区第二分区一九四四年冬学工作总结材料》，档案号 A27-1-5-4，山西省档案馆藏。
④《河曲冬学材料》，档案号 A137-2-11-3，山西省档案馆藏。
⑤《晋绥边区第二分区一九四四年冬学工作总结材料》，档案号 A27-1-5-4，山西省档案馆藏。

争"揭露农民所系念的'良心'的实质",使他们一步一步地"认识剥削关系,打破经济上对于农民的实际束缚,和舆论上、道德上对于农民的镣铐,启发农民的阶级意识,明确阶级对立关系"①,最终从思想上解决民众中存在的"不好意思"和"情面"问题。

与一般的宣传、教育相比,"回忆诉苦对比生活最能启发群众的政治觉悟"②,促进自我觉醒。"刨穷根"在启发、引导群众反省的过程中,逐渐颠覆了群众的认知。这里我们不妨借用英国心理学家巴特雷特"心理构图"的概念。巴特雷特对"心理构图"给出的定义是过去经验与印象的集结。他认为"每个社会群体都有一些特别的心理倾向,这种心理倾向影响该群体中个人对外界情景的观察,以及他如何结合过去的记忆,来印证自己对外在世界的印象"③。通过诉苦,使得许多人过去的痛苦记忆被唤醒,相似的经历易于在感情上形成共鸣,也成为凝聚群体的新的集体记忆,从而成为形塑民众群体认同的前提和基础。因此,回忆、诉苦、启发的方式在中华人民共和国成立初期农民国家意识构建中被广泛采用,通过"回忆和控诉帝国主义和旧社会的一切反动势力给农民的苦,和解放以来国家、党和工人阶级、解放军和志愿军给农民的利益作

①太行革命根据地史总编委会:《太行革命根据地史料丛书之五:土地问题》,太原:山西人民出版社,1987年版,第267—268页。
②山西省人民政府教育厅工农教育处:《省教育厅一九四九年冬学工作总结经验、订购课本、开展文娱活动、恢复和建立太原市工人区学校的通知、办法》,档案号:C61-5-2,山西省档案馆藏。
③王明珂:《华夏边缘——历史记忆与族群认同》,北京:社会科学文献出版社,2006年版,第25页。

个对比"[1]，引导群众的国家认同。

平原省新乡进行抗美援朝宣传时，群众感觉朝鲜离自己很远，思想上表现得十分麻痹，认为："我缴了公粮，吃喝就困难了！"[2] 为此，冬学以"日寇侵略下的悲惨生活和地主恶霸的罪行"为主题，积极引导大家尽情控诉，激发起群众保家卫国的热情。五区郎公庙村的王长轲说："我过去受日本、国民党的残暴统治，一辈子也忘不了，美帝国主义过来，比日本、国民党更厉害，咱不来保卫，敌人不会让我们过好日子。帝国主义还站在大门外呢，我爱祖国，爱自己的家，我要求参加志愿军。"[3] 经过回忆、诉苦之后，袁永同老人说："不抗美援朝，咱现在的生活还能保得住吗？"并自愿多缴了31斤谷子。[4] 河南许昌冬学"许多青年农民在诉苦大会上，擦干了眼泪，要求参加人民武装，并在毛主席像前举手宣誓，要武装保卫翻身果实，要巩固人民祖国的国防。"[5] 一些老解放区把诉苦会与群众大会、老人座谈会以及宣传队相结合，在启发农民政治觉悟、培育农民国家认同方面收到了"较好效果"。此外，通过"诉苦""追穷根"，有系统地组织农民，对过去的想法、行为进行自我反省，从而达到认识错误，提高思想的目的。

（二）算账、对比

许多冬学进行诉苦教育的同时，还结合算账"帮农民算三

---

①《启发农民自己教育自己》，《人民日报》，1953年12月30日。

②王昌隆：《农村宣传的几点体会》，《人民日报》，1951年1月14日。

③郝明甫：《新乡县农村掀起了抗美援朝运动》，《人民日报》，1951年3月23日。

④王昌隆：《农村宣传的几点体会》，《人民日报》，1951年1月14日。

⑤钟苏：《河南许昌专区开展抗美援朝运动的经验值得学习》，《人民日报》，1951年4月15日。

笔账"，即解放以来国家、党和工人阶级给农民的利益、把农产品卖给国家的好处以及互助合作的好处，启发农民的国家认同。

在山西榆次，通过冬学算账、启发教育，东聂村有80余人主动报名到朝鲜参战，60多名妇女表示绝不拉男人的后腿，该村两天之内全部完成补征欠粮。[①] 此外，各村农民还以捐献慰劳品、写慰问信的方式，慰劳军属和人民解放军。武乡冬学则针对一些民众中存在的"负担重"的思想，以算账的方式让群众看到负担的真实变化，并进一步启发民众讨论"为什么负担减轻了，而群众却会产生负担加重的看法"。经过启发讨论，帮助群众认识到这是"光看自己，不看全国"的"革命胜利思想"，形成了只要认真生产，负担就轻的观念。[②]

在过渡时期总路线宣传教育中，山西省各县用当地具体事例，启发"农民算三笔账"，解决了在农民群众中存在的是否走社会主义道路、国家逐步实现社会主义工业化对农民是否有利、国家收购粮食对谁有利以及为什么国家收购粮食可以促进互助合作运动的发展等问题，帮助"群众懂得了粮食是地主奸商剥削农民的主要手段，粮食如果不由国家收购，群众就有吃不尽的亏"[③]。忻县匡村乡通过帮助富裕中农葛清亮算蔬菜丰收的账，让他明白"没有肥田粉，蔬菜就不可能有这样的收

[①] 吴象：《抗美援朝运动改变了榆次工作面貌》，《人民日报》，1951年3月10日。

[②] 山西省人民政府教育厅工农教育处：《省教育厅一九四九年冬学工作总结、经验、订购课本、开展文娱活动、恢复和建立太原市工人区学校的通知、办法》，档案号：C61-5-2，山西省档案馆藏。

[③] 张久成：《山西省对农民群众进行总路线宣传教育的经验》，《人民日报》，1954年2月11日。

成；工人没饭吃就不能生产，工业就不能支援农业了"①，从而主动向国家出售余粮。通过对比算账，农民对国家工业化和农业生产发展的关系有了清楚的认识，有些农民说："有了重工业就有了国防，像院里筑了围墙，不怕狐狸不怕狼""有了重工业才能有拖拉机"②，提高了发展生产支援工业和国家发展的积极性。山西榆次郭村过去"七千多亩土地荒芜了四千多亩""全村只有三十六头牲口""家家吃莎蓬（草名）""村里根本看不见猪和鸡"。中华人民共和国成立后，村里土地荒芜的情况没有了，全村满足于当前的生活，埋头自家生产，"开干部会也到不了一半人，群众会就更不用说"，导致基本工作难以开展。在冬学时事教育中，区长组织干部群众进行诉苦、算账，帮助群众认识到"要坚决保卫咱这好时光"③。在河南省郑州市郊区黄岗乡冬学进行统购统销政策教育时采取具体算账的办法，推动了售粮热潮，全班28名学员中有22人自觉地卖出余粮8 189斤。④

通过"算账"的方式，许多人"当下的过去"很容易唤醒群众中的集体经验记忆，拉近与现实的距离，形成过去与当下的对比，帮助群众建立对国家政策、路线的情感认同，从而推动农村工作的开展。

①张久成：《山西省对农民群众进行总路线宣传教育的经验》，《人民日报》，1954年2月11日。
②张久成：《山西省对农民群众进行总路线宣传教育的经验》，《人民日报》，1954年2月11日。
③山西省人民政府教育厅工农教育处：《省教育厅一九四九年冬学工作总结经验、订购课本、开展文娱活动、恢复和建立太原市工人区学校的通知、办法》，档案号：C61-5-2，山西省档案馆藏。
④《各地冬学入学人数普遍增加》，《人民日报》，1955年1月30日。

（三）国情教育

中华人民共和国的成立，标志着建设成为党和国家今后工作的主要任务。与之相适应，对民众的教育也从推翻旧政权向维护、巩固新政权转变。因此，借助对国旗、国歌以及基本国情的教育，"把爱祖国、爱人民、爱劳动、爱科学、爱护公共财产，作为人民国家的新道德"[①]，构建起新的道德体系，也是冬学培育民众国家认同的重要途径。

1949年冬学是中华人民共和国成立后开展的第一届冬学。因此，冬学政治教育的重要任务包括学唱国歌、学习共同纲领以及生产前途教育等内容，扫除生产上的思想障碍，教育和激发群众积极参加国家建设的热情。在老区，一般都系统学习了政治课本的第一、二两册，使群众对中华人民共和国的成立、国旗意义、人民民主专政等问题，都有了较为深刻的认识。[②]山西晋城通过在冬学中讲解中华人民共和国的首都、国旗、国歌以及中华人民共和国诞生的历史和三大文献，教育群众懂得"帝国主义官僚资本主义是不甘失败的，我们要注意拿枪的敌人是打倒了，不拿枪的敌人仍然在暗地里活动，应当提高警惕，注意他们，消灭他们，扫清大建设路上的障碍"，从而激发群众拥护政府、爱国旗、爱国歌的情绪，认识到"咱们爱国旗不是要爱这块红布，那是代表我们人民大众，爱国旗就是爱我们自己"[③]！左权县冬学仅开学一个月，一般学员都

①马叙伦：《提高农民群众政治觉悟文化水平 中央人民政府教育部指示开展今年冬学工作 解释共同纲领树立国民新道德》，《人民日报》，1949年12月7日。

②《山西检查冬学运动 要求各地把冬学运动推进一步 为今年开展识字运动打下基础》，《人民日报》，1950年2月7日。

③《晋城县训练冬学教员总结》，档案号：A196-1-68-1，山西省档案馆藏。

"记住了中央人民政府正副主席的名字……有小学的村庄，一般已学会唱国歌"①。1949年冬山西省冬学实际入学627 722人，当年凡是上过政治课的群众"一般都知道了我们国家和政府的成立，知道了主席和副主席是谁，三敌四友是谁，初步了解了中苏关系"②。在一些地区，群众冬学学习后"一般学员均初步明白了人民政协共同纲领的基本精神……学会了国歌"。③

冬学通过向群众"解释人民政协共同纲领，教青年学会唱国歌，了解与爱护国旗，进行中华人民共和国的国民公德的教育"④，使群众树立起"拥护人民自己的政府，遵守自己政府的法令"⑤的观念。正如时任教育部长马叙伦指出，"向农民宣传中华人民共和国诞生的伟大意义，解释人民政协的共同纲领，解释目前中国的军事政治经济情势和劳动人民的任务"以及"如何必须把革命战争进行到底，为何在战争中发生财政经济的困难和如何克服这种困难，新民主主义的建设应当如何进行，共同纲领的基本原则和基本政策是什么，以无产阶级为领导，工农联盟为基础的人民民主专政和人民民主统一战线应当如何树立与巩固，为何必须实行'一面倒'，必须加强中苏友

---

①《区村干部深入领导 教员困难适当解决 左权冬学运动规模超过往年》，《人民日报》，1950年1月24日。

②山西省人民政府教育厅工农教育处：《省教育厅一九四九年冬学工作总结经验、订购课本、开展文娱活动、恢复和建立太原市工人区学校的通知、办法》，档案号：C61-5-2，山西省档案馆藏。

③《东北展开大规模群众学习运动 百八十万人入冬学 河北教育厅派员下乡指导冬学》，《人民日报》，1950年1月25日。

④《办好冬学"中国青年"社论》，《人民日报》，1949年12月15日。

⑤马叙伦：《三年来中国人民教育事业的成就》，《人民日报》，1952年9月24日。

谊和拥护以苏联为首的世界和平民主阵线"等，使群众"真正意识到自己是中国的主人和创造者，自觉地为新中国的建设而奋斗"①。

三、农民国家认同建构与乡村社会实践

冬学教育之后，国家认同渗透到农民的日常劳动和话语体系中，并转化为情感认同。朴素的爱国情感成功形塑了国家与民众的新型关系，使广大民众"真正意识到自己是中国的主人和创造者"，爱国生产、多向国家出售余粮、积极参加互助合作等成为民众支援国家建设，表达自己国家情感认同的朴素方式。据不完全统计，1952年夏季山西省33万个不同类型的互助组中，有15万个是在竞赛运动中新发展起来的，河北省统计的51个县的互助组比1951年增加了16%。②

（一）爱国生产：农民国家意识的朴素表达

冬学提高了农民的生产情绪，推动了群众劳动观念的转变。在山西省榆次县六堡村，妇女也打破了传统惯例，开始参加劳动生产。群众反映："俺们今年可红火哩！一早一晚上地的人就像是赶会一样。这是几年来没有的事情。"③1950年平原省辉县五区春燕窝村有69名妇女组织起来，互助锄完了700

---

①马叙伦：《提高农民群众政治觉悟文化水平 中央人民政府教育部指示开展今年冬学工作 解释共同纲领树立国民新道德》，《人民日报》，1949年12月7日。

②王谦：《华北农村的爱国主义增产竞赛运动》，《人民日报》，1952年7月4日。

③郝晋瑞：《山西昔阳县许多民校结合文化学习进行生产教育》，《人民日报》，1950年7月12日。

多亩春麦；大山前村也完成了锄麦计划。①察哈尔省浑源七区贾庄村妇女觉悟有了明显提高，认识到"妇女参加劳动是光荣的！""裴莲枝便带动过20个妇女参加挖渠。裴玉枝学会了用大锄锄田，并带起16个妇女使用大锄。"仅1950年全村就有238个妇女全劳力参加农业生产。②在大批男子走上工业建设岗位或国防前线后，妇女参加大田生产对解决农村劳动力不足，保证农村爱国增产运动的顺利进行发挥了重要作用。

抗美援朝开始后，劳动不仅关乎个人荣誉，更与爱国与否紧密联系在一起。许多互助组、农业合作社不仅建立了"爱国日"制度，通过"开展批评与自我批评，检查爱国思想和爱国行动"，而且在"努力生产、多打粮食以支持人民志愿军"③的朴素感情激励下，山西各地积极响应全国著名劳动模范李顺达发起的"以搞好冬季农副业生产和订好农业生产计划"为目标的爱国丰产竞赛，以加强生产作为保家卫国的实际行动。据不完全统计，仅一个多月的时间，全国有山西、河北、察哈尔、平原、内蒙古自治区等29个省、区的1 618位劳动模范和1 938个互助组向李顺达互助组应战。④山东省文登专区各县农民响应爱国生产的号召开展了"三大堆"（土堆、粪堆、草堆）运动，莒南县的劳动模范吕洪斌所在村的22户农民拿出

①平原省教育厅通讯组：《平原省灾区冬学怎样推动生产救灾》，《人民日报》，1950年4月2日。

②郭铸：《怎样开展农村读报组工作 记浑源县贾庄村读报组》，《人民日报》，1950年10月16日。

③王谦：《华北农村的爱国主义增产竞赛运动》，《人民日报》，1952年7月4日。

④《各地农民响应李顺达互助组挑战 广泛展开爱国农业生产竞赛》，《人民日报》，1951年4月21日。

23 400余斤粮食开办小型水利事业，并保证全村在春季播种前完成积粪1 200车的任务。[①] 山西省河津县北源村在爱国生产的鼓舞下，1 340亩棉田全部适时下种，并做到"犁三、耙四、耢一次，种子普遍实行温汤浸种"，除堆肥外绝大部分棉田都上了骨肥。山西省榆社县大寨村张志全互助组，每亩地施肥超过原计划十五担；解县阎家村史采桂互助组，棉田犁、耙、耢普遍增至四至五次。[②] 在滹沱河水利工程中，共有21 300名妇女参加，并涌现出92个劳动模范。[③] 天津专区群众提出"多积肥，准备春耕，保证多增产"[④]，以积极行动参加抗美援朝保家卫国运动。在河南省许昌地区，1951年春耕生产时群众的中心口号是"抗美援朝，增产一成"，并在短时间内就动员了7万多民工参加治淮工程。在"保家卫国"的爱国精神鼓舞下，专区各地劳动英雄纷纷接受临汝农业劳动模范许牛娃的生产竞赛挑战。在劳动英雄带动下，各县民众踊跃参加生产竞赛，其中临汝一些乡村参加生产竞赛的群众达到了本村总人数的31%。[⑤] 仅在1951年，河北省"有三十万个互助组订立了爱国丰产计划，有五千个村的一万个劳动模范展开了生产竞赛"。为了克服天旱的不利影响，"农民们在'种爱国棉花'

①马超骏：《山东苏北等地广大农村展开爱国生产竞赛》，《人民日报》，1951年1月18日。

②《山西开展爱国丰产竞赛　春耕生产气象一新》，《人民日报》，1951年5月9日。

③王玉绪，李德生：《山西省怎样发动农村妇女走上生产战线》，《人民日报》，1952年3月7日。

④廖盖隆，马家驹：《怎样在农村中开展抗美援朝运动？》，《光明日报》，1951年4月15日。

⑤郭小川：《中共河南许昌地委的宣传工作》，《人民日报》，1951年4月29日。

的鼓舞下，不分昼夜挑水点种"，当年"全国有三千万亩棉田是挑水点种的"。①据不完全统计，1952年1—5月间，华北共有"一千六百多个农业生产合作社、三十一万多个互助组、几十万个单干农户，以联名挑战、联名应战、连环竞赛的形式"②，参加了爱国竞赛。

（二）国家意识构建与社会道路认同

在保家卫国的朴素感情下，爱国不仅是发展生产，更内化为向国家多卖粮、支援国家建设的认识。

山西省屯留县王村冬学组织学员学习总路线后，学员崔会成说："去年咱村遭的灾荒，要在旧社会，说不来有多少户要把土地房子卖给地主。幸亏毛主席领导咱们，政府又救济咱们又组织咱们生产，咱们不但没有卖了房地，今年还丰收了。我要响应政府号召，把余粮卖给国家，支援国家建设。"③山西省怀仁县冬学通过启发农民的工农联盟意识，使群众认识到"有了重工业就有了国防""有了重工业才能有拖拉机，不工业化我们永远是扁担、毛驴"，最终形成"要增产粮食，用粮食和农产品来支援工业建设"的认识。④山西壶关县冬学开展总路线教育后，农民们说："工农天生是一家，谁也离不了谁，今后可更得团结互助，在工人阶级领导下，实现社会主义工业化和农业集体化"。山东省博山县七区湾头村冬学学员赵家干

①《全国人民在爱国运动中前进》，《光明日报》，1951年12月30日。

②王谦：《华北农村的爱国主义增产竞赛运动》，《人民日报》，1952年7月4日。

③《山西屯留县王村冬学向农民进行总路线教育》，《光明日报》，1954年1月3日。

④张久成：《山西省对农民群众进行总路线宣传教育的经验》，《人民日报》，1954年2月11日。

说："听老师讲总路线后，我才明白工人老大哥和咱农民的关系。比如，去年煤油六千四百元一斤，今年四千四百元就买一斤了；拿布来说，去年一斗谷子的价钱买一丈，今年一斗谷子的价钱就买一丈两尺了。这才使我明白多打粮食支援国家的道理。"[1] 为了支援国家建设，大同陈家庄农业生产合作社把20万斤余粮卖给国家，社员们说："咱从社内分了不少粮食便满足起来了，学习了总路线，才知道现在正向社会主义过渡，过渡到社会主义，生活就更幸福。这可得更加劲生产，支援国家工业化。"[2]

河北大名县"在一九五一年七月二日一天里，就缴齐了公粮三百八十万斤，并且超过任务三十万斤"[3]。据统计，1953年山西省长治专区984个农业生产合作社，共向国家出售余粮400多万斤，其中仅长治中苏友好集体农庄就出卖余粮约6 800石（合102万余斤）[4]，壶关县13 000多名冬学学员向国家出售余粮158万斤，陵川县东谷村全村32户农民卖给国家的余粮就有26 400斤，河北沙河县南汪村卖给国家7万多斤余粮，并积极参加冬季生产，掀起了积肥的热潮。[5]山东省博山县九区西道平村冬学学员段俊福互助组"把秋天卖山果赚的钱，拿出二百万元存入银行，还把余粮一百六十斤卖给国家"；八区连

---

① 《全国各地有计划地开展冬学工作》，《光明日报》，1954年1月3日。

② 张久成：《山西省对农民群众进行总路线宣传教育的经验》，《人民日报》，1954年2月11日。

③ 《全国人民在爱国运动中前进》，《光明日报》，1951年12月30日。

④ 张久成：《山西省对农民群众进行总路线宣传教育的经验》，《人民日报》，1954年2月11日。

⑤ 《山西、河北等省农民踊跃参加冬学学习》，《光明日报》，1954年2月10日。

家峪李汉章互助组不仅决定"年底把三千斤余粮卖给国家"，而且还"动员一个姓范的农民把四千多斤余粮卖给了国家"[①]。

哈耶克认为，革命会使"原有的教育制度被彻底摧毁并建立了全新的制度，它对整个下一代人的世界观和一般观点造成了深远的影响"[②]。中华人民共和国的成立为农民教育提供了全新的制度环境。作为中华人民共和国成立初期国家意识形态建设的重要组成部分和农民教育的主要形式，冬学在改变农民的思想意识和价值取向、形塑农民国家认同方面发挥了重要作用。它以国家在场的形式，完成了农民以爱国主义为核心的价值观念的构建，在这一过程中，国家观念于无形中被植入农民思想意识中，并以朴素的方式转化为有形的存在。"国家"观念从无形到有形的过程，也是农民与国家新型关系的构建过程。农民国家认同的成功构建，对推动中华人民共和国成立初期农村互助合作的开展、社会主义道路的确立及乡村社会演变产生了深远的影响。

①《全国各地有计划地开展冬学工作》，《光明日报》，1954年1月3日。
②弗里德里希·A. 哈耶克著，冯克利译：《科学的反革命：理性滥用之研究》，南京：译林出版社，2003年版，第120页。

第六章 翻身：女性意识觉醒与身份转型

20世纪50年代初期，广泛参加农业生产成为农村女性独立的关键和基础。中华人民共和国的成立和《婚姻法》的颁布，为农村女性实现婚姻自主和男女平等提供了制度和法律保障。然而，妇女的家庭从属性和经济依赖性极大地制约着妇女解放的进程。为此，国家通过制度、技术和观念构建，推动农村女性广泛参加农业劳动。作为中华人民共和国成立初期中国共产党推动妇女解放进程的重要举措，女性参加生产劳动既是马克思主义妇女解放理论的重要组成，也是现实中国发展的内在要求。活跃在农业生产各个领域的农村女性，凭借着社会化劳动形塑着自己的社会角色，在实现翻身的同时完成了自身身份符号的转换。

一、中华人民共和国成立初期农村女性的婚姻与困境

中华人民共和国的成立，标志着人民当家作主成为国家的主人。但对于多数农村女性而言，她们虽然赢得了国家层面上的平等地位，但在家庭中，仍困于旧式婚姻的桎梏，难以实现真正的解放。

（一）中华人民共和国成立初期农村女性的家庭与婚姻

中华人民共和国成立前后，包办、买卖婚姻，打骂虐待妇

女的恶习及歧视妇女的现象，在华北许多农村地区仍然不同程度地存在。山西猗氏县东翟头村是个居住着百余户村民的小村子，1949年全村共娶了28个媳妇，"男方共花费了二百四十多石麦子的身价，比该村全年公粮负担大数倍"，该县北坡村甚至有"女子一岁，身价一石"①的说法。高昂的彩礼导致早婚现象屡见不鲜，城关年仅12岁的女孩高全娃，还在街头和小伙伴玩耍时被父母强行拉上了花轿。在河北行唐县，根据4个区5个村的统计，1949年下半年共有64对结婚的夫妻达不到结婚年龄。②在包办、买卖婚姻下，"娶来的媳妇，买来的牲口"③"掏到钱买到马由人骑由人打"④的错误观念普遍存在，并导致农村妇女受虐待事件频频发生。根据不完全统计，截至1949年底，渤海区10个县半年中自杀和被害的妇女高达140人，⑤察哈尔全省219件自杀案里面，有51件是因为婚姻问题而自杀的。⑥1950年初，河北省邯郸专区的统计显示，5个月里发生的婚姻案件中有80%为买卖婚姻。⑦同年，山东省

①《老解放区劳动妇女迫切要求婚姻自由 亟应改革残存的封建婚姻制度 安定生产情绪》，《人民日报》，1950年3月8日。

②《老解放区劳动妇女迫切要求婚姻自由 亟应改革残存的封建婚姻制度 安定生产情绪》，《人民日报》，1950年3月8日。

③吴全衡：《保障妇女的婚姻自由》，《人民日报》，1951年9月1日。

④《黎城一九四九年冬学运动总结》，档案号：A189-1-73-6，山西省档案馆藏。

⑤《山东妇女工作一年来成绩很大 农村妇女大半参加生产 青济女工纺织产量提高》，《人民日报》，1950年3月9日。

⑥《摧毁封建制度解放妇女 察省切实执行婚姻法 省府指示各地严禁阻挠婚姻自由》，《人民日报》，1950年5月26日。

⑦《不少地方司法机关和区村干部未能正确处理婚姻案件 亟应广泛开展对婚姻法的宣传》，《人民日报》，1950年4月20日。

妇联统计，全省妇女受家庭虐待而自杀的人数为 1 245 人；^①山西省妇女被虐杀与被迫自杀的案件，则占到当年各级人民法院受理的命案总案件数（936件）的66%多。^②根据同时期华北各地人民政府司法部门的统计数据，婚姻案件在各类民事案件中占到64%；其中"山西五台、定襄等县的民事案件，几乎全部是婚姻案件"^③。农村中封建婚姻制度的存在已引起相当严重的混乱。^④

1950 年 5 月 1 日，《中华人民共和国婚姻法》（以下简称《婚姻法》）正式实施。作为新中国第一部法律，毛泽东评价《婚姻法》是"普遍性仅次于《宪法》的根本大法"。《婚姻法》的基本原则是"废除包办强迫、男尊女卑、漠视子女利益的封建主义婚姻制度"，确立"实行男女婚姻自由、一夫一妻、男女权利平等、保护妇女和子女合法利益的新民主主义婚姻制度"^⑤。《婚姻法》分为八章二十七条，涉及结婚、夫妻间的权利与义务、离婚等内容。对于《婚姻法》的颁布实施，《中共中央关于保证执行婚姻法给全党的通知》指出："正确地实行《婚姻法》，不仅将使中国男女群众——尤其是妇女群众，从几千年野蛮落后的旧婚姻制度下解放出来，而且可以建

①吴全衡：《保障妇女的婚姻自由》，《人民日报》，1951年9月1日。

②黎明：《切实保障妇女人权　去年山西省发生妇女命案六百余件　有关领导机关应注意这个问题》，《人民日报》，1951年5月7日。

③毛泽东：《中央人民政府颁发命令　公布施行〈婚姻法〉　中共中央通知全党保证执行》，《人民日报》，1950年5月1日。

④《老解放区劳动妇女迫切要求婚姻自由　亟应改革残存的封建婚姻制度安定生产情绪》，《人民日报》，1950年3月8日。

⑤《中华人民共和国婚姻法（中央人民政府委员会第七次会议通过）》，《人民日报》，1950年4月16日。

立新的婚姻制度、新的家庭关系、新的社会生活和新的社会道德，以促进新民主主义中国的政治建设、经济建设、文化建设和国防建设的发展。"①《婚姻法》颁布实施之后，许多深受包办婚姻之苦的女性通过法律手段摆脱了痛苦婚姻。察哈尔省自《婚姻法》公布后的5个月内，法院共判决离婚案件4 600件，其中因妇女不堪忍受不合理婚姻所造成的痛苦而提出的案件占到80%以上。1950年9月，河北省平谷、昌平两县在一个月的时间里，经过区、村两级机构解决的婚姻案件即达127起。②

然而，由于长期以来受封建宗法礼教的影响，"父母之命、媒妁之言"的婚姻观念根深蒂固。同时，部分地区宣传《婚姻法》不深入，使部分群众对《婚姻法》缺乏全面、正确的认识。因此，《中华人民共和国婚姻法》颁布实施初期，在部分地区尤其是新区的贯彻遭遇了很大的阻力。"在部分县级司法部门及区村男干部中还顽强地存在着"③轻视妇女、压制妇女的思想，他们对妇女受虐待、父母干涉子女婚姻不闻不问，他们错误地认为允许妇女提出离婚就会"天下大乱"，从而变相纵容了妇女受虐、受害案件的发生。④在平原省辉县七区，区政府对袁振清之妻的离婚要求不仅拒绝批准还"强令其

---

① 毛泽东：《中央人民政府颁发命令 公布施行〈婚姻法〉 中共中央通知全党保证执行》，《人民日报》，1950年5月1日。

② 《华北各地贯彻执行〈婚姻法〉 旧式婚姻制度逐渐消灭》，《人民日报》，1951年3月9日。

③ 《老解放区劳动妇女迫切要求婚姻自由 亟应改革残存的封建婚姻制度 安定生产情绪》，《人民日报》，1950年3月8日。

④ 黎明：《切实保障妇女人权 去年山西省发生妇女命案六百余件 有关领导机关应注意这个问题》，《人民日报》，1951年5月7日。

回家，结果竟被袁振清活活打死"①。山东临沂专区苍山县一区杨家庄村青年妇女潘氏，从小被卖作童养媳，在婆家每天"挨打受骂，做苦工，吃猪食"。潘氏提出离婚后，村里的党支部书记陈永茂、村长梁富明认为她是"大逆不道"，多次庇护其丈夫，并阻止村民解救被打的潘氏，声称"该打，谁叫她去要离婚的，不准你们去救她"②。正是在村干部的纵容下，最终导致潘氏被其丈夫和公婆杀害。河北容城三区西孙村妇女刘大领，从小被家长包办嫁给有精神病的同村村民鲍振梅，婚后因不堪忍受婆家虐待，多次提出离婚，却遭受村干部、民兵及公公的毒打。③

由于宣传贯彻不力，山西省在《婚姻法》颁布实施后包办买卖婚姻仍严重存在，妇女自杀、被杀现象时有发生。④ "盂县西南沟某农民妇女，因提出离婚，竟被该村支部书记打了四十大板"；兴县二区某村干部对提出离婚的妇女实施"背铐"刑罚，来"镇压"妇女离婚；右玉县司法科对该县王四女因申请离婚而被其丈夫伤害一案的判决，竟然是"你既早婚三载，男子不好，你应好好规劝。你不该背祖德失名声，若非重伤，应坐同罪。念你重伤，恕不治罪，望自反省"⑤。忻县二区前郝村妇女焦金蛾因为不堪忍受丈夫的虐待被迫提出离婚，村长

①《老解放区劳动妇女迫切要求婚姻自由 亟应改革残存的封建婚姻制度安定生产情绪》，《人民日报》，1950年3月8日。
②吴全衡：《保障妇女的婚姻自由》，《人民日报》，1951年9月1日。
③《村干部阻挠婚姻自由 协助家长毒打儿媳妇》，《人民日报》，1950年6月4日。
④《〈婚姻法〉执行情况中央检查组检查报告》，《人民日报》，1952年7月4日。
⑤《解放区劳动妇女迫切要求婚姻自由 亟应改革残存的封建婚姻制度安定生产情绪》，《人民日报》，1950年3月8日。

不仅没有依据实际情况合理解决，反而把焦金蛾捆了起来，致使焦金蛾遭到丈夫毒打；苗庄村童养媳贾玉莲因夫妇感情不和数次到区政府要求离婚，均未得到合理解决，回家后在婆婆的无理辱骂下愤而服毒自杀；① 平遥县在《婚姻法》颁布后一年间发生过十多起妇女被杀害的案件，至于"虐待、打骂一类的现象更无法计算"②。

1951年11月7日，《人民日报》刊登了一封署名王秉亭的读者来信。在来信中，王秉亭针对《婚姻法》在农村"没有普遍贯彻"的情况，指出部分农民甚至一些党员干部对《婚姻法》存在严重的误解，他们错误地认为"《婚姻法》就是离婚法""婚姻自由只对妇女有利"③，甚至声称"《婚姻法》是妇女法，因为一切事情都照顾了妇女本身利益"④。女性的婚姻困境以及部分干部群众中出现的认识分歧，折射出传统伦理对女性"妇者，服也，服于家事事人者也"⑤的家庭属性定义。

（二）农村妇女家庭从属性的传统、经济根源

中华人民共和国的成立为妇女从家庭走向社会，实现男女平等提供了制度保障。1950年5月1日，《中华人民共和国婚姻法》颁布实施，从法律上保障了妇女和男子在家庭中的平等地位。但由于受封建习俗和男尊女卑思想的束缚，尤其是妇女"在经济上要依靠男子，不善于从事各种劳动，甚至鄙视劳动

①黎明:《切实保障妇女人权 去年山西省发生妇女命案六百余件 有关领导机关应注意这个问题》,《人民日报》,1951年5月7日。
②赵继昌:《对贯彻〈婚姻法〉的意见》,《人民日报》,1952年12月28日。
③《摧毁封建制度解放妇女 察省切实执行〈婚姻法〉 省府指示各地严禁阻挠婚姻自由》,《人民日报》,1950年5月26日。
④王秉亭:《冬学中应大力宣传〈婚姻法〉》,《人民日报》,1951年11月7日。
⑤班固:《白虎通·嫁娶》,北京:中华书局,1985年版。

的弱点，妨碍了妇女迅速实现法律上所已规定的权利"①。

长期以来受封建迷信的束缚，部分地区的妇女不被允许参加农业生产劳动，认为会"破了风水"，②甚至有些地方有所谓的"妇女插秧苗不长，妇女耕地地无粮"③的说法。同时，部分地区的传统习俗也对妇女参加农业劳动产生了消极影响。冀中地区有些农村有"新娶媳妇新三年（即三年以内场里地里活完全不做）"的传统，不仅许多家庭不要求新娶进门的媳妇到地里干活，而且新媳妇自己也有"做客"的思想，认为"给婆家做活冤枉"④，不愿意参加劳动。此外，受自身生理条件的局限，华北农家妇女勤于中馈而少耕耘田地，认为："妇女下地能做什么？反正是顶不了大事。"⑤受上述诸多因素的影响，华北农家妇女在抗战之前较少有参加农田劳动的，普遍存在"嫁汉嫁汉，穿衣吃饭""男人是堵山，靠人家吃呢"⑥，诸如此类的封建观念。在冀东地区，大部分妇女在土地改革之前"无参加农业劳动的习惯""以生产为可耻"⑦。中华人民共和国成立初期，农村妇女劳动观念有了很大改变，但其劳动能力

①中国妇女干部管理学院编：《中国妇女运动文献资料汇编》（第一册），北京：中国妇女出版社，1987年版，第466页。

②中共中央华东局农村工作委员会农业互助研究组：《华东农业生产劳动中劳动互助的情况》，《新华月报》，一九五二年四月号。

③柳勉之：《新中国的妇女在前进》，北京：生活·读书·新知三联书店，1953年版，第18页。

④《任河文香村支部　从改变旧风俗入手　动员妇女参加田间生产》，《人民日报》，1949年3月13日。

⑤《任河文香村支部　从改变旧风俗入手　动员妇女参加田间生产》，《人民日报》，1949年3月13日。

⑥《黎城一九四九年冬学运动总结》，档案号：A189-1-73-6，山西省档案馆藏。

⑦《冀东六十余万妇女参加各种农业劳动》，《人民日报》，1949年3月13日。

在部分地区仍不被重视。山东莱阳崖后村多数男社员、组员说妇女是"干活慢、质量低，不是闪腰，就是岔气"。连村支部副书记也认为："咱男人干一个早上，够妇女忙一天的。妇女推磨、轧碾、做饭是内行，干山上的营生可不行。"[①] 因此，妇女的劳动范围被限制在了"锅台、炕台和碾台""她们的劳动是不被计算，也无法计算的，因而她们在生产中的作用就被人忽视了"[②]。

女性经济上的依赖性，直接导致传统家庭中夫妻关系和地位的严重不对等。在华北广大农村，许多女性没有占有和支配自己劳动成果的权利。有些家庭里，"妇女卖一个鸡蛋，也还要经过丈夫同意，买几件针线，也得向丈夫求钱"[③]。"家庭经济大权依然操在男人之手，妇女要买点针线、做件衣服还待婆婆丈夫'恩赐'"[④]。山东省藏马县坡里区辛庄乡辛庄村在土地改革初期，由于没有认真保障妇女的合法权利，造成妇女分得土地后"家里还是不管穿（当地陋习，婆家只给新娶进门的媳妇几斤棉花，由她用这几斤棉花为本钱，纺织生产，负担她本人、丈夫和孩子的衣服）"[⑤]，一样挨打受气。

马克思曾指出："妇女解放的第一个先决条件就是一切女

①《要完成增产计划就必须发动妇女参加生产——莱阳山前店乡发动妇女参加农业生产的经验》，《人民日报》，1954年7月31日。
②柳勉之：《新中国的妇女在前进》，北京：生活·读书·新知三联书店，1953年版，第16页。
③《逐步摆脱了封建束缚——记沁源坑上村妇女解放的道路》，《人民日报》，1949年3月13日。
④《为农村妇女参加生产开辟广阔的道路》，《人民日报》，1953年3月11日。
⑤刘野：《纪念"三八"参加生产 提高妇女社会地位 华北农村妇女解除封建束缚 积极参加田间劳动 领导上仍须注意解决妇女本身困难》，《人民日报》，1949年3月8日。

性重新回到公共的劳动中去。"[1] 1942年，毛泽东在陕甘宁边区高级干部会上作经济与财政问题报告时，就明确指出："边区党的群众的妇女组织领导机关……她们的第一个任务就应是研究与帮助边区妇女群众广泛地参加生产劳动的问题。"[2] 中华人民共和国成立后，积极动员农村妇女参加生产劳动，鼓励和推动妇女走出家庭、走向社会，成为国家促进农村妇女解放的重要实践途径。

二、中华人民共和国成立初期妇女参加农业生产的制度、技术、观念构建

中华人民共和国的成立及互助合作的开展，从国家制度层面上赋予了农村妇女与男性平等的劳动权，为农村女性走出家庭参加农业生产提供了制度保证。技术层面上，农业新技术的推广和应用一方面对妇女参加农业劳动提出了现实要求，另一方面也为农村女性参加农业生产提供了技术便利。此外，教育层面上，冬学教育的大规模开展不仅提高了农村女性的文化水平，为其参加农业生产奠定了文化基础，而且促进了农村妇女劳动观念的转变。

（一）中华人民共和国成立初期妇女参加农业生产的制度构建

1949年9月21日，中国人民政治协商会议第一届全体会议在北平隆重开幕，会议通过了具有临时宪法作用的《中国人民政治协商会议共同纲领》。《共同纲领》第六条明确规定：

---

[1]《马克思恩格斯选集》第4卷，北京：人民出版社，1972年版，第70页。
[2] 中华全国妇女联合会编：《蔡畅、邓颖超、康克清妇女解放问题文选》，北京：人民出版社，1983年版，第222页。

"中华人民共和国废除束缚妇女的封建制度。妇女在政治的、经济的、文化教育的、社会的生活各方面，均有与男子平等的权利。实行男女婚姻自由"。[1] 中华人民共和国的成立，为广大女性赢得与男子一样的平等权利构建了制度保障。1950年5月1日，《中华人民共和国婚姻法》进一步从法律层面上打破了束缚广大妇女的旧式婚姻制度的枷锁。许多地区以推动和贯彻《婚姻法》为契机，积极发动妇女参加农业生产。在北京赵辛店、小井、看丹等13个村子，有2464名妇女参加拔草、锄苗，其中大井村769个妇女中，有539人参加了夏季播种、锄草。小瓦窑村50多岁的崔老太太，带领10个妇女组成互助组开展夏季播种和锄草。在劳动生产中，妇女们"嫁汉嫁汉，穿衣吃饭"的旧思想，"已被认为可耻，爱劳动已成为最光荣了"[2]。山西老区的妇女们说："过去我们受压迫后只有五大本领，一哭、二骂、三睡觉、四不吃饭、五上吊。现在《婚姻法》是救命法，兴了离婚断了冤鬼"[3]。统计显示，《婚姻法》颁布后，山西长治专区共有34万多名妇女参加了农业合作社，占全专区妇女总数的27%。1951年，农业合作社帮助劳动模范石牛弟的互助组推销农、副业产品，实现产值达200万元，并且为她的互助组提供了130多万元的生产资料和生活资料。在合作社的帮助下，石牛弟除农业增产外，当年副业收入

①《中国人民政治协商会议共同纲领（一九四九年九月二十九日中国人民政治协商会议第一届全体会议通过）》，《人民日报》，1949年9月30日。
②支少华，高洪潮，谭桂成：《十五区妇女积极参加生产 劳动成绩提高了妇女社会地位》，《人民日报》，1950年7月20日。
③王谦：《山西老区五个农村情况调查报告》，《人民日报》，1951年11月11日。

就达到了214万元。①

　　1950年6月，《中华人民共和国土地改革法》颁布。早在解放区土地改革时期，中共中央就非常重视保障妇女的土地所有权。强调"要由政府命令保障妇女的土地所有权"②，指出："关于妇女土地所有权问题，必须首先在法律上承认男女农民有同等权利，并保障其所有权。"③在解放区的土地改革实践中，明确强调"妇女应得一份土地财产，本人嫁娶，带走、出卖等，由个人自由处理，任何人不得干涉，在平分土地填写土地证时，根据家庭情况及妇女意见，可填写妇女名字，干部要在群众中进行宣传，说明男女有同样一份土地财产的权利"。④到1952年底，全国除少数民族地区和沿海岛屿外，土地改革基本完成。土地改革彻底废除了千百年来的封建地主土地所有制，广大贫苦农民成为土地的主人。在土地改革中，妇女拥有和男子一样的权利，年轻姑娘分得的土地结婚时可以带到婆家，寡妇再嫁时可以带走自己的土地，许多一辈子没有名字的妇女，正是在土地改革时第一次有了自己的名字。为了保障农村妇女的权益，刘少奇在《关于土地改革问题的报告》中指出："农民协会应切实注意吸收农民家庭中的妇女来参加，并吸收妇女中的积极分子来参加领导工作，为了保障妇女在土

---

①王玉绪,李德生:《山西省怎样发动农村妇女走上生产战线》,《人民日报》,1952年3月7日。

②《中国共产党中央委员会关于目前解放区农村妇女工作的决定》,《人民日报》,1948年12月20日。

③《中共中央关于妇女的土地所有权问题的指示》(1949年6月6日),载《中国土地改革史料选编》第592页。

④汪浩:《井陉加强妇运工作　制止侵犯妇女权利》,《人民日报》,1949年3月8日。

地改革中应得的利益和妇女在社会上应有的权利，并讨论有关妇女的各种问题，在农民协会中召集妇女会议或代表会议，是必要的。"[1]

土地改革是农村妇女实现自身解放的一个具有决定意义的事件，进一步激发起女性劳动生产、互助合作的积极性。1950年底，山西徐沟县集义村王芬、赵金爱等5个妇女组成互助组，利用一个冬天把村东的5亩荒地开垦为良田。[2] 1951年春，原晋源县东浦村女共产党员石毛猴组织7户妇女组成互助组，不仅完成了村里的植树任务还动员70名妇女用3天的时间，为村里挖了一条7.5公里长的支毛渠。[3] 据北京郊区的槐房村及其附近的西五号、十八里店、旧宫等18个村子统计，土改后共有4 722个妇女参加了农业生产。槐房村陶许氏一个人种了8亩地，耕、种、锄和送粪都是自己干或"拨工"干。集贤村的王计氏，把自己的5亩地都锄了4遍，并且利用空闲去拾粪。南宫村高淑珍带领7个妇女组成了互助组，不仅把他们自己的土地锄了4遍，还通过打短工、锄地挣了一石四斗小麦和16万元，在劳动之余帮助军属锄地20亩。各村妇女间普遍流传着："要吃称心饭，自己下手干。"[4]

1951年，申纪兰率先在西沟实现"男女同工同酬"，为妇女争取到和男子一样的工分。在申纪兰的推动下，"男女同工同酬"从西沟走向全国并被写入《宪法》，成为中华人民共和

---

① 刘少奇：《关于土地改革问题的报告》，《人民日报》，1950年6月30日。

② 太原农业合作史编辑委员会编：《太原农业合作史》第4册，太原：山西经济出版社，2001年版，第61页。

③ 太原农业合作史编辑委员会编：《太原农业合作史》第4册，太原：山西经济出版社，2001年版，第62页。

④ 赵有福：《京郊农村的变化》，《人民日报》，1950年9月27日。

国妇女发展史上划时代的事件。从此，农业社"男女劳动力应该按照工作的质量和数量，实行同样的报酬（例如：在同一工种中，妇女如果和男人做同样多和同样好的工，她所得的报酬必须是和男人相等的，劳动超过男人的，报酬也照样超过；劳动比不上男人或只达到男人一半的，报酬也照样减少）"的原则。[①] "男女同工同酬"从根本上调动起农村女性参加生产劳动的积极性。山西离石县杜兴年农业生产合作社实行按工分红的办法，鼓励了妇女的生产积极性，改变了过去妇女依靠男人生活的观念。妇女刘东林说："过去妇女做了活也埋没了，现在和男人同样记工分红，可显出我们的力量来啦！真是男女平等了，谁还愿再不劳动？"[②]

"土地改革翻了身，合作互助栽富根，婚姻自主结了婚，妇女们活得像了人。"[③] 这是20世纪50年代山西农村妇女中普遍传唱的一首歌，反映了中华人民共和国成立后国家推动妇女解放的制度建设。

（二）新技术推广：妇女走向大田生产的技术前提

中华人民共和国成立后，随着国家各项建设的大规模开展，许多农村青壮年劳动力走向工业、国防战线。在山西武乡砖壁村，全村有140名青壮年外出参军，进入工厂及机关工作，留在村里的五六十个男劳力要耕种全村分布在高山上、深沟里的1 900亩耕地，十分困难。据武乡县179个村庄统计，

---

① 《中华全国民主妇女联合会关于当前农村妇女工作的指示》，《人民日报》，1954年7月31日。

② 《山西离石县杜兴年农业生产合作社成为全村学习的榜样》，《人民日报》，1952年8月13日。

③ 王丕绪，李德生：《山西省怎样发动农村妇女走上生产战线》，《人民日报》，1952年3月7日。

全县14万人口中，有1万多人参军，四五千人脱离生产当了革命干部，还有一部分进入工厂，外出人口（不包括进入工厂的人口）占到总人口的10%以上。[①]与此同时，农业新技术的应用、农田精耕细作水平的快速提高，也对劳动力提出了新的要求。农村劳动力短缺问题的日益凸显，使发动妇女参加农业生产成为农业发展的现实要求。而农业新技术的推广和普及，在提高农业生产效率的同时，也为妇女走向大田生产提供了技术前提。

一方面，农业新技术的应用尤其是新式农业机械和生物植保技术的推广，从根本上改变了农业生产对体力的过度依赖，为妇女参加农业劳动提供了技术支持。在山西平顺西沟李顺达农林畜牧生产合作社，单把犁、喷雾器、玉米脱粒机和铡草机、拌种机、喷粉器，以及肥田粉和各种农药的使用，很大程度上减轻了繁重的劳动，为"妇女参加农业生产提供了有利的条件"。全社44个妇女全年做工日为1 600个，占全社总劳动日的34.7%。[②]在新技术的推广过程中，华北各地"不少妇女已经学会选种、浸种、合理密植、间苗、移苗、补苗、改良品种、棉花整枝打杈、积肥、防除病虫害等农业生产技术，甚至在某些方面妇女已经成为主要力量。如河北省的玉米人工授粉，现在大部由妇女担任。"[③]在河南各地，棉花和烟叶的技术管理工作已经基本上由妇女担任。在内蒙古自治区的郭后旗

①林韦:《砖壁村的女青年团员和劳动妇女们——太行山老根据地访问记》,《人民日报》,1951年9月17日。
②《工人老大哥制造的新农具减轻了农村妇女的体力劳动》,《人民日报》,1954年3月15日。
③王照:《发动农村妇女学习农业技术》,《人民日报》,1956年3月29日。

（即原肇源县），妇女参加农业生产后既解决了新的耕作方法、间苗等工作上劳力不足的困难，不仅很好地贯彻、推广了新耕作法，又使全旗粮食产量比1951年增产了一倍。[①] 1953年，河北定县帅村洛康农业生产合作社发动妇女参加种麦和摘棉花后，解决了因种麦与摘棉花冲突所引发的劳力不足的困难；满城县大贾村张洛乔农业生产合作社推广谷子间苗、玉米人工授粉及棉花的掐尖、掰杈等新技术，虽然用工量增加了近一倍，但由于发动妇女参加生产，保证了农业精耕细作所需的劳动力，当年该社每亩谷子的产量达到800～1000斤。[②] 在山西西沟李顺达农林畜牧生产合作社，由于妇女积极参加劳动，1953年全社虽遭遇了旱灾影响，但副业生产收入超过1952年的两倍，粮食生产达到较高的产量，完成荒山播种树籽362亩。[③]

另一方面，农业新技术的推广和应用，促进了农村多种经营的发展，为妇女参加生产提供了新的机遇。在华北各地，编草帽辫、织席是农村普遍的副业活动。山西省潞城县微子镇妇女编草帽辫，每人每月赚小米四斗五升，相当于两个人的口粮。1950年，河北省大名县参加编草帽辫的妇女达53 000人。在天津专区，据文安、胜芳、霸县等地的不完全统计，妇女从事织席等副业生产的人数达到7 800人。[④] 1954年，河北省涿县南石家务村张玉书农业生产合作社15个妇女除参加农

①《为农村妇女参加生产开辟广阔的道路》，《人民日报》，1953年3月11日。

②《广大妇女积极参加国家各项建设工作》，《人民日报》，1954年3月11日。

③《工人老大哥制造的新农具减轻了农村妇女的体力劳动》，《人民日报》，1954年3月15日。

④百红：《河北山西两省百分之七十妇女参加农副业生产　山西妇代会号召全省妇女学习生产技术增加家庭财富　为今年大生产作好准备》，《人民日报》，1950年1月10日。

业生产外，还抽出6人做豆腐和磨香油，利用豆腐渣发展生猪养殖获利270多万元（旧币），换回两头毛驴，并积酱肥6 400斤，获利250万元（旧币），给当年该社的农业增产以很大的支持。①

农业新技术的应用和推广，使妇女在农业生产中有了广阔的发展空间。妇女参加生产不仅解决了农村劳动力不足的问题，推动了产量的提高，促进了农业生产和农村多种经营的发展，而且为大批青壮年男劳动力支援工业建设和国防建设成为可能。1950年，河北宁河县六区大赵庄妇女参加生产后，抽出25名男劳力去国营农场做工。根据统计，全区38个村有950多名妇女参加生产后，解放出1 600名男劳力去国营农场工作，每天赚玉米12 800斤（每人每日赚8斤），可解决6 400个人的生活问题。②

到1952年，中国大部分农村里已经有60%以上能劳动的妇女走向田间，参加农业生产，工作基础好的地区，达到了90%以上，他们已经成为农业生产上的重要力量，③妇女参加农业生产不再被认为是"受苦"的"下贱"事情。④

（三）冬学：妇女参加农业生产的教育基础

中华人民共和国成立后冬学教育的大规模开展，使农村妇女有了平等受教育的机会，农村妇女的文化水平有了很大提

---

①王照：《发动农村妇女学习农业技术》，《人民日报》，1956年3月29日。

②泽林，韩凤臣，马玉金，张云琴：《宁河妇女下地生产　解决了春耕与河工的矛盾》，《人民日报》，1950年5月10日。

③柳勉之：《新中国的妇女在前进》，北京：生活·读书·新知三联书店，1953年版，第18页。

④《全国妇联指示各级妇联　发动农村妇女参加生产运动》，《人民日报》，1951年4月15日。

高，为女性广泛参与农业生产和农业管理提供了文化前提。

中华人民共和国成立之后，冬学教育作为这一时期国家在农村开展民众教育的一个重要内容，"在农村依然发挥着重要作用"[1]。各地冬学在开展过程中，都把动员说服广大妇女积极参加冬学作为一项重要任务。1949年冬，北京郊区的286个行政单位共开办冬学351班，参加学习的人数达13 551人，仅十九区参加学习的妇女就有1 366人，占全区学员数的48.5%。[2] 在山西的一些冬学，女学员人数与男学员人数不相上下，一些地区女学员入学率甚至要高于男学员的入学率。1949年冬，代县冬学男学员实际入学人数占应入学数的42%，而女学员的这一数字为55%，[3] 妇女上冬学的要求和积极性普遍较高。同样，临汾专区当年参加冬学的妇女多于男子，妇女学习十分积极，特别是军烈属的妇女家属。[4] 为此，不少地方还出现了"妇女带书本下灶房"的场面。[5] 榆次六堡村妇女赵俊林学完了冬学识字课本第一册后，能默写50个生字，她说："我觉得识字比什么都高兴。我是坐着做活都带着书本，有空就学，见识字的人就问。只要用心，就能学会"；

①《中国共产党山西省委关于在农村中普遍举办冬学的指示》，档案号：C61-5-116，山西省档案馆藏。

②阚射军：《华北区冬学开始阶段概况》，《人民日报》，1950年1月28日。

③山西省人民政府教育厅工农教育处：《省教育厅一九四九年冬学工作总结、经验、订购课本、开展文娱活动、恢复和建立太原市工人区学校的通知、办法》，档案号：C61-5-2，山西省档案馆藏。

④山西省人民政府教育厅工农教育处：《省教育厅一九四九年冬学工作总结、经验、订购课本、开展文娱活动、恢复和建立太原市工人区学校的通知、办法》，档案号：C61-5-2，山西省档案馆藏。

⑤《农民得到经常学习政治文化机会 华北建立农村民校万七千处 正结合抗美援朝宣传运动总结半年学习》，《人民日报》，1950年11月29日。

妇女赵四香记性不好，面对别人对她"学也学不下，白搭工"的嘲讽，经过努力学习，也认了一些生字。①

河北定县二十里堡，冬学干部带头动员自己的家属入学，女学员通过"每天纺线生产，解决买书费用"，保证每人都买了民校课本。开学仅3天，全村75名妇女中就有53人上冬学。妇代会干部刘春冉每天回家把学会的字教给她的嫂嫂。②据河北省行唐等14个县3 469个行政村的不完全统计，1949年冬学开展初期，按时开学的村子有2 512个，占总村数的72%，其中妇女54 812人，占参加学习学员总数（152 463人）的36%。③遵化、卢龙、抚宁、乐亭、迁安、滦县、迁西、临榆、玉田等9个县1951年参加冬学的妇女有40 980人。④在山东历城县，仅1949年稳定发展的妇女冬学识字班就有39处，参加学员1 163人。⑤

妇女识字水平的提高，为农业新技术的推广和应用奠定了文化基础，提高了妇女对农业生产的参与度和信心，为农村妇女大规模参加农业生产创造了文化前提。同时，冬学通过劳动教育，帮助妇女树立"劳动光荣"的观念，推动了农村女性劳动观念的嬗递。发动与组织妇女参加农业劳动，"则必须首先向她们宣传'劳动光荣，生产发家'的真理，打破旧的、封建

①李彬，董力发，郭永太：《山西榆次六堡村四百农民开始常年文化学习 经过文盲诉苦和学习经验介绍 全村青壮年十分之九参加民校》，《人民日报》，1950年3月24日。
②阎射军：《华北区冬学开始阶段概况》，《人民日报》，1950年1月28日。
③阎射军：《华北区冬学开始阶段概况》，《人民日报》，1950年1月28日。
④马淑芳，平权，苏群：《怎样将抗美援朝运动深入到农村妇女中去》，《人民日报》，1951年4月3日。
⑤李江源：《通过总结冬学成绩评选模范 历城建民校二百余所》，《人民日报》，1950年4月12日。

的所谓'嫁汉嫁汉，穿衣吃饭'的错误思想，然后再有计划有步骤地去把她们组织起来"[①]。山西黎城县喜业村妇女经过1949年的冬学教育，改变了"嫁汉嫁汉，穿衣吃饭"的封建观念，全村113个妇女有111个组织起来，其中有95个全劳力，占妇女全劳力（99个）的96%。当年搞运输赚了大洋270 000元，发展各种作坊与小型商业赚3 413 000元，运输和作坊两项合计赚取大洋5 683 000元，约合小米7 140斤。[②]平原省辉县五区，冬学积极鼓励妇女组织起来参加农业生产。1950年春，燕窝村有69名妇女组织起来，通过互助锄完了700多亩春麦，大山前村也完成了锄麦计划，解决了大部分男劳力外出造成的劳力不足的问题。[③]平原省莘县南安头通过讲解"妇女参加生产的光荣，只有参加生产劳动才有地位"[④]的道理，积极发动妇女参加生产，莘县三区有3000余名妇女下地，有的村子妇女下地的比例达到70%以上。[⑤]

察哈尔省浑源七区贾庄村妇女，经过冬学教育觉悟有了明显提高，认识到"妇女参加劳动是光荣的"[⑥]！青年妇女裴莲枝带领20个妇女参加挖渠，裴玉枝学会了用大锄锄田，并带

①《讨论妇女参加冬学问题》，《新中国妇女》，1950年第7期。

②《黎城一九四九年冬学运动总结》，档案号：A189-1-73-6，山西省档案馆藏。

③平原省教育厅通讯组：《平原省灾区冬学怎样推动生产救灾》，《人民日报》，1950年4月2日。

④《平原省二十八个县市 二十四万人入民校学习 适应农忙活动调整学习组织》，《人民日报》，1950年4月26日。

⑤吴茵，予俊：《华北各省妇联订出计划 发动广大妇女参加生产 各地农村妇女纷纷投入春耕》，《人民日报》，1950年5月6日。

⑥郭铸：《怎样开展农村读报组工作 记浑源县贾庄村读报组》，《人民日报》，1950年10月16日。

动16个妇女使用大锄。1950年，贾庄村就有238个妇女全劳力参加了农业生产。在山西省榆次县六堡村，冬学生产教育普遍提高了农民的生产情绪，妇女也打破了传统惯例，开始参加劳动生产。①据统计，1950年山西全省有50%以上的妇女整、半劳动力参加了春耕，榆次、盂县等4县754个村子，有3 400名妇女参加了抗旱点种的互助组织。②在山海关、秦皇岛附近的临榆新区，妇女过去很少参加农业劳动，但经过冬学教育后"她们和男子一样参加收割庄稼，耕耙地，拉耧种麦，以及其他各种劳动"③。河北宁河县妇女克服了害羞、怕脏的思想，积极参加到生产中去。全县8个区192个村的4 589名妇女，参加了农田劳动。一区9个村372名女劳力仅用10天时间就种高粱4 650亩；三区小海北村"连六十岁的老大娘也下了地"；六区妇女展开"比劳动秋后见"的运动，大赵庄妇女负担了全村土地（663亩）的耕种锄耪，不到8天时间就将344亩麦苗锄过一遍。④根据不完全统计，1952年全国参加农业生产的妇女比1950年增加了50%，比解放前增加了92%。⑤

---

① 《山西榆次六堡村民校结合生产改进教学》，《人民日报》，1950年6月8日。

② 百红：《河北山西两省百分之七十妇女参加农副业生产 山西妇代会号召全省妇女学习生产技术 增加家庭财富 为今年大生产作好准备》，《人民日报》，1950年1月10日。

③ 百红：《河北山西两省百分之七十妇女参加农副业生产 山西妇代会号召全省妇女学习生产技术 增加家庭财富 为今年大生产作好准备》，《人民日报》，1950年1月10日。

④ 泽林，韩凤臣，马玉金，张云琴：《宁河妇女下地生产 解决了春耕与河工的矛盾》，《人民日报》，1950年5月10日。

⑤ 柳勉之：《新中国的妇女在前进》，北京：生活·读书·新知三联书店，1953年版，第18页。

三、翻身：农村女性形象重塑与身份转型

20世纪50年代，在制度、技术、冬学教育等多重因素的推动下，农村女性开始广泛地参与农业生产中，在大田生产、管理、农业技术推广与应用等领域，显现出无限的潜能。"以前她们是单纯的繁琐家务的奴隶，现在她们成了真正自由的公民；以前她们是男子的简单'内助'和附属品，现在她们成了真正同男子平等的社会成员和劳动成员。"[1]走向农业生产的女性，凭借着社会化劳动形塑着自己的社会角色，在实现翻身的同时完成了自身身份符号的转换。

（一）女性参加农业生产与农村劳动力结构的转变

1950年初，新解放区妇女参加劳动的比例还比较低，如山西安邑、汾阳、隰县、寿阳、祁县等县组织起来的妇女劳动力仅有10%多一点。相比之下，一些老解放区参加农业生产的妇女已占妇女全半劳力的50%以上，个别地方甚至可以达到80%左右。[2]根据统计，山西榆次、盂县等4县754个村子就有3 400名妇女参加了抗旱点种，全省参加春耕的妇女整、半劳动力达到50%以上，在三秋农忙时则达到75%以上。[3]晋城、黎城、屯留、武乡等20个县所属3 505个村子及4个完整县146 331名妇女组成了33 443个互助组，组织起来的妇女占妇

---

①《积极发动妇女参加农业合作化运动》，《人民日报》，1955年11月5日。
②《全国妇联发布指示　组织妇女参加春耕》，《人民日报》，1950年4月6日。
③百红：《河北山西两省百分之七十妇女参加农副业生产　山西妇代会号召全省妇女学习生产技术　增加家庭财富　为今年大生产作好准备》，《人民日报》，1950年1月10日。

女总劳动力的37.6%。其中黎城、陵川、榆社等5个县组织起来的妇女为66%，1951年进一步提高到74%。截至1952年，山西工作基础好的老区，参加生产的妇女（除孕、产、疾病和老弱妇女外）达到90%左右，新区参加生产的妇女平均也达到50%。① 在河北，1950年全省9个专区1 500余个村子有35 000余名妇女参加了长期或临时互助组，② 1954年，仅通县351个农业生产合作社的14 000多名社员中，就有女社员7 300多人，占到社员总数的一半以上。③ 在山东，1950年全省共有60%～70%的妇女参加了农业生产，④ 到1955年秋，山东省从事各种农副业生产的妇女几乎占到全省总人口的三分之一。⑤

参加农业生产的妇女，除了负担切草、喂牲口、送饭等辅助性工作外，绝大部分直接参加锄地、收割、打场等劳动，还有少数能参加浸种、选种、耕耩等技术劳动。1950年，北京郊区大部分妇女参加了春季犁地、点种、浇地、送粪和麦收时的拔麦、夏播、夏锄等劳动，汾庄村刘淑敏互助组8个妇女坚持自己拔麦、打场和锄地；赵辛店、小井、看丹等13个村参加拔草、锄苗的妇女有2 464人，大井村769个妇女中，有539

---

①王丕绪,李德生:《山西省怎样发动农村妇女走上生产战线》,《人民日报》,1952年3月7日。

②蔡畅:《民主妇联一年来的工作概况及今冬明春的主要工作任务——在民主妇联第三次执委扩大会上的报告》,《人民日报》,1950年10月1日。

③《充分发挥农村妇女在互助合作运动中的作用》,《人民日报》,1954年7月31日。

④《山东妇女工作一年来成绩很大 农村妇女大半参加生产 青济女工纺织产量提高》,《人民日报》,1950年3月9日。

⑤《保护农村妇女儿童的健康》,《人民日报》,1956年5月16日。

人参加了夏播和锄草。[1] 在胶东地区，在秋收秋种中担负主要劳动的妇女达到30%～40%。[2] 河北安平县郑庄有70%的妇女参加了锄麦、灭虫，她们不仅锄完1 300多亩麦田，还使用12架喷雾器，消灭了21亩麦地的红蜘蛛；[3] 定县帅村周洛康农业生产合作社的女社员在秋季参加"割谷子、摘棉花、擦山药片、打场、掐谷子等庄稼活所得的工分"，占到全社总工分的36.76%。[4] 察哈尔省宣化沙岭等村的妇女拾茬近1 000亩，平原莘县三区有3 000余名妇女下地劳动，有的村参加生产劳动的妇女占到妇女总数的70%以上。[5] 在山西，根据武乡、临县等7个县所属的198个村子的调查，3 336名妇女共积各种肥料近9万担，每人平均积肥达26担；赵城等11个县所属49个村子2 400名妇女平均每人锄麦4亩。榆社县23个村1 084名妇女一年中积肥15 000担、送粪8 600担、打土坷垃530亩、填坑90个、锄麦4 200亩；阳城、沁源等35个县所属的10个区及965个村子有125 000多名妇女夏季锄苗54万多亩，每人平均锄苗4亩多。[6] 在滹沱河水利工程中，参加的妇女达21 300

①支少华,高洪潮,谭桂成:《十五区妇女积极参加生产 劳动成绩提高了妇女社会地位》,《人民日报》,1950年7月20日。

②《山东妇女工作一年来成绩很大 农村妇女大半参加生产 青济女工纺织产量提高》,《人民日报》,1950年3月9日。

③吴茵,予俊:《华北各省妇联订出计划 发动广大妇女参加生产 各地农村妇女纷纷投入春耕》,《人民日报》,1950年5月6日。

④《广大妇女积极参加国家各项建设工作》,《人民日报》,1954年3月11日。

⑤吴茵,予俊:《华北各省妇联订出计划 发动广大妇女参加生产 各地农村妇女纷纷投入春耕》,《人民日报》,1950年5月6日。

⑥王玉绪,李德生:《山西省怎样发动农村妇女走上生产战线》,《人民日报》,1952年3月7日。

人。^① 此外，广大妇女还是副业生产和手工业生产的主力。山东各地不少妇女参加了弹棉花、纺羊毛、编鱼篓等副业生产。^② 河南著名劳动模范辛自修领导的农业合作社里，女社员们养鸡喂猪的副业收入仅1954年就达2万多元。^③

大批妇女参加农业劳动，有效解决了农村劳动力缺乏的问题，改变了以往由男性主导的单一劳动力格局。山西武乡县是革命老区，全县179个村庄参军和参加革命工作的青壮年占到总人数的10%以上（进工厂的未统计在内）。砖壁村是抗战时期八路军总部所在地，全村因参军等原因离开村庄的青壮年达114名，村里人口以老人、妇女和儿童为主，劳动力非常缺乏。妇女参加生产后，从根本上解决了劳动力不足的问题。1950年武乡县农业生产平均超过抗战前4.9%，其中104个村子平均超出19.7%。^④ 砖壁村当年全村"每亩收粮达到一石四斗"，超过抗战前每亩一石三斗的最高水平。"全村一百二十六户中，现在已有二十多户达到耕二余一，即一年农业收入够一年半吃、穿、用。另有三十多户都有了剩余。其余一般农户，除三户孤寡外，都已收支相抵，不再吃糠，冬天穿不上棉裤的也没有了。抗日期间全村损失二十九头牛，现已全部补齐，且超过十头"。^⑤ 河北宁河捷道沽村妇女主任王玉珍（党员）带

① 王玉绪，李德生：《山西省怎样发动农村妇女走上生产战线》，《人民日报》，1952年3月7日。

②《山东妇女工作一年来成绩很大 农村妇女大半参加生产 青济女工纺织产量提高》，《人民日报》，1950年3月9日。

③《积极发动妇女参加农业合作化运动》，《人民日报》，1955年11月5日。

④ 林韦：《砖壁村的女青年团员和劳动妇女们——太行山老根据地访问记》，《人民日报》，1951年9月17日。

⑤ 林韦：《砖壁村的女青年团员和劳动妇女们——太行山老根据地访问记》，《人民日报》，1951年9月17日。

领全村92名妇女参加了锄麦、种豆、种高粱等田间劳动，保证了全村播种任务的完成。由于广大妇女参加田间劳动，解决了春耕与修河工矛盾，抽出男子参加挖河，保证了全县挖"新潮白河"的任务。[①]定县帅村周洛康农业生产合作社在妇女参加生产之前，10个男劳力在秋季既要种85亩小麦，又要摘97亩棉花，根本忙不过来。发动13个妇女整劳力参加种麦和摘棉花后，劳力不足、延误农时的问题迎刃而解。[②]

参加农业生产的妇女，除了负担切草、喂牲口、送饭等辅助性工作外，绝大部分直接参加锄地、收割、打场等劳动，许多妇女通过冬学教育、技术传授等多种方式，积极参加兴修水利和改良土壤、推广新式农具、浸拌选种等农业技术改良，成为浸种、选种、插秧、犁田、灭虫、除草、植棉的重要力量。1952年，山西全省300多万亩棉田，从培植到收摘的一系列生产过程中，妇女投入的劳动力，约占全部棉田所需劳动力的一半。[③]

（二）"女社员""女劳模""女干部"：农村女性新形象构建

20世纪50年代初，广大农村女性在推动农业生产、推广农业技术、开展农业管理等方面发挥着越来越重要的作用，生产模范、合作社干部等成为一些农村女性新的身份标签。从"家庭主妇"到"女社员"甚至"女劳模""女干部"的身份转

---

①泽林,韩凤臣,马玉金,张云琴:《宁河妇女下地生产 解决了春耕与河工的矛盾》,《人民日报》,1950年5月10日。

②《广大妇女积极参加国家各项建设工作》,《人民日报》,1954年3月11日。

③王玉绪,李德生:《山西省怎样发动农村妇女走上生产战线》,《人民日报》,1952年3月7日。

变，折射出在自身解放过程中农村新女性的成长。

走向大田生产的妇女，对农业增产、丰产发挥了重要作用，并涌现出许多劳动模范。山西榆社县裴志英、黎城石牛弟、长治县马宝贝、壶关赵凤仙等领导的互助组都在提高农业产量上创造了丰产纪录。1951年，裴志英互助组194亩耕地粮食产量二百六十六石多，比1950年增产六十八石一斗六；壶关赵凤仙互助组每亩平均收粮二石，每亩增产六斗。黎城石牛弟互助组171亩耕地平均亩产一石九斗二升七，每亩增产一斗八升七。这些妇女劳动模范在农业生产中起到了带头作用。劳模张小果发动全村70%的妇女参加了生产竞赛，仅张小果互助组在春季生产中就评选出12个劳动模范。石牛弟组向全县妇女发起了增产、丰产挑战，有40多个村子的妇女积极应战；劳动模范裴志英向全省妇女发出爱国丰产竞赛号召，仅一个月内就有19个县的160多个妇女互助组积极响应。在劳动模范的带动下，在生产劳动中形成了争先进、当劳模的浓厚氛围。在滹沱河水利工程中，先后涌现出92个妇女劳动模范，太谷等9个县的125个村子，有3 800多个妇女参加了植树运动，许多妇女成为植树模范。[1]据统计，河北、山西、山东等五省1953年出席省级农业劳动模范大会的女劳动模范有787人。[2]

在农业生产中，许多妇女积极参加农业技术培训，成为农业新技术推广和普及的重要力量，改变了过去轻视妇女，认为"妇女劳动不顶事，没有技术瞎胡混"的错误观念。1950年，

①王玉绪，李德生：《山西省怎样发动农村妇女走上生产战线》，《人民日报》，1952年3月7日。
②《广大妇女参加祖国工农业生产》，《人民日报》，1953年4月16日。

山东鲁中南区15个县有9 600多个妇女学会了浸种；渤海区德平县有55 000多名妇女参加了打棉虫；[1] 察哈尔省的宣化、怀仁等县大批妇女参加浸种、送粪、拾茬子等劳动；[2] 河北满城县大贾村张洛乔农业生产合作社谷子手提间苗，玉米人工授粉，棉花掐尖、掰杈，都主要由妇女完成。[3] 1951年，河北省32个县共计有12万名妇女参加了技术传授站的学习。[4] 在山西，劳动模范石牛弟、阎仙果、王翠芳等互助组，向群众示范新式步犁、玉米脱粒机、喷雾器；劳动模范甄秀珠试办"小农场"推广优良品种，使全村采用优良品种的农户达到了80%；岢岚县宋木沟村部分先进妇女亲自做发芽试验，把"技术送上门"；李改枝、陈俊英等还向群众进行温汤浸种示范；妇女劳动模范刘月英、申顺金、王腊花等通过使用喷雾器、"六六六"、棉蚜皂杀除棉蚜的事实，向群众普及科学灭虫知识。根据统计，榆社县23个村155个妇女互助组，共调换优良品种144石，浸拌种率平均为90%；长治、太谷、临汾等22个县所属的300多个村子的30 000多名妇女参加夏季选种，共选出优种小麦17 119石；榆次等17个县所属的8个区及356个村有34 800名妇女，使用科学杀虫技术消灭了100 345亩地的棉蚜；神池、昔阳等7县所属的198个村的妇女，为了消灭虫害

第六章 翻身：女性意识觉醒与身份转型

---

① 《山东妇女工作一年来成绩很大 农村妇女大半参加生产 青济女工纺织产量提高》，《人民日报》，1950年3月9日。
② 吴茵，予俊：《华北各省妇联订出计划 发动广大妇女参加生产 各地农村妇女纷纷投入春耕》，《人民日报》，1950年5月6日。
③ 《广大妇女积极参加国家各项建设工作》，《人民日报》，1954年3月11日。
④ 《广大妇女参加祖国工农业生产》，《人民日报》，1953年4月16日。

刨、烧了1 735亩地的谷茬①。截至1952年，全国不少妇女参加了农业技术训练站，学会了选种、浸种、治虫等技术，其中"少数妇女学会了使用新式农具"②。山西平顺西沟李顺达农林畜牧生产合作社24个女劳动力中，"有8个妇女成了农业生产上的全把式，不少妇女学会了犁、耙、耕等技术"③。

妇女参加农业生产之后，"妇女真行了，粗活、细活都能干，真是翻身了！"④逐步成为对妇女的新认知，"男干女不干，计划难实现，男女齐动手，增产不用愁"⑤，从根本上取代了"妇女不顶事"的思想。在生产上崭露头角的同时，许多优秀女性开始走上了农业管理的岗位。山东广饶三区三柳树村的村党支部宣传委员和村妇女会长李田英，以前被婆家称作"放牛、打水的角色"，经常遭到打骂。丈夫参军后，李田英"担负起了全家十一口人的生产任务，而且还领导了全村的生产"，并被选为全国工农兵英模。⑥1950年，河南省许昌专区13个县的乡级政权内，"农民出身的妇女干部有一千多名，几占该专区乡政委员会委员、主席总数的三分之一"，全区有20多名女乡长被群众公认为模范乡长，"其中禹县三区的唐志英，由于工作积极，受到当地人民群众的一致拥护，已被该县

①王丕绪，李德生：《山西省怎样发动农村妇女走上生产战线》，《人民日报》，1952年3月7日。

②《广大妇女参加祖国工农业生产》，《人民日报》，1953年4月16日。

③柳勉之：《新中国的妇女在前进》，北京：生活·读书·新知三联书店，1953年版，第18页。

④林韦：《砖壁村的女青年团员和劳动妇女们——太行山老根据地访问记》，《人民日报》，1951年9月17日。

⑤中华全国妇女联合会编：《蔡畅、邓颖超、康克清妇女解放问题文选》，北京：人民出版社，1983年版，第278页。

⑥刘献忠，李兆麟：《妇女生产模范李田英》，《人民日报》，1950年9月22日。

人民政府提升为副区长"①。据陈留专区陈留县半年的统计，全县有100余名妇女担任了区、乡政府委员和乡政委员会主席的职务，②鲁山县"许多妇女被提拔到县、区、乡各级政权和农会中担任领导工作"③，在全县123个合作社中，每个社都有女社长或副社长。④

在河北省，1952年全省农业生产合作社中共有"女社长66人，女副社长22人"，女组长"4 529人"。⑤根据1954年河北省保定专区的满城、易县等14个县农户数量在30户以上的37个较大农业生产合作社的统计，担任生产小组长及以上的妇女干部有431人，占社员总数的49.4%。大名县的晋学贤、邢台县的赵黑妮等还被评选为全省的模范女社长。⑥在山西，长治专区16个县的农业生产合作社统计数据显示，1954年"有女社长19名，副社长4 003名，连同社务委员、生产队长、劳动组长等合计起来近1万名妇女"⑦。在农业合作化运动中，山西"全省有16万名妇女骨干，分别担任了农业合作社的主任、副主任、管理委员会委员和妇女队长等职务"⑧。

---

① 《各地妇女努力参加国家建设》，《人民日报》，1951年3月5日。

② 《充分发挥农村妇女在互助合作运动中的作用》，《人民日报》，1954年7月31日。

③ 《华中妇女地位提高 积极参加土地改革生产建设 河南省百万妇女已组织起来》，《人民日报》，1950年3月9日。

④ 《积极发动妇女参加农业合作化运动》，《人民日报》，1955年11月5日。

⑤ 柳勉之：《新中国的妇女在前进》，北京：生活·读书·新知三联书店，1953年版，第18页。

⑥ 王照：《发动农村妇女学习农业技术》，《人民日报》，1956年3月29日。

⑦ 《充分发挥农村妇女在互助合作运动中的作用》，《人民日报》，1954年7月31日。

⑧ 《当代中国》丛书编辑部：《当代中国的山西》（下），北京：中国社会科学出版社，1991年版，第291页。

231

第六章　翻身：女性意识觉醒与身份转型

合作化时期，妇女已经成为"农业增产运动中的不可缺少的力量。"①

中华人民共和国成立后，中国共产党推动农村妇女从家庭走向社会，既有马克思主义妇女解放理论的影响，也有中国社会发展现实因素的考量。毛泽东在《中国农村的社会主义高潮》一书的按语中指出："中国的妇女是一种伟大的人力资源。必须发掘这种资源，为了建设一个伟大的社会主义国家而奋斗。"②

在推动农村女性实现性别平等、角色转换的过程中，中国共产党依靠国家制度、法律层面的建设以及在革命根据地时期发展起来的冬学，通过建构妇女劳动合理性、必然性、现实性的国家话语体系，培养妇女走出家门参加社会劳动的意识，有效减轻了妇女社会化的阻力。而在农业生产中逐渐独当一面的女性，形塑自身角色的同时也完成了社会新形象的构建，并对新中国的家庭关系和社会关系产生了深刻的影响。

①中华全国妇女联合会编：《蔡畅、邓颖超、康克清妇女解放问题文选》，北京：人民出版社，1983年版，第278页。
②中共中央办公厅编：《中国农村的社会主义高潮》中册，北京：人民出版社，1956年版，第674—675页。

第七章　冬学和华北乡村社会

中华人民共和国成立前后，中国共产党在冬学开展的妇婴卫生知识、科学常识的普及和宣传，有效扭转了乡村落后的妇婴卫生观念，削弱了封建迷信对民众思想的控制，训练了乡村基本的卫生、科学素养。女性婚姻观念的嬗递则反映了现代婚姻观念的推广与女性社会化劳动推动下，女性婚姻价值取向的转变。此外，农民时间、空间观念的重构，则进一步激发了乡村发展的活力，打破了传统小农社会的封闭。冬学教育对乡村社会观念的改造，为20世纪中后期华北乡村社会的发展提供了持久的内在动力。

一、冬学与乡村妇婴卫生知识普及

冬学开展之前的华北乡村，医疗发展的严重滞后导致婴儿死亡率居高不下，封建迷信盛行。中国共产党在冬学推动妇女参加生产劳动，解除其封建婚姻压迫的同时，积极开展卫生常识尤其是妇婴卫生教育，改造乡村陈旧落后的生育观念，努力降低婴儿出生死亡率。中华人民共和国成立之后，冬学进一步配合国家各项卫生政策和措施的宣传、推广，深入普及妇婴卫生常识，培训旧的接生婆，有效推动了农村卫生观念的转变。

（一）中华人民共和国成立之前的乡村妇婴卫生状况

中华人民共和国成立之前，由于传统陋习以及农村医疗水平的低下和战争的影响，广大农村地区妇婴卫生知识严重欠缺，"怀孕生产往往被看做是污浊可怕的事情，无人予以关怀，以致每年母婴的死亡是非常之高"①。山西长治潞安医院的张相长长期从事基层医疗工作，他通过对长治五区的调查走访，曾这样描述农村旧式接生：产妇"在生产时要把炕上的被褥取走，铺上干草，大人孩子要在草上睡三天""产妇把孩子生下来后，要面向上躺在草上，接产婆用一根排面杖（方言，即擀面杖。编者注），从上向下在产妇肚子上赶一回血，以免恶血攻心。"对于刚出生的孩子，接产婆"有的等衣胞下来后才要剪，不管时间长短，有的等孩子一出生就马上剪断"。受卫生、医疗条件的限制，妇女怀孕被认为是一件极可怕的事情，当地有句俗话称："怀上小孩就成了缸沿上跑马。"②妇女生产过程中面临的巨大风险，使群众对妇女生孩子表现出了很大的恐惧，俗语曰"儿奔生，娘奔死，中间只隔一层纸"，③认为女人生孩子是"过鬼门关"，一些地方甚至有"妇女生孩要把棺材准备在炕头"的说法。

此外，由于"妇女生育绝大多数尚操之于旧接生婆之手，造成了40%左右的婴儿死亡率"④。山西临县孙家沟的一位老年妇女曾生过8个孩子，其中5个都得脐带风夭折了。⑤在晋察冀根据地，新生儿的死亡率普遍高达"50%~60%"，以至于

①《十年来我国妇产科事业的成就》，《中国妇产科杂志》，1959年第5号。

②《建议政府对妇婴卫生注意改进》，档案号：A187-1-97-2，山西省档案馆馆藏。

③《新中国预防医学历史经验》编委会：《新中国预防医学历史经验》第4卷，北京：人民卫生出版社，1990年版，第60页。

④李德全：《关于全国卫生会议的报告》，中央人民政府卫生部：《卫生法令汇编》第1辑，内部印行，1951年版，第38页。

⑤《抗战日报》，1942年9月15日。

群众中流传着"常见娘怀儿,不见儿叫娘"[1]的说法。在山西,1948年榆社县"死于难产和脐带风的妇女和孩子占死亡总数的84%"[2],阳城县一区"上芹村七天因为生小孩就死了两个女人",因"接生的老太太在剪脐带的时候,不知道消毒,用不干净的剪子剪,不干净的线扎,不干净的布包。结果使得细菌进入到小孩的脐带里,就会得上脐风死去。老百姓不清楚原因,只说是碰上'血腥鬼''前世的冤家'来要债来了"[3]。统计数据显示,旧式接生条件下"产妇的死亡率约为13‰,其中大部分是患产褥热死的。婴儿死亡率高达200‰,新生儿破伤风死亡占1/3"[4]。

中华人民共和国成立初期,旧式接生法在农村地区依然广泛存在,由此带来的危害严重影响着妇女儿童的生命健康。平原省新乡等地在采用新接生法之前,受封建迷信和落后习俗的影响,每年婴儿因接生婆接产不重视消毒而感染脐带风的死亡率高达49%。[5]在山东省,"1949年冬,山东省卫生厅对胶东县孟家沟进行的调查显示,婴幼儿因破伤风而死亡的,占总死亡率的45%;1950年12月,在胶东地区莱东县门家沟和牟平县孔家瞳两个村进行的调查证实,在232名妇女所生1 078名新生儿中,死亡率高达44%,产妇死亡率1.5%;1950年,在

①中央档案馆:《晋察冀抗日根据地》第二册,北京:中共党史出版社,1991年版,第87页。
②山西省人民政府教育厅:《把冬学运动向前推进一步》,档案号:C61-5-9,山西省档案馆藏。
③《注意农村的接生问题》,《太岳报》,1948年11月11日。
④卫生部妇幼卫生司:《十年来的妇幼保健事业》,《卫生工作通讯》,1959年第19期。
⑤《适应广大农民"人财两旺"的要求　华北卫生工作获显著成绩》,《人民日报》,1950年12月18日。

历城县4个村所作的关于两年内生育情况的调查显示，新生儿死亡率为20.3%，总计241名死亡婴幼儿中，死于破伤风者占55.1%。"[1] 1950年，根据卫生部防疫医疗大队对河北涿县的调查，全县46 320名儿童中，死亡人数达18 322名，死亡率将近40%。其中不满一周岁死亡的婴孩，有56%是患脐风而死的，其"主要原因是由于旧法接生的不合卫生"[2]。

面对妇女儿童高死亡率带来的无助，一些老百姓求神拜佛、迷信巫婆，许多人到庙殿里"求神问签"或请巫婆神汉到家里"跳神祛灾"，还有妇女到"娘娘庙""送子庙"请回"泥娃娃"，祈求得到神灵的庇护。妇婴健康已经成为农村社会发展不可忽视的问题。

（二）冬学与农村妇婴健康教育的开展

中国共产党历来重视维护妇女权益。为了帮助地方开展农村妇婴卫生工作，八路军部队医疗机构在极为繁重的战场医疗救护工作之外，努力为地方训练妇女干部。晋绥三分区军队医院曾集中对临县、方山等县的几十名妇女干部进行妇婴卫生知识培训，以推动地方妇婴卫生水平。"驻扎在临县青塘村的部队医院，不仅帮助训练区、县妇女干部，还训练当地妇女积极分子。他们讲妇女生理、新法接生、检查胎位、婴儿种牛痘等课，并在结业时把讲义编成资料，还送给学员木制听诊器为检查孕妇胎位使用。"[3]

---

①山东省卫生厅编委会：《山东省预防医学历史经验·妇幼分册》，济南：山东科学技术出版社，1989年版，第46页。

②《中央卫生部防疫医疗大队 建立涿县卫生试验区 取得改善农村卫生工作的初步经验》，《人民日报》，1950年4月3日。

③山西省妇女联合会编：《晋绥妇女战斗历程》，北京：中共党史出版社，1992年版，第236页。

在军队医院的协助下，中国共产党在农村开展的冬学教育，在对根据地民众进行政治时事、文化、生产等教育的同时，以妇婴卫生教育为中心积极开展科学卫生教育，广泛宣传新式接生法的好处和重要性，推动了根据地农村妇婴卫生工作的开展。在晋西北，1940年以来的冬学均"以扫除文盲、破除迷信、讲求卫生、反对早婚与政治宣传为主要内容"[1]，并以妇婴卫生教育推动群众思想转变。20世纪40年代，农村妇女生孩子时依靠的是乡村接产婆，如果遇到产妇难产，只能借助神婆或听天由命。神池县利民寨村民池耀的妻子生育时遇到难产，束手无策的家属请来画符的神婆帮助接生婆助产，结果产妇3天生不下孩子，在人命危急关头，家属才在冬学教员的劝说下请来医生，最终保住了大人和孩子的生命。[2]通过事实教育，利民寨群众的思想有了很大的转变。

中华人民共和国成立之后，各级人民政府、卫生部门和妇联大力改造接生婆，训练助产士，努力推进农村妇婴卫生工作。根据华北、东北等地的不完全统计，"受训的新旧接产人员达9 000名以上，这些受训人员已开始用新方法在农村接生，大大地减少了婴孩的脐带风和产妇的产褥热"[3]。中央人民政府还派出卫生防疫大队赴各地开展卫生防疫工作调查以及指导地方卫生工作的开展。截至1951年11月，"全国85%的县份，都已建立了卫生院"，其中仅1951年就新增农村卫生所

---

[1]《晋西北两年半的文化教育建设报告》，档案号：A88-4-7-1，山西省档案馆藏。

[2]《晋绥边区第二分区一九四四年冬学工作总结材料》，档案号：A27-1-5-4，山西省档案馆藏。

[3]《各地开展儿童保教事业 增设托儿所保育院 改善妇幼卫生工作 入学儿童人数增加 少年儿童队大发展》，《人民日报》，1950年6月1日。

378所，病床1万余张；"恢复和建立了妇幼保健机构近1 000所，接生站1万余处，大大降低了婴儿死亡率"[①]。在机构建设的同时，中央人民政府依靠农村广泛开展的冬学，对民众实施深入的宣传和教育。

在冬学课程设置上，卫生教育是普遍设立的科目。教材由各地农村卫生部门组织人力编写。在山西省交城县，县里的中西医药研究会根据妇女的生产、生活状况为冬学编写卫生通俗教材，[②]向妇女广泛地宣传妇婴卫生常识，以提高妇女健康卫生意识，逐渐克服封建迷信思想。一般而言，卫生教育与文化教育在老区占到50%，在新区则为20%～30%。[③]山西左权县是一个有416个自然村的老解放区，全县26岁至45岁的青壮年男女1949年冬学课程即以"政治课（包括生产、政治等教材）和卫生课为主"[④]，卫生教育工作中，妇婴卫生教育进行得最为普遍和深入。为了推动农村妇婴卫生工作，河北、山西等地不仅编写了卫生教材，而且各级妇联甚至医生亲自到冬学上妇婴卫生课。晋城妇联会主席讲解接产、剪脐带等方法后受到了学员的欢迎，九区黍米山教员秦和义说："来时只说开会，想不到讲这些课，尤其是卫生课和妇联会主席讲的妇女卫

①郭沫若：《关于文化教育工作的报告———一九五一年十月二十五日在中国人民政治协商会议第一届全国委员会第三次会议上的报告》，《人民日报》，1951年11月5日。

②阚射军：《华北区冬学开始阶段概况》，《人民日报》，1950年1月28日。

③《山西省府发出冬学补充指示 试行重点扫除文盲 并规定各科教学方法 识字教育的主要对象是青年男女和村干部 各专署组织辅导组加强实验区视导检查》，《人民日报》，1949年12月31日。

④《区村干部深入领导 教员困难适当解决 左权冬学运动规模超过往年》，《人民日报》，1950年1月24日。

生和接产方法真好！"① 为了吸引群众上卫生冬学，山西省教育厅组织的冬学检查组还在冬学普及糠疹的预防和注意事项，太谷县组织全县医生下乡看病并到冬学给群众讲卫生常识和妇幼卫生知识，潞城神泉村冬学聘请医生上卫生课，② 榆社县通过冬学办起产妇接产训练班，仅前两期就培训了75人。③ 据不完全统计，1950年山西省15个县即有21万妇女参加了冬学或民校的妇婴卫生知识的学习。④

冬学妇婴卫生教学初期，由于怕羞以及受封建观念的影响，许多妇女不愿上妇婴卫生课。因此，冬学通过讨论启发妇女思想。山西平顺县龙镇村的冬学围绕"怎样生孩子"这个题目展开讨论，使妇女们懂得了"有孩子和没有孩子不是命里注定的事"，学员晚英把在箱子里藏了几年的从"送子庙"里请来的泥娃娃摔碎了；南庙村妇女王喜莲没有生过小孩，在讨论中懊悔地哭起来，"我过去认为自己命里没有孩子，谁知道是不干净的过"。在忻县专区，不少妇女懂得了婴儿"四六风"的道理和妇女病的防治法，崞县官地村妇女说："过去俺们只当娃不长命，现在才知道是不讲卫生。"⑤ 除了讨论外，各地冬学还注意通过真实事例去改变群众的妇婴卫生观念。寿阳县

---

①《晋城县训练冬学教员总结》，档案号：A196-1-68-1，山西省档案馆藏。

②《督促辅导各区村冬学　潞城派出检查传授组》，《人民日报》，1950年1月12日。

③《东北华北等地冬学行将结束　六百万农民参加学习　部分冬学转常年民校》，《人民日报》，1950年3月20日。

④《适应广大农民"人财两旺"的要求　华北卫生工作获显著成绩》，《人民日报》，1950年12月18日。

⑤山西省人民政府教育厅工农教育处：《省教育厅一九四九年冬学工作总结、经验、订购课本、开展文娱活动、恢复和建立太原市工人区学校的通知、办法》，档案号：C61-5-2，山西省档案馆藏。

一个小学教员的妻子生孩子时，教员用卫生教育教材指导接生婆接生，不仅孩子出生时没有遇到危险，而且母子健康。长治北坡村的一名产妇生产时，冬学义教王世泽使用卫生课本指导产妇的嫂嫂接生，结果孩子平安产下，母亲也健康。群众感叹道："义教不仅是义教，而且还是半个医生哩！"[①] 壶关县某村冬学以本村4个妇女生孩子死亡的实例，启发妇女们的妇婴健康意识，帮助妇女们提出"三干净：衣服干净、家里干净、手干净"，督促群众定期检查卫生。[②] 岢岚小涧村、神池、岚县等一些村子的冬学卫生课，"从计算本村病人与婴儿死亡说起，引起群众对卫生的重视，由不愿听到愿意听"[③]。此外，一些冬学还通过自编自演的娱乐节目宣传妇婴卫生健康常识。山西晋城七区上庄村的冬学女义教带领妇女们根据卫生教材编演的"四六风""剪脐带"等，受到群众的欢迎。[④]

经过冬学的教育，使卫生教育尤其是妇婴卫生教育在有些地方"已达到了相当普遍与深入的程度"[⑤]。山西太谷县上过

①山西省人民政府教育厅工农教育处：《省教育厅一九四九年冬学工作总结、经验、订购课本、开展文娱活动、恢复和建立太原市工人区学校的通知、办法》，档案号：C61-5-2，山西省档案馆藏。

②山西省人民政府教育厅工农教育处：《省教育厅一九四九年冬学工作总结、经验、订购课本、开展文娱活动、恢复和建立太原市工人区学校的通知、办法》，档案号：C61-5-2，山西省档案馆藏。

③山西省人民政府教育厅工农教育处：《省教育厅一九四九年冬学工作总结、经验、订购课本、开展文娱活动、恢复和建立太原市工人区学校的通知、办法》，档案号：C61-5-2，山西省档案馆藏。

④孙新，原广，阎德润，王灵臣，许应卿：晋城四十五个冬学转为常年民校各村村长与义务教员集会商定民校学习具体办法》，《人民日报》，1950年3月20日。

⑤《山西检查冬学运动 要求各地把冬学运动推进一步 为今年开展识字运动打下基础》，《人民日报》，1950年2月7日。

冬学的妇女都懂了接产、剪脐带、妇婴卫生等问题。襄垣县曹坪村妇女听了经期卫生课后，张改娥等十几个妇女全都换上了新布。黎城县张家山村妇女经过冬学10天的学习，在政治、卫生常识测验中有27人成绩在60分以上，其中10人在80分以上，只有9人不及格。[1] 妇婴卫生教育在改变妇女卫生习惯的同时，在很大程度上破除了封建迷信对妇女的影响。山西临汾专区翼城大河村妇女张桂娥，在冬学学习了妇婴卫生知识后认识到："从前没有娃娃的人，到娘娘庙里求子，那就不关外事（意思是没有用）"。霍县杨家庄妇女张关英的一个孩子出生8天就夭折了，她一直认为是"偷死鬼偷走了"，上了卫生课后才知道是因为接生婆不讲卫生，导致孩子死于脐带感染，根本就没有"偷死鬼"。[2]

　　冬学妇婴卫生教育加速了农村地区社会习俗的演进速度。冬学卫生教育后，科学知识、卫生知识开始在农村地区得以迅速传播，并被民众广泛接受。讲卫生、勤洗手、洗衣服，经常打扫院落等现象逐渐得以普及。农村妇婴卫生教育有效改善了农村妇婴卫生健康状况，降低了妇婴死亡率，为农村人口恢复和增长创造了条件，为农业合作化的进行和社会主义建设的开展提供了强大的人力资源储备。中华人民共和国成立后，婴儿死亡率的降低是中国人力资源快速发展的重要原因。

---

①《山西检查冬学工作　廿县超过预定计划　有些县作得不好　教育厅正注意纠正》，《人民日报》，1950年1月9日。
②山西省人民政府教育厅工农教育处：《省教育厅一九四九年冬学工作总结、经验、订购课本、开展文娱活动、恢复和建立太原市工人区学校的通知、办法》，档案号：C61-5-2，山西省档案馆藏。

二、冬学与农村女性婚恋观念嬗递

(一) 传统女性婚姻观念

对传统社会的中国女性而言，其家庭角色显得非常重要，"婚姻几乎是她们一生的事业"[①]。究其原因，经济上的依赖是广大农村女性囿于家庭难以走向社会的主要物质因素之一。在封建婚姻制度下，"婚姻之成立，不必男女同意，概依父母媒妁而定"，婚姻的当事人尤其是妇女没有任何发言权。一首山西民谣反映出封建婚姻下女性的无奈和不满："枸杞根，扎得深，我爹我娘不和我亲，把我嫁到小丁村。小丁村，小丁村，柴又远，井又深，抓住井把骂媒人。媒人眼，滚蛋蛋。媒人头，做尿罐。媒人肉，狗吃了。媒人血，狗喝了。媒人肠子做皮条，媒人骨头当柴烧。烧下灰，垫磨道，老驴蹄子踏烂了。"[②]

近代以降，受社会变革和社会思潮的影响，华北妇女婚姻心态发生了很大变化，一些妇女开始走出传统，要求婚姻自由。《盐山新志》载："民国以来，蔑古益盛，男女平权之说倡，而婚配自择。"[③]在山西忻县，"民国成立……知识分子的婚嫁，不完全由父母主持，一般先征得子女同意"[④]。内蒙古则出现了"其结婚之始，亦有经过恋爱之过程者，俟彼此相

①郭夏云：《华北妇女婚姻心理的发展演变(1840—1919)——以地方志民俗资料为中心的研究》，《中国地方志》，2015年第12期。

②山西省地方志编纂委员会：《山西通志》卷四十七，北京：中华书局，1997年版，第317页。

③孙毓琇修，贾恩绂纂：民国《盐山新志》谣俗篇，民国五年影印本。

④石作玺：《忻县婚丧事概况》，《山西文史资料》第7辑，1963年版，第119页。

许，始告父母，或请冰人而聘订"[1]，甚至在某些官方县志中出现了"婚姻自择，不耻淫奔"[2]的记载。"儿大不由爷，女大不由娘"[3]已经不再是城市社会生活中的个别现象。

但是，在20世纪40年代的华北农村地区，父母包办婚姻仍大量存在。以下是对晋西北浑源三区下官音堂村30岁以下已婚女性的调查。

浑源三区下官音堂村婚姻调查表之六

	全村三十以下妇女	自主自愿	父母包办	童养媳妇	买卖婚姻 十元以上	买卖婚姻 百元以上	订婚年龄 十岁以上	订婚年龄 十岁以下	订婚年龄 十五以上	结婚年龄 十岁以上	结婚年龄 十五以上	备注
该村闺女	35	2	19	1	6	19	6	8	26	9	26	
该村媳妇	28		28	3						7	21	都是买卖婚姻
离婚的	4		4									都是买卖婚姻
解除婚约的	1		1									女子大男人小
夫妇和睦的	4	2	25									
好闹别扭准备离婚的	4		25									
平常的	23											

资料来源：《浑源三区下官音堂典型调查材料》，档案号：A134-1-49-2，山西省档案馆藏。

---

[1]《中国地方志民俗资料汇编(华北卷)》，北京：北京图书馆出版社，1989年版，第727—728页。

[2]孙毓琇修，贾恩绂纂：民国《盐山新志》谣俗篇，民国五年影印本。

[3]李大本等修，李晓冷等纂：民国《高阳县志》卷二，民国二十二年排印本。

晋西北浑源三区下官音堂村是个老解放区。根据地建立初期，中国共产党对全村已经结婚的30岁以下妇女的调查显示，大多数妇女的婚姻是父母包办的，只有2人属于自主结婚。在调查的妇女中，夫妻感情融洽的只有4人，经常打架吵架的有4人，其余21人夫妻感情淡漠。谈到自己的婚姻，妇女们虽然埋怨父母包办婚姻，感慨自己"没赶上婚姻自由的好处"①，但多数妇女坚持"嫁鸡随鸡，嫁狗随狗"的传统观念。在山西榆社县，许多妇女有"男人就得管吃，对我负责"的观念，认为"女人劳动不光荣"②。妇女的婚姻状态和婚姻心态已经严重阻碍了女性独立和解放的进程。

（二）冬学视阈下农村女性婚恋观变迁

抗日战争以来，中国共产党在农村革命根据地广泛开展的冬学教育，以诉苦、反省和讨论的形式，启发妇女对封建包办婚姻的反思，推动了农村女性婚姻观念的转变。

在太行三专属武东二区，妇女史拴劳、冯芝兰（青年）等都是父母包办婚姻，婚后夫妻感情不和，并经常受到男方虐待。妇救会主席李闰女是自由结婚，结婚时李闰女和丈夫李富西拉着手进洞房，夫妻恩恩爱爱。冬学就以妇救会主席李闰女的婚姻为例组织妇女们进行讨论，启发大家的觉悟。在讨论中，史拴劳、冯芝兰联系自己的不幸婚姻，特别是说到"翁婆和男人打骂的时候"③声泪俱下。活生生的事例使妇女们认识

---

① 《浑源三区下官音堂典型调查材料》，档案号：A134-1-49-2，山西省档案馆藏。

② 《榆社县三十三年冬学运动总结》，档案号：A165-1-59-1，山西省档案馆藏。

③ 《冬学通讯》，太行第三专署印，档案号：G3-142，山西省档案馆藏。

到，封建包办婚姻和经济不独立对妇女的束缚。榆社向阳冬学经过讨论，青年妇女们都认识到婚姻自主后妇女地位提高了。武东拐脑冬学的妇女在讨论中感受到"现在这个年月真正好，男女都能平等……能自由结婚……"①在浑源三区下官音堂村，青年妇女米翠英解除了封建婚约后，提高了本村妇女对婚姻问题的认识，先后有4名青年妇女提出退婚要求。②

冬学在组织妇女讨论诉苦的同时，以"卖闺女""买媳妇"这些农村妇女熟悉的话语去启发妇女思考，帮助妇女提高认识。晋绥二分区岢岚的妇女们在冬学反省后认识到："过去以为如果要生产，就不找汉子啦，这种思想不对。"在陈三女的带领下，妇女们"几天就拾了一千多斤"粪③。崞县某村冬学编演了新剧《好媳妇》鼓励妇女参加劳动不依赖男人，受到了妇女的欢迎。④在冬学推动下，越来越多的根据地妇女参加到生产建设中。据统计，1945年太岳区沁源县参加纺织的妇女人数比1943年增加了6 000人，而晋绥边区的兴县一年新增纺织妇女3 000余人，临县"全县纺织妇女已达到5.1万人"⑤。以至于一些地方出现了"过去是男人养活女人，如今

①《冬学通讯》，档案号：A67-4-4-2，山西省档案馆藏。

②《浑源三区下官音堂典型调查材料》，档案号：A134-1-49-2，山西省档案馆藏。

③《晋绥边区第二分区一九四四年冬学工作总结材料》，档案号：A27-1-5-4，山西省档案馆藏。

④《一九四五年崞县冬学工作的总结》，档案号：A143-1-26-2，山西省档案馆藏。

⑤刘泽民，张国祥：《山西通史》第8卷，太原：山西人民出版社，1997年版，第1663页。

女人倒养活起男人来了"的现象。①1947 年，涉县六区东达村66 个妇女在冬学组成运粮队，背了 4 750 斤粮食，涌现出 24 名模范，男人们都感叹"妇女们可真翻了身"②！冬学教育逐渐打破了"男主外，女主内"的传统家庭分工，使"男不言内，女不言外。内言不出，外言不入"的社会定律发生了实质性的变化。尼姆·威尔斯曾说过："中国革命非常重视妇女，这和中世纪的骑士气概毫不相干，而是因为妇女经历了长期艰苦的斗争，自己赢得了在红星下的合法地位。她们即使称不上是中国革命的'骄子'，至少也是平等的一员。"③

中华人民共和国成立之后，农村女性已经成为农业生产的重要力量。国家通过冬学教育对农村女性进行的识字扫盲和生产教育，不仅提高了妇女的文化素养，改变了妇女的传统观念，树立起"劳动光荣"的意识，而且为妇女提供了更多的学习技术的机会，激发起广大农村妇女和男子比劳动、比技术的积极性。随着农村女性参加农业生产劳动的普遍化，女性逐渐取得了和男子同样的劳动机会以及同工同酬的权利。于广大农村女性而言，婚姻不再是穿衣吃饭的工具，婚姻逐步回归其本质。

浑源贾庄村年轻姑娘裴玉枝订婚时，父母准备"向男方索取三石黄米、五十元白洋"④。裴玉枝在冬学学习了《婚姻

①太行革命根据地史总编委会：《财政经济建设》(上)，太原：山西人民出版社，1987 年版，第 240—241 页。

②席振中，马常太，赵元庆，秦如香：《保证战勤任务提前完成 东达妇女儿童运粮 节省男劳力百余工涌现模范二十四人》，《人民日报》，1947 年 2 月26 日。

③[美]尼姆·威尔斯：《续西行漫记》，又名《红色中国内幕》，北京：解放军文艺出版社，2010 年版，第 168 页。

④郭铸：《怎样开展农村读报组工作 记浑源县贾庄村读报组》，《人民日报》，1950 年 10 月 16 日。

法》后竭力反对。之后，该村妇女结婚，都很少向男方要钱了。"嫁汉嫁汉，穿衣吃饭"日渐变成了女性择偶的"老黄历"。相比之下，生产能力成为许多姑娘择偶的新标准之一。河南某村的一个女子爱上了本村的副村长，认为"他生产好，思想进步"[1]。北京郊区十一区牌坊行政村小店自然村青年妇女宋为华早年由父母包办结婚，刚20岁就守了寡。在冬学听村干部讲了"婚姻自由了，寡妇嫁人，旁人不能干涉"[2]后，宋为华冲破封建婚姻观念的束缚，与同村劳动能手赵长林自主结婚。1952年，平原省中牟疃村全村有22对青年自由结婚。对此，一位民校学员写道："先前的婚姻由家长包办，那是最不合理的，自从共产党来了，妇女才抬了头，有了地位，现在是双方同意，由个人自主，任何人不能包办婚姻，多幸福呀！"由于在学习中认识到"新社会没文化吃不开"，因此青年择偶的条件是"爱劳动、爱文化、爱进步"[3]。文化程度、政治出身也成为农村姑娘找对象时看重的因素。在山西榆社一带，"从前妇女是爱嫁穿袍袍的（地主、富农等）"，20世纪50年代初期，"妇女是爱嫁挂包包的（干部和积极分子）"[4]。

---

[1]李正:《各地执行〈婚姻法〉已得成绩　万千男女结成美满夫妇　新的婚姻制度受到广大群众拥护》,《人民日报》,1951年1月17日。

[2]王大明:《婚姻要自己作主才好——宋为华和赵长林结婚后积极生产》,《人民日报》,1951年10月29日。

[3]《平原省中牟疃村是这样开展文化学习运动的》,《人民日报》,1952年10月26日。

[4]李正:《各地执行〈婚姻法〉已得成绩　万千男女结成美满夫妇　新的婚姻制度受到广大群众拥护》,《人民日报》,1951年1月17日。

三、冬学与乡村科学意识的启蒙

（一）冬学之前的华北乡村社会

冬学之前的华北乡村社会，由于长期受封建势力和帝国主义侵略的双重压迫，民众观念中充斥着浓郁的消极、悲观情绪，"无论哪个阶层都有怕死、对生产放任的思想。都觉兵荒马乱的，这年头哪有（心）情闹养种。不知哪天碰上敌人被打死，闹的干什么呀！好活上几天就算啦！坐一天是一天福，吃一天是一天禄"[①]。聂荣臻在给毛泽东的一份军事报告中提及山西乡村社会时曾这样描述："从政治上说，这个地区过去在长期的历史发展过程中，由于旧的落后的势力与帝国主义的双重压迫，比其他地方特别显得落后。"[②] 在民众消极悲观的背后，折射出长期封建思想统治下，民众根深蒂固的"天命"观。

山西阳城岩山村是一个由岩山、芦家河、李家沟、南沟、上元沟5个自然村所组成的大行政村。抗日战争之前，全村247户1 085人拥有3 549亩土地。以下是岩山村各阶层土地占有情况。

阳城岩山村土地占有情况

阶层	人口/%	土地口/%
地主	5	17
富农	8.3	23
中农	34	36
贫农	49	21
雇工	3.7	无

资料来源：天纵：《从苦难中翻身的岩山村》，《人民日报》，1946年10月2日。

---

① 《榆社县鱼头村冬学总结》，档案号：A165-1-59-7，山西省档案馆藏。
② 《聂荣臻军事文选》，北京：解放军出版社，1992年版，第97页。

根据上表可以看到，人口占全村人口13.3%的地主、富农却占有全村40%的土地，而人口数量超过全村人口50%的贫雇农却只拥有全村21%的土地。由于经济贫困，全村百姓都敬神、拜菩萨，每逢农历初一、十五还要烧香，遇到大病小灾，只有求助村里的巫师。对于地主、富农的好生活，民众普遍认为是地主、富农命定的，穷人受穷也是命中注定，只有虔诚拜佛，来世才能转运。

　　浑源七区华村原名聚钱庄，是一个小村落。因洪水冲毁村庄，重建后改名为华村。村中居民主要以薛姓和麻姓为主。中华人民共和国成立前，全村土地10 846.6亩、村民233户，其中地主12户，富农1户，中农23户，贫农164户，佃农33户。地主程仙抗长期担任村长，是村里的恶霸。程仙抗全家21口，2个劳动力，拥有一头骡子、两头驴、一辆大车和五只羊，占有土地420亩。程仙抗全年雇7个长工，每年的剥削收入为423.2斗。除雇工耕种土地之外，程仙抗还放高利贷，每年其收入占到全村总收入的56%。[1] 在地主势力的压榨下，大部分群众每年有一半的时间以食糠艰难度日。全村有22人每日烧香念经，每年定期参加公开的迷信活动，另有11人每日在家中摆佛堂，烧香念经。在所有参加迷信活动的人员中，贫农45户，中农6户，地主1户。神池四区小井沟的巫婆田喜梅为了让附近各村庄百姓相信自己的"神通"，坚持给生病的儿子"跳大神""祈求神佛保佑"，结果耽误了儿子的病情，造成孩子死亡。田喜梅却认为孩子"上天成仙"[2]了。

　　穷困的生活中，弥漫着愚昧、无知，使乡村迷信思想盛

第
七
章

冬
学
和
华
北
乡
村
社
会

---

①《浑源七区华村调查总结》，档案号：A134-1-49-4，山西省档案馆藏。
②《巫婆田喜梅上冬学开了脑筋》，《山西日报》，1950年3月8日。

行。反过来，迷信思想又严重阻碍了民众革命、发展生产、改善生活的积极性。

（二）冬学教育与乡村科学观念构建

冬学开展以来，中国共产党针对农村中普遍存在的封建迷信思想，对民众进行了科学观念的教育。中华人民共和国成立之前，反封建思想的教育主要以反省、漫谈的方式，启发农民自觉抛弃"天命"观念，打破迷信思想。冀南各地，普遍以"想想会"的形式帮助翻身农民通过今昔生活的对比，自觉破除迷信思想的影响。冀南张庄农民在"想想会"上，通过回忆地主给予自己的痛苦，认识到穷不是命中注定的，是共产党帮助穷人翻了身。"想想会"后5个农民在"跟着共产党毛主席走"的口号下，要求加入中国共产党。为了保卫自己的胜利果实，东汪西镇170余人参加了民兵组织。宁南县油房村群众在"想想会"后，200余户农民撕下家里供奉的神像，贴上了毛主席像。他们在会上编了歌谣表达对共产党的感恩和对新生活的憧憬："烧香又上供，求神他不动，富的永远富，穷的还是穷。如今来了毛主席，他比神还能，分房又分地，咱们不受穷；人人都有权，永远跟他行。"①山西阳城县岩山村，打破鬼神观念的村民不仅没有人再去烧香拜菩萨，而且原来依靠所谓的"金丹"骗取村民钱财的神汉，也因无人登门而被迫改行。长治天河村群众在冬学里讨论了思想中表现最突出的会道门迷信思想，通过讨论有没有神、信神有没有益处等问题，最终使群众明白世上根本没有所谓的"神鬼"，"神鬼"都是骗人的，于是参加会道门的群众自觉把供奉的老爷烧掉，退出了道

① 《回忆过去比现在 永远跟着共产党》，《人民日报》，1946年12月24日。

门。霍村群众则通过冬学明白了地主过的好日子，不是天生的；穷人也不是"天生的穷、没福气"[1]，都是地主利用迷信欺骗老百姓的。

中华人民共和国成立后，为了适应政治、经济上翻身的民众学习科学、卫生常识的需求，冬学课程中明确强调了科学、卫生课的设置。《一九四九年冬学运动实施纲要》规定：老解放区应根据群众需求和实际条件，向群众"讲解科学常识卫生常识，逐渐克服封建迷信的思想"[2]。根据中央政府的开展冬学教育的精神，各地均对科学课程的课程设置比重作了说明。以山西为例，1949年山西省政府发出的冬学补充指示明确规定："在老区，文化、科学、卫生与生产技术教育共占百分之五十；中心工作（生产工作的思想教育与人代会教育）与时事、政治教育共占百分之五十。在新区，土改翻身、生产政策与时事政治教育占百分之七十至八十，以提高农民阶级觉悟；科学卫生与识字教育占百分之二十至三十。"[3]

在教学方式上，除了传统行之有效的反省、诉苦、讨论、宣传等形式之外，一些冬学还采取了直观明了的算账法和实验法，收到了良好的效果。京郊南安河村冬学，学员们把一贯道如何骗人的事实编成朗朗上口的"五字真言"[4]，然后利用各种场合进行宣传，揭穿了一贯道骗人的面目。山西兴县专区各县在冬学里讨论一贯道如何骗人，帮助参加一贯道的群众了解

---

[1] 王宗祺：《深入运动中的思想发动》，《人民日报》，1947年3月11日。

[2] 《一九四九年冬学运动实施纲要》，《人民日报》，1949年10月19日。

[3] 《山西省府发出冬学补充指示 试行重点扫除文盲 并规定各科教学方法 识字教育的主要对象是青年男女和村干部 各专署组织辅导组加强实验区视导检查》，《人民日报》，1949年12月31日。

[4] 《介绍京郊南安河村的冬学》，《人民日报》，1951年1月30日。

迷信害人，许多群众主动退出。冬学在反迷信教育的过程中，还提高了干部的认识，并涌现出许多反迷信模范和积极分子。[①]察哈尔省各地积极通过冬学、群众大会等场合，以黑板报、屋顶广播等形式多样的方式，揭露封建会道门对群众的欺骗和剥削的事实。万全孙家堡、郭磊庄两村通过算账的方式，统计出"每年村内道徒一共要给坛主拿去小米二百六十石"后，形成群众退道热潮。根据1949年冬至1950年3月的统计数据，察哈尔省的22个县"已登记退道的封建迷信道首、会首共三千五百十七人；二十五个县退道道众已达九万五千八百三十人"。对此，许多群众拍手称快，认为"早就该整整，一天家偷偷摸摸不干好事，尽害人！"[②]浑源贾庄村为了解决村庄的灌溉，经村代表会议决定开挖水渠，但部分有迷信思想的群众却坚决反对，认为会"掘断'土龙脉'"。为此，冬学读报组给大家从报纸上找来"一贯道骗人"和"信神信鬼害死人"等材料，消除了群众的顾虑，并很快动员起300多人参加修渠。[③]

科普风雨雷电等自然现象，消除群众中存在的各种"鬼怪"思想，也是冬学破除迷信、普及科学知识的重要内容。我国是一个自然灾害多发的国家，沿江、河地区易受洪涝灾害的侵害，内陆地区则饱受干旱的困扰。由于文化发展的滞后，群

---

①山西省人民政府教育厅工农教育处：《省教育厅一九四九年冬学工作总结、经验、订购课本、开展文娱活动、恢复和建立太原市工人区学校的通知、办法》，档案号：C61-5-2，山西省档案馆藏。

②《破除封建迷信群众觉悟提高 察省十万道徒退道》，《人民日报》，1950年5月14日。

③郭铸：《怎样开展农村读报组工作 记浑源县贾庄村读报组》，《人民日报》，1950年10月16日。

众对许多自然现象感到神秘、恐惧，并在此基础上衍生出一系列的迷信传说。山东是水灾多发的地区，因此各地冬学结合群众中流传的"水鬼"等迷信传说，普及科学常识，进行反迷信教育。[1] 相反，山西属于温带大陆性气候，全年有效降雨较少，素有"十年九旱"之说。由于旱灾频发，许多地区有请龙王祈雨的习俗。于是一些冬学结合风雨雷电常识进行反迷信教育，一些教员还通过"用锅热水"[2]演示雨水的成因，从而打破群众对风雨雷电的神秘观念。襄垣侯壁、四周等村的群众学习后，都说"这道理可是懂得了，以后再不求神乞雨啦"[3]。

破除封建迷信思想，消除了制约乡村社会发展的诸多不利因素。在阳高县，反封建会道门的斗争坚定了群众发展生产的信心，许多群众高兴地说："这回可放心生产吧！耳边风（谣言）堵死了。"[4]兴县专区群众打消了"命运"的观念，开始积极发展生产，营造起劳动光荣的氛围。经过冬学教育，许多原来的懒汉和二流子也制订了生产计划。兴县四区赤涧村经过冬学教育改造了23名赌徒和抽大烟的，帮助他们不仅戒了赌博和大烟，还转入了生产。河曲六区七星村冬学帮助10个懒汉制订了每天拾粪、担炭的生产计划，经过不断监督和检查，

①李江源,潘岳,宫明轩:《(一)山东省冬学运动重要经验 从群众思想实际出发 密切结合生产救灾 号召群众做学习和生产模范》,《人民日报》,1950年3月31日。

②山西省人民政府教育厅工农教育处:《省教育厅一九四九年冬学工作总结、经验、订购课本、开展文娱活动、恢复和建立太原市工人区学校的通知、办法》,档案号:C61-5-2,山西省档案馆藏。

③《长治专区农民上冬学一冬天"文化食粮"收获很大》,《山西日报》,1950年2月25日。

④《破除封建迷信群众觉悟提高 察省十万道徒退道》,《人民日报》,1950年5月14日。

七八个人都完成了任务。[①]临汾专区永和县黄家沟村民白智清，以前曾经在国民党军队当过兵，回乡后不参加劳动，认为劳动没用。经过冬学教育，参加了打柴组，表现很积极；霍县郝家腰二流子郭健全、杨家庄烟民、二流子武四红都经过冬学改造，参加了生产劳动。[②]

四、农民时间、空间观念的重构

（一）冬闲与冬忙：冬学视角里农民时间观念的演变

中国是一个农业大国，农业发展历史悠久。农业生产的进行和节气、时令有着密不可分的联系，俗语云：春种、夏耘、秋收、冬藏。在传统农业社会，农业生产有着基本的运行规律。冬学开展之前，冬季是华北农村的农闲时节。这时庄稼已经收割归仓，来年作物的播种还没有开始，因此，对于农民来讲，冬季是一年中唯一没有农事的季节。

冬学开展之后，华北农村传统的时间观念发生了巨大的变化。对于老解放区的民众，冬季已经不再是农闲季节，而是忙着上冬学、发展生产的时节。黎城冬学积极对群众进行生产教育，帮助群众克服"冬闲"思想。[③]黎城子镇村为解决土地肥料不足的问题，以"春未到地未种肥料先行"的口号号召群众

---

①山西省人民政府教育厅工农教育处：《省教育厅一九四九年冬学工作总结、经验、订购课本、开展文娱活动、恢复和建立太原市工人区学校的通知、办法》，档案号：C61-5-2，山西省档案馆藏。

②山西省人民政府教育厅工农教育处：《省教育厅一九四九年冬学工作总结、经验、订购课本、开展文娱活动、恢复和建立太原市工人区学校的通知、办法》，档案号：C61-5-2，山西省档案馆藏。

③《黎城各区召开英模大会 总结丰收经验 布置冬季生产》，《人民日报》，1948年11月18日。

采取"刨沤肥坑"、建"污水缸"、垫牲口圈、扫街道等办法，开展多种形式的冬季积肥。仅上街队52户就建了45个污水缸、8个沤肥坑。^① 在冬学影响下，中国人最重要的节日"过年"这一传统年节的安排也在发生着变化。走亲、拜年、闹秧歌、看大戏是农村过年的传统习俗，但是在解放区，许多群众即使在正月里也是生产不停。1948年正月，太行区壶关县回车村群众一方面在冬学制订生产计划和总结经验，另一方面组织全村75个劳动力、9辆牛车和5头驴从正月初二开始往地里送肥，7天共送粪4 970担。河北邢台四区兰羊村改变了过去"不过惊蛰不耕地"的传统，全村劳力在正月里共耕白地570亩、耢地1 857亩，并把85亩地的秸秆运回家，还种了几百棵树。内邱六区大垒东村从正月初九开始，全村老少全部下地干活。^② 在察哈尔平山五区单杨村，1949年正月刚过，村里20名年轻人便组织了2个拨工组开始往地里送粪、耕地。^③

中华人民共和国成立之后，华北各地农村的冬季更为忙碌，各地农民纷纷开展积肥和多种副业生产。山西交城北关在冬学里讲了积肥的好处，全街群众很快行动起来，并在短期内积肥1万多担；^④ 长治专区潞城县李庄村冬学教育群众克服"农闲"思想，努力开展生产后，全村民兵在冬季加强训练，开展冬季练武的同时，积极投入生产，一方面进行耙地送粪准

①《沤坑肥 积污水多垫圈 扫街道 子镇研究积肥办法》，《人民日报》，1947年12月8日。

②宋士群，昌言，刘杭尼：《联系本村情况讲解土地法 消除误解着手春耕》，《人民日报》，1948年3月3日。

③高奎，郑瑞平，先文：《平山单杨村青年团荣获全县第一模范支部》，《人民日报》，1949年3月11日。

④阚射军：《华北区冬学开始阶段概况》，《人民日报》，1950年1月28日。

备春耕，另一方面组织了捣土坯、轧花、弹花和油坊等小组，开展副业经营，[①]有力提高了全村的劳动热情。河北省邱县二区群众在冬学里打通思想、消除生产顾虑后，各村轧花坊、油坊都忙碌起来。[②]武安县第九区琅矿村冬学与生产紧密结合，经过冬学改造，全村的运输队不仅提高了效益还节约了劳力支援其他生产；[③]定县专区蠡县潘营村群众一边上冬学一边坚持生产，妇女组织了3个纺线组，男劳力开展拾粪积肥；[④]在位于黄河滩上的平原省温县王庄村，冬学启发了群众的生产情绪，全村群众组织起来开展运输、副业生产，积极进行灾后恢复；寿张县二区赫庄，梁山县的徐坊、梁岭、五楼、赵坝等村，都通过冬学组织起多种副业生产。[⑤]

1951年冬季，为推动全国农业生产的发展、开展爱国丰产运动，各地根据中央人民政府农业部、水利部的指示，全力组织人力、物力对冬季休闲的土地进行深耕细耕，"以农民自积土粪为主，购运商品肥料为辅"的形式开展积肥运动，整修梯田、疏浚河渠、开展冬浇、添置农具，为春季农业生产准备。山西解县阎家村大力开展冬季积肥，1952年春耕时全村每亩水地平均施底肥7 000余斤，旱地每亩平均5 000余斤。同时，通过加强农田水利基本建设，水田面积增加到477亩，占

①黄小旦：《生产、练武、学文化——山西潞城民兵英雄黄小旦来信》，《人民日报》，1951年2月14日。

②阚射军：《华北区冬学开始阶段概况》，《人民日报》，1950年1月28日。

③《(二)共产党员带头下 武安琅矿村冬学转为常年民校》，《人民日报》，1950年3月31日。

④阎纪元：《定县专区万余农民常年学习 结合生产组成八百学习小组》，《人民日报》，1950年4月26日。

⑤平原省教育厅通讯组：《平原省灾区冬学怎样推动生产救灾》，《人民日报》，1950年4月2日。

冬学与华北乡村社会重构

全村耕地总面积的38%，比1951年增加了84亩，比中华人民共和国成立前的水田面积（212亩）增加了一倍。[①]此外，农业新技术的普及和推广，也成为各地民众冬季学习的主要内容。从1952年开始，各地冬学结合爱国丰产运动加强了选种、温汤浸种、病虫害防治等农业生产技术教育的比重。农业精耕细作必然对冬季耕地、浇水提出了更多的要求。

随着农业合作化的开展，越来越多的农民脱离个体身份，加入各级农业合作组织中，提高农业技术、开展农田水利建设、发展副业成为农村各地冬季的常态。相应地，支援国家、支援工业、丰产增收带来的荣誉感、成就感和幸福感，又进一步激励了农民冬季生产的积极性。山西解县阎家村解放前是有名的穷村，"全村大部分中农每年都要发生青黄不接的困难，八十二户贫、雇农，一年辛苦结果，不够半年生活"，全村缺粮户占绝大多数，农民的粮食有2/3是玉米。1949年全村只有3户有余粮余资，农业收入不足以维持生活的却有92户，占总户数的76%。为了发展农业生产，全村利用冬季大力开展农田水利建设，通过多积肥、多施肥等措施增加土地肥力，1951年全村"一时不足维持生活的"仅剩8户，"有余粮余资的"已上升到83户，占到总户数的66.6%；"全村每人平均一年食油六斤半，食肉三斤四两"[②]。1952年，阎家村被中央人民政府授予"丰产模范村"的光荣称号。生活水平的提高、生产的发展又使农民对冬季农闲的概念进一步淡化，传统的农业时节

---

①杜任之：《介绍一个丰产模范村——山西解县阎家村》，《人民日报》，1952年7月19日。

②杜任之：《介绍一个丰产模范村——山西解县阎家村》，《人民日报》，1952年7月19日。

和安排逐渐被新的农业节奏取代了。

（二）个人、家庭、集体：农民空间观念的构建

在传统小农经济的生产方式下，农民的生产、生活空间是相对独立和封闭的。"村子通常由一群家庭和家族单位（各个世系）组成，他们世代相传，永久居住在那里，靠耕种某些祖传土地为生。"[①] 这个特定的生产、生活环境，正如费孝通先生在《乡土中国》中所言："生活上被土地所围住的乡民，他们平素所接触的是生而与俱的人物，正像我们的父母兄弟一般，并不是由于我们选择得来的关系，而是无须选择，甚至先我而在的一个生活环境。"[②] 可以说，农民除了"交粮、纳税和应差"外，几乎不与外界发生联系。[③] 在"日出而作，日落而息"的固定生活、劳动方式之下，家庭是农民基本的生产、生活空间。

土地改革从根本上消灭了封建地主土地所有制，实现了农民土地所有制。获得土地的农民，在满足于"两亩地一头牛，老婆孩子热炕头"的生产、生活现状时，冬学里各类课程的学习、生产计划的制订、农副业生产的组织等，都在无形中拓宽着农民以家庭为单位的空间范围。中华人民共和国成立后，在发展生产的基础上，广大农民在"组织起来"的号召下，组织互助组，发展农业、手工业生产合作社。获得"丰产模范村"光荣称号的山西解县阎家村，1950年开始成立互助组，1951

---

① [美] 费正清：《美国与中国》，张理京译，北京：商务印书馆，1987年版，第20页。

② 费孝通：《乡土中国生育制度》，北京：北京大学出版社，1998年版，第10页。

③ 中国共产党晋西北党委：《各阶级政治动向》，《统一战线政策材料汇集》，档案号：A22—04—00005，山西省档案馆藏。

年全村发展起5个长期互助组和1个变工组。[①]河北涉县沿头村劳动模范刘凤竹领导的大互助组拥有组员110户，138个劳力。[②]这一年，山西平顺西沟村在李顺达互助组的基础上采取"土地入股、计划生产、集体劳动"的方式，成立了包括47户社员的李顺达农林畜牧生产合作社。[③]同年12月15日，《中共中央关于农业生产互助合作的决议（草案）》经修订后下发各级党委试行，全国规模的农业互助合作全面展开。截至1951年，华北各地已有一半的农业劳动力组织起来，[④]参加互助合作的户数占到总户数的60%。[⑤]1956年底，全国农业合作化运动全面完成。

农业合作化的开展，逐渐突破了传统小农经济以"家庭"为单位的生产、生活空间。每个互助组或农业社虽然人员和户数不同，但普遍采取统一安排农活、分工协作、集体劳动的生产方式。在山西解县阎家村，1952年全村19个互助组和1个农业生产合作社已经组织起来的农户有111户，占总户数的88%，男女全劳力和半劳力共274个，占劳力总数的89.8%。[⑥]

①杜任之:《介绍一个丰产模范村——山西解县阎家村》,《人民日报》,1952年7月19日。

②林韦:《清漳河边——访问太行山老根据地记实》,《人民日报》,1951年10月5日。

③山西省人民政府扫除文盲委员会:《西沟村农林畜牧生产合作社办的民校》,《人民日报》,1954年8月24日。

④《华北第一次县长会议 关于县人民政府当前十项工作的决议》,《人民日报》,1951年11月17日。

⑤《人民政协全国委员会第三次会议二十九日会上的专题报告和发言》,《人民日报》,1951年10月31日。

⑥杜任之:《介绍一个丰产模范村——山西解县阎家村》,《人民日报》,1952年7月19日。

史采贵农业生产合作社通过统一安排、合理分配，利用节省出来的劳力集体打井、扩大水地、开设磨坊和豆腐坊。冬学转为常年民校后，全村除了7个壮年因特殊情况不能参加学习外，其余青壮年全部参加民校学习。

山西平顺李顺达农林畜牧生产合作社1953年入社社员已达203户。农业社根据包工包产制按照"定工、定员、定时、定量"的原则，把土地分包到每个劳动小组，每个社员的劳动等级、每天在农业社应完成的任务、工分等都被细化到"生产进度表""施肥表""记工表"等一张张表格中。早上天一亮社员们就集合起来下地劳动，在劳动间隙，社员们以学习小组为单位组织读报学习。结束一天的劳动后，晚上社员们集中在民校上课。

随着农业合作的发展，以山西解县阎家村、平顺西沟村为代表的农业合作社，集中劳动、统一学习的情况越来越普遍。据不完全统计，1954年河北邯郸专区的武安、永年等县在11月初有363个农业生产合作社举办了冬学，而张家口专区商都县则有45个农业生产合作社办冬学。[①]当年冬季，河南省有665个农业社建立了民校，约占全省农业合作社（2411个农业生产合作社）的28%，入学社员26 000多人。[②]此外，一些农业社还会在制定的农业社合作章程中对社员家庭事务与集体劳动的优先权做出明确规定。山西太原阳曲县北留乡上庄村"五二"农业生产合作社章程的第十章第四十二条劳动纪律中规定："社员家庭生活与社内集体劳动相矛盾时，必须遵守先社

---

①《河北省冬学工作即将展开》，《人民日报》，1954年11月11日。
②《各地冬学入学人数普遍增加》，《人民日报》，1955年1月30日。

后家。"① 农民个人、家庭的空间不断被压缩，集体劳动、学习的空间进一步放大了。

综上，中华人民共和国成立前后，华北民众卫生意识的培养、女性婚恋心态的变化、乡村朴素科学观的确立以及时间、空间观念的重构，无一不在显现着乡村社会的新陈代谢。作为这一发展的内在推动力之一，冬学对20世纪40至50年代华北农村社会的发展产生了深远的影响。

①太原农业合作史编辑委员会编：《太原农业合作史·典型村社史》，太原：山西人民出版社，1993年版，第97页。

参 考 文 献

一、革命历史档案

山西省档案馆

1. 保德县二区冬学工作总结．档案号：A137-1-19-5.山西省档案馆藏.

2. 中国共产党晋西北党委．统一战线政策材料汇集.档案号：A22-04-00005．山西省档案馆藏.

3. 太行四专各县对教育工作领导的概况．档案号：A68-3-1-21．山西省档案馆藏.

4. 太行区教育概况．档案号：G3-40．山西省档案馆藏.

5. 晋绥边区第二分区一九四四年冬学工作总结材料．档案号：A27-1-5-4．山西省档案馆藏.

6. 教育阵地社编．根据地普通教育的改革问题．新华书店晋察冀分店印行，档案号：G3-120.山西省档案馆藏.

7. 太行行署指示：从左权上庄冬学发展报告中看出的几个问题．档案号：A52-4-39-2．山西省档案馆藏.

8. 阳曲与交城县府冬学教员训练班总结报告．档案号：A103-1-10-2．山西省档案馆藏.

9. 浑源三区下官音堂典型调查材料．档案号：A134-1-49-2．山西省档案馆藏.

10. 榆社县三十三年冬学运动总结.档案号：A165-1-59-1.山西省档案馆藏.

11. 冬学通讯．档案号：G3-142.山西省档案馆藏.

12. 冬学通讯．档案号：A67-4-4-2.山西省档案馆藏.

13. 太行行署．全区教育工作的总结及今后教育建设的新方向．档案号：A52-4-7．山西省档案馆藏.

14. 晋绥分局宣传部．关于一九四五年冬学工作的指示．档案号：A21-4-3-15．山西省档案馆藏.

15. 新教育论文选集．档案号：G3-121-2．山西省档案馆藏.

16. 左权县一九四四年度冬学总结．档案号：A166-1-33-6．山西省档案馆藏.

17. 兴县四四年冬学工作总结．档案号：A141-1-22-2．山西省档案馆藏.

18. 一九四五年崞县冬学工作的总结．档案号：A143-1-26-2．山西省档案馆藏.

19. 五寨县1945年冬学工作总结．档案号：A138-1-32-6．山西省档案馆藏.

20. 桥上村历年来社教工作工作总结．档案号：A218-1-23．山西省档案馆藏.

21. 榆社县鱼头村冬学总结．档案号：A165-1-59-7．山西省档案馆藏.

22. 浑源七区华村调查总结．档案号：A134-1-49-4．山西省档案馆藏.

23. 岚县年关娱乐活动、冬学转变、分配土地、整理农会总结材料．档案号：A139-1-23-1．山西省档案馆藏.

24. 太岳一、二专区各县冬学概况表．档案号：71-4-31-

10．山西省档案馆藏.

25．晋绥边区行政公署民教处．一九四四年冬学运动总结．档案号：A90-3-27-2．山西省档案馆藏.

26．静乐县四五年冬学工作总结．档案号140-1-6-6．山西省档案馆藏.

27．五寨县冬学总结报告．档案号：A138-1-32-5．山西省档案馆藏.

28．太行区一九四八年冬学总结．档案号：A52-4-41．山西省档案馆藏.

29．晋西北党委政权建设材料汇集·村选．档案号：A22-1-4-1．山西省档案馆藏.

30．晋西北两年半的文化教育建设报告．档案号：A88-4-7-1．山西省档案馆藏.

31．山西省人民政府教育厅工农教育处．省教育厅一九四九年冬学工作总结、经验、订购课本、开展文娱活动、恢复和建立太原市工人区学校的通知、办法．档案号：C61-5-2．山西省档案馆藏.

32．宁武县冬学训练班工作总结．档案号：A138-1-25-1．山西省档案馆藏.

33．黎城县两个月来冬学情况及问题．档案号：A189-1-73-5．山西档案馆藏.

34．静乐县冬学总结．档案号：A140-1-6-1．山西省档案馆藏.

35．一九四一年静宁县教育工作总结．档案号：A140-1-26-1．山西省档案馆藏.

36．歧道（临南）冬学概况．档案号：A147-1-28-8．山西省档案馆藏.

37. 静乐县第三区冬学材料. 档案号：A140-1-28-3. 山西省档案馆藏.

38. 四五年兴县冬学教员训练总结. 档案号：A141-1-26-1. 山西省档案馆藏.

39. 神池县冬学工作总结. 档案号：A138-1-10-2. 山西省档案馆藏.

40. 岚县解放以来的发展概况与冬学总结. 档案号：A139-1-23-3. 山西省档案馆藏.

41. 建议政府对妇婴卫生注意改进. 档案号：A187-1-97-2. 山西省档案馆馆藏.

山西省临县档案馆

42. 临县二区化林村互助变工材料. 档案号：62-1-54. 山西省临县档案馆藏.

43. 临南县县政府减租总结（1943年）. 档案号：62-2-15. 山西省临县档案馆藏.

44. 临县安业基本情况. 档案号：62-2-116. 山西省临县档案馆藏.

45. 1941年临县县政府关于村选工作的指示、会议记录、总结. 档案号：62-2-2. 山西省临县档案馆藏.

46. 临南各区关于减租减息、变工互助、妇女、纺织、标准布及反特工作的报告、总结和材料. 档案号：62-2-28. 山西省临县档案馆藏.

47. 临南贸易局和村级干部登记表、全县基本情况调查材料表. 档案号：62-2-27. 山西省临县档案馆藏.

48. 临北县地图及有关生产组织工作的布置、总结. 档案号：62-2-22. 山西省临县档案馆藏.

49. 临县县政府关于村选工作的指示、会议记录、总结. 档案号：62-2-2. 山西省临县档案馆藏.

50. 武家沟行政村大柏岭村工作报告. 档案号：62-1-54. 山西省临县档案馆藏.

河北省档案馆

51. 河北省人民政府. 河北省人民政府关于一九四九年开展冬学运动的指示. 档案号：907-1-31-8. 河北省档案馆藏.

52. 河北省人民政府文教厅. 关于总结冬运与评奖模范的指示. 档案号：1025-1-76-21. 河北省档案馆藏.

53. 河北省教育厅. 河北省开展一九五〇年冬运的意见（草稿）. 档案号：1025-1-38-8. 河北省档案馆藏.

54. 唐山市一九五二年冬学运动计划. 档案号：1025-4-132-4. 河北省档案馆藏.

二、报纸

55. 人民日报.

56. 光明日报.

57. 山西日报.

58. 新华日报.

59. 中国教育报.

60. 抗战日报.

61. 晋绥日报.

62. 晋察冀日报.

63. 太岳报.

三、地方志

64. 临县志·山川. （台湾）成文出版社印行，民国6年版.

65. 临县地方志办公室. 临县志. 北京：海潮出版社，1994.

66. 吕梁地区地方志编撰委员会办公室. 吕梁地区志. 太原：山西人民出版社，1989.

67. 贾维桢等编. 兴县志. 北京：中国大百科全书出版社，1993.

68. 山西省地方志编纂委员会. 山西通志·卷四十七. 北京：中华书局，1997.

69. 石作玺. 忻县婚丧事概况. 山西文史资料·第7辑. 1963.

70. 孙毓琇修，贾恩绂纂. 民国盐山新志·谣俗篇. 民国5年影印本.

71. 李大本等修，李晓冷等纂. 民国高阳县志·卷二.民国22年排印本.

72. 班固. 白虎通·嫁娶. 北京：中华书局，1985.

73. 刘泽民，张国祥. 山西通史·第八卷. 太原：山西人民出版社，1997.

74. 临县县志编撰委员会办公室. 临县史志资料（大事记·人物志). 内部发行，1989.

75. 山西省史志研究院编. 山西通志·教育志. 北京：中华书局，1997.

76. 山西省史志研究院编. 山西通志·党派群团志. 北京：中华书局，2000.

四、资料选编

77. 山东老解放区教育史编写组编. 山东老解放区教育资料汇编. 内部出版, 1985.

78. 中华全国妇女联合会, 妇女运动历史研究室编. 中国妇女运动历史资料 (1937—1945). 北京: 中国妇女出版社, 1991.

79. 中华人民共和国教育部工农教育司编. 工农教育文献汇编·农民教育.1979.

80. 晋绥边区财政经济史写组, 山西省档案馆. 晋绥边区财政经济史资料选编. 太原: 山西人民出版社, 1986.

81. 中国地方志民俗资料汇编·华北卷. 北京: 北京图书馆出版社, 1989.

82. 中央教育科学研究所. 老解放区教育资料·第 2 册. 北京: 教育科学出版社, 1986.

83. 延安地区教育局教研室编. 陕甘宁边区教育革命资料选编. 1978 年内部印刷.

84. 戴续威编. 川陕革命根据地文化教育资料选编. 西南师院教育系教育史教研室. 内部印刷, 1980 年.

85. 晋察冀边区教育资料选编·社会教育分册. 石家庄: 河北教育出版社, 1990.

86. 晋绥边区财政经济史资料选编·总论. 太原: 山西人民出版社, 1986.

87. 温抗战, 梁金保. 晋绥根据地大事记. 中共吕梁地委党史资料征集办公室. 内部发行, 1984.

88. 王谦. 晋察冀边区教育资料汇编. 石家庄: 河北教育

出版社，1990.

89. 中共山西省委调查研究室编. 山西农村经济调查·第一辑. 太原：山西人民出版社，1958.

90. 中国社会科学院，中央档案馆编. 1949—1952 中华人民共和国经济档案资料选编·农业卷. 北京：社会科学文献出版社，1991.

91. 陕甘宁抗日革命根据地史料选集. 兰州：甘肃人民出版社，1983.

92. 李德全. 关于全国卫生会议的报告. 中央人民政府卫生部. 卫生法令汇编·第1辑. 内部印行，1951.

93. 刘欣. 晋绥边区财政经济史资料选编·农业编. 太原：山西人民出版社，1986.

94. 河南省教育史志编辑室编. 河南省成人教育部分志稿·建国后. 河南教育史志资料选编. 1987（5）.

95. 太行革命根据地史总编委会. 太行革命根据地史料丛书之五：土地问题. 太原：山西人民出版社，1987.

五、中文著作

96. 巫宝三主编. 中国国民所得（1933年）. 北京：中华书局，1937.

97. 李宗黄. 考察江宁邹平青岛定县纪实. 南京：正中书局，1935.

98. 罗荣渠. 从"西化"到现代化. 北京：北京大学出版社，1990.

99. 高熙. 中国农民运动纪事（1921—1927）. 北京：求实出版社，1988.

100. 李德芳，杨素稳. 中国共产党农村思想政治教育史. 北京：中国社会科学出版社，2007.

101. 孙培青. 中国教育史（修订版）. 上海：华东师大出版社，2000.

102. 张焕庭. 教育辞典. 南京：江苏教育出版社，1989.

103. 董纯才，张腾霄，皇甫束玉. 中国革命根据地教育史. 北京：教育科学出版社，1991.

104. 皇甫束玉，宋荐戈，龚守静. 中国革命根据地教育纪事. 北京：教育科学出版社，1989.

105. 罗荣渠. 现代化新论续编. 北京：北京大学出版社，1997.

106. 中国作协山西分会. 革命根据地文艺资料. 太原：北岳文艺出版社，1986.

107. 彭刚主编. 后现代史学理论读本. 北京：北京大学出版社，2016.

108. 陈桂生编著. 中国革命根据地教育史. 上海：华东师范大学出版社，2015.

109. 宋荐戈，张腾霄著. 简明中国革命根据地教育史. 北京：中国文史出版社，2016.

110. 抗战时期边区教育建设. 新华书店晋察冀分店，1946.

111. 新教育学会编. 解放区群众教育建设的道路. 东北书店，1948.

112. 陕西师范大学教育研究所整理编辑. 陕甘宁边区社会教育资料·社会教育部分. 北京：教育科学出版社，1981.

113. 教育科学研究所筹备处编. 抗日战争和解放战争时期

陕甘宁边区的教育. 北京：人民教育出版社，1958.

114. 钱穆. 中国历代政治得失. 北京：生活·读书·新知三联书店，2001.

115. 刘大鹏遗著，乔志强标注. 刘大鹏日记. 太原：山西人民出版社，1990.

116. 董纯才主编. 中国革命根据地教育史. 北京：教育科学出版社，1991.

117. 郭夏云. 教育的革命与革命的教育. 太原：山西人民出版社，2009.

118. 王沪宁. 当代中国村落家族文化. 上海：上海人民出版社，1991.

119. 费孝通. 乡土中国 生育制度. 北京：北京大学出版社，1998.

120. 王铭铭. 村家族——社区史、仪式与地方政治. 贵阳：贵州人民出版社，2004.

121.《当代中国》丛书编辑委员会. 当代中国的乡村建设. 北京：中国社会科学出版社，1987.

122.《当代中国》丛书编辑委员会. 当代中国的山西. 北京：中国社会科学出版社，1991.

123. 史敬棠等编. 中国农业合作化运动史料. 北京：生活·读书·新知三联书店，1959.

124.《当代中国》丛书编辑委员会. 当代中国的农业合作制. 北京：当代中国出版社，2002.

125. 山西省农业合作化史编委办公室. 山西省农业合作化史综述卷. 北京：中央文献出版社，2002.

126. 柳勉之. 新中国的妇女在前进. 北京：生活·读书·

新知三联书店，1953.

127.《当代中国》丛书编辑委员会. 当代中国教育. 北京：当代中国出版社，1984.

128. 费孝通. 乡土中国生育制度. 北京：北京大学出版社，1998.

129. 廖盖隆等编. 毛泽东百科全书. 北京：光明日报出版社，1993.

130. 王树荫. 中国共产党思想政治教育史纲1919—1949. 北京：党建读物出版社，2002.

131. 袁银传. 小农意识与中国现代化. 武汉：武汉出版社，2000.

132. 牛崇辉. 晋绥革命根据地研究. 北京：中国广播电视出版社，1994.

133. 李清桂主编. 中共左权县历史大事记述. 太原：山西人民出版社，1994.

134. 山西省史志研究院，内蒙古自治区党史研究室. 晋绥革命根据地史. 太原：山西古籍出版社，1999.

135. 穆欣. 晋绥解放区鸟瞰. 太原：山西人民出版社，1984.

136. 魏宏运，左志远. 华北抗日根据地史. 北京：档案出版社，1990.

137. 张国祥. 晋绥革命根据地史. 太原：山西古籍出版社，1999.

138. 中国抗日战争史学会，中国人民抗日战争纪念馆编. 中国抗日根据地发展史. 北京：北京出版社，1995.

139. 中央档案馆. 晋察冀抗日根据地. 北京：中共党史出

版社，1991.

140.山西省妇女联合会编．晋绥妇女战斗历程．北京：中共党史出版社．1992.

141.太行革命根据地史总编委会．财政经济建设．太原：山西人民出版社，1987.

142.《新中国预防医学历史经验》编委会．新中国预防医学历史经验·第4卷．北京：人民卫生出版社，1990.

143.山东省卫生厅编委会．山东省预防医学历史经验·妇幼分册．济南：山东科学技术出版社，1989.

六、外文译著

144.［美］费正清．美国与中国．北京：商务印书馆，1987.

145.［美］艾尔·巴比.社会研究方法（上）．北京：华夏出版社，2000.

146.［日］浅井加叶子．当代中国扫盲考察．北京：当代中国出版社，1999.

147.［美］费正清，费维恺．剑桥中华民国史（1912—1949年）．北京：中国社会科学出版社，1994.

148.［美］艾森斯塔得著，阎步克译．帝国的政治体系．贵阳：贵州人民出版社，1992.

149.［加］柯鲁克著．安强等译．十里店——中国一个村庄的群众运动．北京：北京出版社，1982.

150.［美］马克·塞尔登．革命中的中国：延安道路．北京：社会科学文献出版社，2002.

151.［美］埃德加·斯诺.西行漫记．北京：三联书店，

1979.

152.〔美〕马克·赛尔登著.魏晓明，冯崇义译.革命中的中国：延安道路.北京：社会科文献出版社，2002.

153.〔美〕亨廷顿著.王冠华等译.变化社会中的政治秩序.北京：三联书店，1989.

154.〔美〕米格代尔著.李玉琪等译.农民、政治与革命：第三世界政治与社会变革的压力.北京：中央编译出版社，1996.

155.〔英〕弗里德里希·A.哈耶克著.冯克利译.科学的反革命：理性滥用之研究.南京：译林出版社，2003.

156.〔法〕布迪厄，〔美〕华康德.实践与反思——反思社会学导论.北京.中央编译出版社，2004.

157.〔美〕杜赞奇.文化、权力与国家——1900—1942年的华北农村.南京：江苏人民出版社，1994.

158.〔美〕尼姆·威尔斯.续西行漫记.北京：解放军文艺出版社，2010.

159.〔丹麦〕克斯汀·海斯翠普.他者的历史.北京：中国人民大学出版社，2010.

七、理论著作

160.马克思恩格斯选集第4卷.北京：人民出版社，1972.

161.列宁选集第2卷.北京：人民出版社，1954.

162.孙中山全集第8卷.北京：中华书局，1985.

163.毛泽东选集.北京：人民出版社，1991.

164.中共中央文献研究室编.毛泽东文集.北京：人民出版社，1996.

165. 毛泽东早期文稿. 长沙：湖南人民出版社，1990.

166. 周恩来教育文选. 北京：教育科学出版社，1984.

167. 朱德选集. 北京：人民出版社，1983.

168. 聂荣臻军事文选. 北京：解放军出版社，1992.

169. 中华全国妇女联合会编. 蔡畅、邓颖超、康克清妇女解放问题文选. 北京：人民出版社，1983.

170. 六大以前. 北京：人民出版社，1980.

八、文集（选集）

171. 晏阳初全集. 长沙：湖南教育出版社，1989.

172. 梁漱溟全集. 济南：山东人民出版社，1989.

173. 陈序经文集. 广州：中山大学出版社，2004.

174. 陶行知全集. 长沙：湖南教育出版社，1985.

九、参考文章

175. 张正峙. 苏中抗日根据地冬学回忆. 江苏教育，1961（6）.

176. 孙蔚民. 苏皖二分区的冬学工作. 扬州师院学报，1963（18）.

177. 庄光. 1940年晋西北地区冬学概况. 山西教育史志资料，1985（2）.

178. 张秦英，刘汉华. 陕甘宁边区社会教育的特点. 西北师大学报（哲社），1985（3）.

179. 李建国. 太行革命根据地的社会教育. 山西教育史志资料，1987（2）.

180. 宋荐戈. 解放区开展农村教育的历史考察. 江西教育

研究，1990（6）．

181．谢济堂．闽西革命根据地的一所红色学校——新泉工农妇女夜校．党史研究与教学，1980（6）．

182．谢世洋．毛泽东工农教育思想在中央苏区的伟大实践．赣南师院学报，1986（3）．

183．李金铮．土地改革中的农民心态：以1937—1949的华北乡村为中心．近代史研究，2006（4）．

184．周晓虹．社会学理论的基本范式及整合的可能性．社会学研究，2002（5）．

185．邓红．论晋察冀边区的社会教育．抗日战争研究，1999（2）．

186．邓红，李金铮．中国成人教育史的重要一页——抗战时期晋察冀边区的冬学运动．河北大学成人教育学院学报，2002（1）．

187．方海兴．论建国初期的工农教育．党史研究与教学，1998（3）．

188．胡现岭．抗战时期陕甘宁边区的冬学运动．党史研究与教学，2004（5）．

189．方海兴．简评建国初期的农村冬学．天府新，2008（5）．

190．李飞龙．20世纪50年代农民业余文化教育述论．当代中国史研究，2009（3）．

191．黄正林．论抗战时期陕甘宁边区的社会变迁．抗日战争研究，2001（3）．

192．黄正林．1937—1945年陕甘宁边区的乡村社会改造．抗日战争研究，2006（2）．

193. 苏泽龙，刘润民. 抗战时期太行根据地的冬学运动. 教育理论与实践，2006（2）.

194. 苏泽龙. 1941—1949年的山西冬学与乡村社会——以文化变迁为视角的区域社会史研究. 社会科学战线，2008（2）.

195. 苏泽龙. 毛泽东的文化实践思想与乡村社会改造. 毛泽东思想研究，2008（2）.

196. ［日］浅井加叶子. 王国勋，刘岳兵译. 1949—1966年中国成人扫盲教育的历史回顾. 当代中国史研究，1997（2）.

197. 王建华. 陕甘宁边区的新文字运动——以延安县冬学为中心. 南京大学学报（哲学·人文科学·社会科学），2011（3）.

198. 黄正林. 社会教育与抗日根据地的政治动员——以陕甘宁边区为中心. 中共党史研究，2006（2）.

199. 满永. 文本中的"社会主义新人"塑造——1950年代乡村扫盲文献中的政治认同建构. 安徽史学，2013（4）.

200. 郑大华. 关于民国乡村建设运动的几个问题. 史学月刊，2006（2）.

201. 郭夏云. 冬学与山西根据地乡村新权力阶层的生成. 华南农业大学学报（社会科学版），2016（1）.

202. 王微. 传统、革命与性别视域下的妇女教育——以华北乡村（1937—1949）为中心的考察. 中国井冈山干部学院学报，2016（5）.

203. 郭夏云. 冬学教育与根据地民众政治意识形塑（1937—1945）——以晋西北根据地为例. 党史研究与教学，2017（4）.

204. 张文喜. 马克思的自我认同观与现时代. 浙江社会科学, 2000（9）.

205. 郭夏云. 从《人民日报》看一九五〇年代初农民国家认同建构——以冬学为中心的研究. 党史研究与教学, 2019（5）.

206. 宋学勤, 倪梦琪. 新中国成立初期的社会教育论析（1949—1952）. 党史研究与教学, 2019（2）.

207. 樊荣. 新型国家建构背景下马克思主义大众化的实践形态——以1949—1966年农民教育为中心考察. 青海社会科学, 2020（1）.

208. 岳谦厚, 乔傲龙. 全面抗战时期晋绥边区的冬学运动与群众办报实践. 党的文献, 2019（1）.

209. 郭夏云. 华北妇女婚姻心理的发展演变（1840—1919）——以地方志民俗资料为中心的研究. 中国地方志, 2015（12）.

十、期刊

210. 群众.

211. 人民教育.

212. 中国妇产科杂志.

213. 卫生工作通讯.

十一、回忆录、传记

214. 任弼时. 山西抗战的回忆. 任弼时选集. 北京：人民出版社, 1987.

215. 吴相湘. 晏阳初传. 台北：台湾时报文化出版事业有限公司，1981.

216. 聂荣臻传. 北京：当代中国出版社，2006.

十二、外文文献

217. Lynn Hunt, ed.,The New Cultural History, Berkley： University of California Press, 1989.

218. Harvey J.Kaye.The British Marxist Historians： An Introductory Analysis. Cambridge, 1984.

参
考
文
献